Jai Guru Dev

RIK VEDA

NEUNTES MANDALA
UND VIERZIG AUSGEWÄHLTE HYMNEN DES
ZEHNTEN MANDALA

*Im Lichte von Maharishis
Vedischer Wissenschaft und Technologie
aus dem vedischen Sanskrit neu übersetzt
und mit ausführlichem Nachwort und
Zitaten von Maharishi versehen von
Jan Müller, BSCI (MERU), MTHP*

Alfa-Veda

Alfa Veda Verlag, Oebisfelde
www.alfa-veda.com
Paperback ISBN 9783945004135 + 9783945004241
Hardcover ISBN 9783945004333

Inhalt

---

1 Rezitiert auf „Rik Veda, 4 MCs" der Gandharva Music Productions Pvt. Ltd.

2 Teil der Râschtra Gîta, der Hymne des Globalen Landes des Weltfriedens
3 Rezitiert auf der Audiokassette „Primordial Sound", Gandharva Music
Productions

NEUNTES MANDALA
Fließender Soma

Der Veda ist heute lebendig wie zu allen Zeiten, zu jeder Tages- und Nachtzeit, Jahreszeit, in jedem Zeitalter. Er ist lebendig. Er wirkt ewig und ordnet aus sich selbst heraus die Aktivität des aus Galaxien bestehenden Universums.

– Maharishi Mahesh Yogi

Sûkta 1 (10 Verse)

Rischi: Madhutschandas Vaishvâmitra – Devatâ: Pavamâna Soma, der fließende, sich klärende Met – Tschandas: Gâyatrî (3 x 8 Silben)

1. Belebend und erregend fließe,
süßer Met, im Somastrom
als Rauschtrank für den Geistesblitz.
2. Das Böse tilgend, allbelebend
setzte er sich in den Erzschoß,
in die Sammelstatt aus Holz.
3. Führe uns zur höchsten Freiheit,
beseitige das Widrige,
gib uns Gaben der Begabten.
4. Gieße zum Empfang der großen
Götter deinen Krautsaft aus,
fließe für Kraft und Herrlichkeit.
5. Auf dich bewegen wir uns zu,
täglich nur zu diesem Zwecke,
du Tropfen, dir gilt unser Wunsch.
6. Die Sonnentochter filtert deinen
ringsum strömenden Soma
andauernd wieder durch das Vlies.
7. Ihn greifen zehn feine Mädchen,
die Schwestern zum Zusammenstrom
im strahlenden, höchsten Himmel.
8. Ihn spornen Unvermählte an,
sie schüren den berstenden Blitz,
den dreiteiligen, wilden Met.
9. Und die unschlagbaren, milchenden
Kühe sieden den jungen
Soma für Indra zum Trinken.
10. In seiner Berauschung erschlägt
Indra alle Widersacher
und schenkt gestärkt die Gaben her.

Sûkta 2 (10 Verse)
Rischi: Medhâtithi Kânva –
Devatâ: Pavamâna Soma – Tschandas: Gâyatrî

1. Die Götter ladend, fließe durch
die Seihe, Soma, rinne schnell,
Stier Indu, dring in Indra ein.
2. Komm hergewirbelt, großer Schmaus,
Indu, Besamer voller Glanz,
setze dich dauernd in den Schoß.
3. Gezündet hat der liebe Met,
der angeregte Wissensstrom,
das beste Wasser, kräftig, schön.
4. Die mächtig strömenden Gewässer
fließen dir, dem Großen, zu,
der sich in Kuhmilch hüllen will.
5. Im Wasser ward das Meer geklärt,
die Himmel tragende Stütze,
Soma, im Vlies mit uns vereint.
6. Der güld'ne Bulle hat gebrüllt,
groß anzusehen wie ein Freund,
mitsamt der Sonne erstrahlt er.
7. Die wirkungsvollen Lieder, Indu,
klären sich durch deine Kraft,
durch sie erschillerst du zum Rausch.
8. Zum frohen Rausche kehren wir
bei dir, dem Weltenschöpfer, ein;
deine Preislieder sind mächtig.
9. Zu Indra strebend, Indu, fließe
uns im Strom des Metes zu,
prasselnd wie der Regenschauer.
10. Rind und Rosse schenkst du, Indu,
du schenkst Männer, du schenkst Kräfte,
du bist des Handelns erstes Selbst.

Sûkta 3 (10 Verse)

Rischi: Shunahshepa Âjîgarta, adoptiert von Vishvâmitra als Devarâta – Devatâ: Pavamâna Soma – Tschandas: Gâyatrî

1. Dieser unsterbliche Deva
fliegt wie ein beschwingter Vogel
und setzt sich in die Gefäße.

2. Dieser durch das Lied erzeugte
Gott eilt durch die Hindernisse,
klärend, fließend, unbeirrbar.

3. Dieser sich klärende Impuls
wird von löblichen Gerechten
zur Kräftigung gold ausgeschmückt.

4. Dieser klar Fließende möchte
wie ein mit Truppen ziehender
Held alle Schätze gewinnen.

5. Dieser Gott kommt angefahren,
der klar Fließende ist hilfreich,
sichtbar macht er das Geraune.

6. Dieser durch Lieder gelobte
Deva taucht in die Gewässer
und bringt dem Verehrer Schätze.

7. Dieser spurtet durch den Himmel,
durch die Lufträume im Strome,
sich klärend schnaubt und wiehert er.

8. Dieser eilte durch den Himmel,
durch die Lüfte, unantastbar,
sich klärend stärkt er das Handeln.

9. Dieser nach uralter Art für
Götter ausgepresste Keimsaft
fließt gold strahlend in der Seihe.

10. Dieser erzeugte Freudenbringer,
reich an göttlichem Gesetz,
klärt sich angeregt im Strome.

Sûkta 4 (10 Verse)

Rischi: Hiranyastûpa Ângirasa –
Devatâ: Pavamâna Soma – Tschandas: Gâyatrî

1. Schenke und ersiege, Soma
Pavamâna, großen Glanz,
und lass uns hell und glücklich sein.
2. Schenke Licht und schenke Strahlen,
Soma, alle schönen Gaben,
und lass uns hell und glücklich sein.
3. Schenke Fähigkeit und Weisheit,
o Soma, treibe Makel aus,
und lass uns hell und glücklich sein.
4. Ihr Läuterer, auf, läutert den
Soma für Indra zum Trinken,
und lass uns hell und glücklich sein.
5. Gib uns an der Sonne Anteil
durch deine Hilfe, deine Kraft,
und lass uns hell und glücklich sein.
6. Durch deine Hilfe, deine Kraft
mögen wir lange die Sonne sehen,
und lass uns hell und glücklich sein.
7. Lebensspender Soma, schütte
doppeltstarken Reichtum aus,
und lass uns hell und glücklich sein.
8. Bring uns Reichtum, Siegesreicher,
unbezwingbar in den Schlachten,
und lass uns hell und glücklich sein.
9. Durch Yagyas hat man dich gestärkt,
klar Fließender im weiten Vlies,
und lass uns hell und glücklich sein.
10. Bring uns ansehnlichen Reichtum
an Rossen, Indu, lebenslang,
und lass uns hell und glücklich sein.

Sûkta 5 (11 Verse)

Rischi: Asita Kâshyapa oder Devala Kâshyapa – Devatâ: die Aprîs,
1 Idhma oder Samiddha Agni, 2 Tanûnapât, der Selbsterzeugte, 3 Ila,
4 das Barhis, 5 die Himmelstore, 6 Nacht und Morgen, 7 die beiden
Himmelspriester, 8 die drei Göttinnen Sarasvatî, Ilâ und Bhâratî,
9 Tvaschtri, der Schöpfer, 10 Vanaspati, der Baum, 11 die Svâhâsegnung –
Tschandas: Gâyatrî, 8-11 Anuschtubh (4 x 8 Silben)

1. Entflammt strahlt der sich Klärende
nach allen Seiten hin, der Herr,
der Bulle, der erquickend brüllt.

2. Der aus eignem Leib erzeugte
Pavamâna fließt hell strahlend,
Hörner wetzend durch den Luftraum.

3. Rühmenswert strahlt Pavamâna,
dieser hell blinkende Reichtum,
voller Kraft im Strom des Metes.

4. Die Matte ostwärts breitend taucht
der gülden sich klärende Deva
kraftvoll zwischen Göttern auf.

5. Die gold'nen Himmelstore springen
weit in ihren Angeln auf,
von Pavamâna schön gerühmt.

6. Pavamâna sehnt sich nach den
wohl geschmückten, weiten, großen
Nacht und Morgen, den zwei Schönen.

7. Die zwei Götter, Himmelspriester,
die die Menschen führen, ruf ich,
Pavamâna, Bulle Indra.

8. Bhâratî, Sarasvatî – Rede
und Weisheit – große Ilâ,
kommt zu unsrem Soma-Yagya,
ihr drei schön geschmückten Devîs.

9. Den Schöpfer, den erstgeborenen
Hirten und Führer rufe ich.
Gold'ner Indu, Bulle Indra,
Pavamâna, der Erzeuger.
10. Pavamâna, salbe mit dem Strom
des Mets den Herrn des Waldes,
den tausendzweigigen, grünen,
gülden erstrahlenden Baum.
11. Ihr Götter alle, kommt herbei
zu Pavamânas Svâhâ-Segnung,
Wind, Herr des Liedes, Sonne,
Agni und Indra, wohlvereint!

Sûkta 6 (9 Verse)
Rischi: Asita oder Devala Kâshyapa –
Devatâ: Pavamâna Soma – Tschandas: Gâyatrî

1. Im Wonneschauer kläre dich,
sprühender Soma, gottvereint,
im Schafhaarvlies mit uns vereint.
2. Indu, als Indra schenke jenen
Rauschtrank ein, der uns beschwingt,
für beflügelte Rennpferde.
3. Fließe ausgepresst zur Seihe
für den altgewohnten Rausch,
zur Kräftigung, zur Herrlichkeit.
4. Indus Tropfen rauschten abwärts
wie die Wässer in die Tiefe,
klärend kamen sie zu Indra.
5. Den die zehn Mädchen striegeln wie
ein schnelles Flügelpferd, der fließt
im Fasse plätschernd durch das Vlies.
6. Lasst den ausgepressten Bullensaft
mit Milch zusammenfließen,
als Göttertrank zum Schaffensrausch.

7. Der Gott läutert sich im Strome
für Gott Indra ausgedrückt,
wenn seine Lebenskraft erquillt.
8. Das Selbst des Yagyas läutert sich
rasch ausgedrückt, erzeugt wahrt es
in sich das alte Sehertum.
9. Dich klärend, mit Indra vereint
zum Rauschempfang, Berauschendster,
gibst du insgeheim die Hymnen.

Sûkta 7 (9 Verse)
Rischi: Asita oder Devala Kâshyapa –
Devatâ: Pavamâna Soma – Tschandas: Gâyatrî

1. Die glänzenden Tropfen gossen
sich auf den Dharmapfad des
Gesetzes, dessen Bahn sie kennen.
2. Der Strom des ersten Honigmets
taucht in die großen Wässer ein,
der rühmliche Guss der Güsse.
3. Der Zeuger der ersten gebundenen
Rede rauschte im Wald
zum Sitz, zur wahren Darreichung.
4. Wenn sich der Weise in Weisheit
und Manneskraft hüllt und umher
fließt, will der Starke Glanz gewinnen.
5. Der sich Klärende besänftigt
Feinde wie ein König sein Volk,
wenn ihn die Ordner beleben.
6. Im Schafhaar lässt sich der liebe
Falbe in den Wäldern nieder,
der Barde huldigt in Andacht.
7. Mit dem Rosselenker geht er
im Rausche zum Wind, zu Indra,
der sich seines Dharmas erfreut.

8. Allumfassendes Freundesglück
schütten die Wellen des Metes
aus, mit seinen Künsten vertraut,
9. um beide Welten zu gewinnen,
Reichtum an Met und Kraft,
die Schätze des Ruhms zu erobern.

Sûkta 8 (9 Verse)
**Rischi: Asita oder Devala Kâshyapa –
Devatâ: Pavamâna Soma – Tschandas: Gâyatrî**

1. Diese Somasäfte flossen
Indras liebem Wunsch entgegen
und stärkten seine Manneskraft.
2. Klärend, in der Schale sitzend,
zu Vâyu, den Ashvin gehend,
mögen sie uns Meisterschaft bringen.
3. Sporne Indras Gunst an, Soma,
fließ im Herzen, um dich in den
Schoß des Gesetzes zu setzen.
4. Dich putzen die zehn Finger,
sieben Denkarten regen dich an,
die Sänger jubelten dir zu.
5. Der zur Berauschung der Götter
durch das Schaffell gegossen wird,
dich umhüllen wir mit Kuhmilch.
6. In den Gefäßen sich klärend
hüllte sich der feurig Güldne
in die Gewänder der Kühe.
7. Gabenreicher, kläre dich uns,
vertreibe alle Feindschaften,
Tropfen, geh in deinen Freund ein!
8. Ströme uns Regen vom Himmel,
Herrlichkeit von der Erde her,
Soma, schenk uns den Sieg im Kampf!

9. Dich, der die Menschen erleuchtet,
Führer, Lichtfinder, Indras Trunk,
den Stamm, den Saft, genießen wir.

Sûkta 9 (9 Verse)
Rischi: Asita oder Devala Kâshyapa –
Devatâ: Pavamâna Soma – Tschandas: Gâyatrî

1. Ausgedrückt durchläuft des Himmels
Seher, die Weisheitskraft, in den Töchtern
erregt, die erwünschten Lebensalter.
2. Fließe fort und fort, dem herrlichen
Sitz erwünscht, im Genuss den
truglosen Menschen angenehm.
3. Dieser große Sohn von reiner
Geburt erhellte, das Recht stärkend,
die groß geborenen Mütter.
4. Durch sieben Denkarten erregt,
belebte er die unschädlichen Flüsse,
die das eine Auge stärkten.
5. Diese brachten den wirksamen,
unbesiegbar jungen Tropfen
in deinen großen Willen, o Herr.
6. Das unsterbliche Zugross schaut
schnellfahrend die sieben Göttinnen,
die das Vollblut befriedigte.
7. Steh uns beim Ordnungschaffen bei,
Mann, Soma, vertreibe fließend
das zu bekämpfende Tamas.
8. Nun bahne aufs Neue die Pfade
für jedes neue Sûkta.
Lass wie eh die Lichter leuchten!
9. Pavamâna, schenke großen Ruhm,
Rinder, Rosse, Männerreichtum,
schenke Weisheit, schenke Licht!

Sûkta 10 (9 Verse)

Rischi: Asita oder Devala Kâshyapa –
Devatâ: Pavamâna Soma – Tschandas: Gâyatrî

1. Brausend wie Wagen, wie erregend
nach Ruhm strebend, preschten die
Somasäfte zu Reichtum vor.

2. Angetrieben wie Rennwagen
rannen sie durch die Hände wie
die Lobeshymnen der Sänger.

3. Durch Lieder werden die Säfte
wie Könige mit Milch gesalbt,
wie Yagyas durch sieben Pandits.

4. Die zum Rausche ausgedrückten
Tropfen fließen unter starkem
Lobgesang, in Strömen belebt.

5. Das Glück des lichten Morgenrots
erreicht habend und erzeugend,
sperren Sonnen die Lücke auf.

6. Das uralte Gedankentor
schlossen die Wandersänger auf,
um den Bullen anzufeuern.

7. Die Hotris, die sieben Geschwister
haben, sitzen beisammen
und geleiten des Einen Spur.

8. An den Nabel band ich unsre Sippe,
sehend mit der Sonne, wissend.
Vom Weisen melke ich den Spross.

9. Mit dem Sonnenauge sieht die
Geliebte durch die Pandits die
versteckt gehalt'ne Himmelsspur.

Sûkta 11 (9 Verse)
Rischi: Asita oder Devala Kâshyapa –
Devatâ: Pavamâna Soma – Tschandas: Gâyatrî

1. Männer, besingt diesen lichten,
sich klärenden, fließenden Tropfen,
der sich nach den Göttern sehnt.
2. Die Atharva-Pandits haben
deine zu Gott strebende Milch
mit Met gekocht, den Gott für Gott.
3. Fließe uns zum Heil, o König,
zum Heil für Rind und Rennpferd, zum
Heil für den Stamm und die Pflanzen.
4. Nun singt der rotbraunen Kraft des
Selbst, dem hellbraunen, den Himmel
berührenden Soma ein Lied.
5. Filtert den von handbewegten
Steinen ausgepressten Soma,
rührt Honigmet in Honigmilch!
6. Setzt euch zum Anrufen dazu,
siedet den Saft mit Sauermilch
und gebt den Tropfen Indra ein.
7. Wirkungsvoll die Feinde schlagend,
fließe, Soma, zum Heil für das
Rind, Gottes Willen erfüllend.
8. Als Rauschtrank für Indra wirst du
umgegossen, Soma, du Herr
und Beobachter des Geistes.
9. Fließender Soma, schenke uns
Reichtum und heldenhaften Mut,
Saft, vereine uns mit Indra!

Sûkta 12 (9 Verse)

Rischi: Asita oder Devala Kâshyapa –
Devatâ: Pavamâna Soma – Tschandas: Gâyatrî

1. Die Somasäfte haben sich –
am Sitz des Gesetzes belebt –
wohlig für Indra ergossen.
2. Die Sänger riefen Indra zu
wie die Mutterkühe dem Kalb,
dass er Soma trinken solle.
3. Rausch erregend thront Soma auf
dem Sitz in der Meereswoge,
weise auf der Gaurî ruhend.
4. Im Nabel des Himmels schwillt der
weitsichtige Soma im Schafhaar
an, der wirksame Weise.
5. Der Soma, der in den Gefäßen
im Inneren der Seihe sitzt,
den hält der Saft umfangen.
6. Indu sendet seine Stimme
vom Meeresspiegel her und
belebt die Met triefende Hülle.
7. Das ewige Lied, der Waldesherr,
der in der Kuh milchende Nektar,
treibt die Menschengeschlechter voran.
8. Im Strom des Sängers fließt Soma,
der Weise, vorwärtsgetrieben,
in die lieben Himmelsspuren.
9. Bring uns tausendfach glänzenden
Reichtum, der uns gut vorwärts bringt,
du klärend fließender Tropfen.

Sûkta 13 (9 Verse)
Rischi: Asita oder Devala Kâshyapa –
Devatâ: Pavamâna Soma – Tschandas: Gâyatrî

1. Sich klärend fließt Soma in tausend
Strömen über das Schafhaar
zum Stelldichein von Wind und Blitz.
2. Auf, ihr Hilfesucher, besingt
den sich klärenden Sänger, der
zur Götterladung belebt wird!
3. In tausendfachem Glanz klären
sich die Säfte zur Kräftigung,
zur Götterladung gepriesen.
4. Und sende uns zum Krafttanken
kräftige Labetränke zu,
o Saft, glänzende Meisterschaft.
5. Unsre göttlich belebten Tropfen
mögen zu tausendfachem
Reichtum, zur Meisterschaft fließen.
6. Wie von Treibern getriebene
Pferde schossen die Renner zum
Preisgewinnen durch das Schafhaar.
7. Brüllend wie die Milchkühe zum
Kalb fließen die Tropfen. Sie
setzten sich in den Händen in Lauf.
8. Dem Indra willkommen, beschwingend
wiehernd, beseitigt der sich
Klärende alle Feindschaften.
9. Die Feindseligen verscheuchend,
setzt euch, ihr klärenden Seher
des Lichts, in des Gesetzes Schoß.

Sûkta 14 (8 Verse)
Rischi: Asita oder Devala Kâshyapa –
Devatâ: Pavamâna Soma – Tschandas: Gâyatrî

1. Der Weise strömte rings hervor
auf der Meereswelle ruhend,
das viel begehrte Lied tragend.
2. Wenn die fünf wirksamen Gesetze
gleicher Herkunft mit der Hymne
die Stütze zubereiten,
3. dann haben sich alle Götter
am Seim des Feurigen berauscht,
wenn er sich in Kuhmilch kleidet.
4. Niederrauschend stiebt er davon,
verlässt die gespreizten Finger
und stößt auf den Verbündeten.
5. Der von des Strahlenden Töchtern
wie ein schmucker Kerl geputzt wird,
macht sich die Milch zum Festgewand.
6. Hingesetzt überschreitet er
das versteckte Feinste vom Rind
und belebt das Raunen, das er kennt.
7. Die putzenden Finger vereinen
sich mit dem Herrn des Milchtranks
und greifen den Pferderücken.
8. Soma, umfasse und bewahre
mit uns vereint alle
himmlischen und irdischen Güter!

Sûkta 15 (8 Verse)
Rischi: Asita oder Devala Kâshyapa –
Devatâ: Pavamâna Soma – Tschandas: Gâyatrî

1. Dieser Starke fährt auf feinem
Gedanken mit schnellem Wagen
und geht zu Indras Stelldichein.

2. Dieser richtet seinen Sinn stark
auf die hehre Götterschar, in
der die Unsterblichen sitzen.
3. Dieser wird auf schönem Pfad
angespornt nach innen geführt, wenn
die Eifrigen vorwärts drängen.
4. Dieser Herdenbulle wetzt
ungestüm die Hörner und erlangt
durch das Odschas Manneskraft.
5. Dieser Schnelle eilt mit goldglän-
zenden, schimmernden Somasäften
und wird zum Herrn der Meere.
6. Dieser dringt durch die festen
Somaflocken zu den Schätzen vor
und läuft ins Somagefäß ab.
7. Diesen Putzwerten, der große
Labe hervorbrachte, klären
die Menschen in den Gefäßen.
8. Diesen Beschwingenden, der
Eigenleben gibt, klären die zehn
Finger, die sieben Denkarten.

Sûkta 16 (8 Verse)
**Rischi: Asita oder Devala Kâshyapa –
Devatâ: Pavamâna Soma – Tschandas: Gâyatrî**

1. Die Presser saugen deinen Saft
an der Brust zum wilden Rausch. Wie
ein Strom prescht das Sonnenross vor.
2. Kraft des Geistes führten wir mit
Saft den Fahrer, der sich in Wasser
hüllt und im Vlies Milch gewinnt.
3. Gieße den nicht wässrigen, in
Wasser unwiderstehlichen
Soma in die Seihe und kläre
ihn für Indra zum Trinken.

4. Der mit Glanz sich klärende Soma
strömt in die Seihe. Willig
setzte er sich auf seinen Sitz.
5. Zu dir, Indra, schossen durch
Ehrungen die jubelnden Soma-
tropfen, um Großes zu vollbringen.
6. In der Form des Schafs sich klärend
schickt er alle Schätze her und
steht wie ein Held in der Kuhmilch.
7. Berstend voll wie das Himmelsdach
fließt der Strom der erzeugten
Ordnungskraft nach Wunsch in die Seihe.
8. Soma, du strömst immerfort durch
die erregte Schafwolle, wenn
du dich in den Menschen läuterst.

Sûkta 17 (8 Verse)
Rischi: Asita oder Devala Kâshyapa –
Devatâ: Pavamâna Soma – Tschandas: Gâyatrî

1. Wie Sturzfluten stürzten die wilden,
schnellen, Feinde schlagenden
Somasäfte in die Tiefe.
2. Die ausgepressten Somasäfte
sind zu Indra geflossen
wie Regengüsse zur Erde.
3. Über Wellen fließt der beschwingende
Soma-Met durch die Seihe, verhindert
Schäden und strebt zu Gott.
4. Er fließt in den Gefäßen, wird
durch die Seihe gegossen und
in Yagyas durch Lieder gestärkt.
5. Gleichsam über die drei Lichträume
steigend strahlst du, zum Himmel
eilend, belebend wie die Sonne.

6. Zu Beginn des Yagyas fassen
die weisen Sänger den Lieben
ins Auge und streben ihm zu.
7. Dich, den Raschen, klären die weisen,
Hilfe suchenden Menschen
durch Andachten zum Gottesdienst.
8. Gieße den Strom des Mets aus. Hell
hast du dich auf den Sitz des Rechts
gesetzt, angenehm zum Trinken.

Sûkta 18 (7 Verse)
Rischi: Asita oder Devala Kâshyapa –
Devatâ: Pavamâna Soma – Tschandas: Gâyatrî

1. Der ausgedrückt am Gipfel steht,
der Soma kreist im Vliese um.
Im Rausche gibst du alles her.
2. Du bist Sänger, du bist Seher,
der Met, der aus dem Kraute kommt,
im Rausche gibst du alles her.
3. Die Götter alle haben sich
vereint an deinem Trank gelabt,
im Rausche gibst du alles her.
4. Der du alle werten Herrlich-
keiten in den Händen hältst,
im Rausche gibst du alles her.
5. Der dieses große Weltenpaar
zusammen wie die Mutter milcht,
im Rausche gibst du alles her.
6. Der an diesem Tage beide
Welten voller Kraft umflutet,
im Rausche gibst du alles her.
7. Sich klärend hat der Schnaubende
in den Gefäßen aufgebrüllt.
Im Rausche gibst du alles her.

Sûkta 19 (7 Verse)
Rischi: Asita oder Devala Kâshyapa –
Devatâ: Pavamâna Soma – Tschandas: Gâyatrî

1. Dich klärender Soma, bring uns
das herrliche, preiswürdige
himmlische und irdische Gut.
2. Indra und Soma, ihr beide
seid ja Herr über Licht und Rind.
Tränkt die Gedanken! Ihr könnt es.
3. Der Befruchter, in Menschen sich
klärend, im Riedgras brausend,
setzte sich goldgelb in die Yoni.
4. Es rauschten die Gedanken, die
Mütter, zum Samenfluss des
Befruchters, des Sohnes, des Jungen.
5. Zeugt der sich Klärende denen,
die zum Befruchter gehen und
die Samenmilch melken, ein Kind?
6. Pavamâna, schenke Reichtum.
Hol die Abtrünnigen zurück.
Bring Furcht über die Gegner.
7. Soma, halte des Gegners Macht,
Manneskraft und Einfluss nieder,
mag er fern oder nahe sein.

Sûkta 20 (7 Verse)
Rischi: Asita oder Devala Kâshyapa –
Devatâ: Pavamâna Soma – Tschandas: Gâyatrî

1. Wiederum fließt der Weise zur
Götterladung durch die Schafhaare
und besiegt alle Gegner.
2. Denn wenn er sich läutert, bringt er
den Sängern tausendfältige,
milchreiche Labung und Stärke.

3. Soma, du umhüllst alles mit
Glanz, du klärst dich in der Andacht.
Verschaffe uns Anerkennung.
4. Sende den Gebefreudigen großen
Segen, dauerhaften Wohlstand,
bring den Sängern Labung.
5. Als gesetzestreuer König
zogst du in die Lieder, Soma,
du überirdischer Fahrer.
6. Der unwiderstehliche Fahrer,
im Wasser von Hand geputzt,
Soma setzt sich in die Schalen.
7. Großzügig scherzend wie ein Held
läufst du in die Seihe, Soma,
und bringst dem Sänger Meisterschaft.

Sûkta 21 (7 Verse)
Rischi: Asita oder Devala Kâshyapa –
Devatâ: Pavamâna Soma – Tschandas: Gâyatrî

1. Diese beschwingenden Soma-
säfte rinnen erfrischend für
Indra und finden zur Sonne,
2. wehren Angriffe ab, geben
dem Somapressenden Freiheit
und dem Sänger Kraft aus dem Selbst.
3. Nach Lust auf der Meereswelle
tanzend flossen die Säfte zu
ein und derselben Sammelstatt.
4. Diese Pavamânas gewannen
alle Schätze wie an den
Wagen geschirrte Gespanne.
5. Ihr Säfte, pflanzt die goldene
Sehnsucht in den, der uns nichts gibt,
zum Aufruf und zur Ermahnung.

6. Geschickt erneuert wie ein Rad
das Verlangen aufzurufen,
läutert euch hell mit der Welle.
7. Ja, die schnellen Pferdchen haben
laut gewiehert, den Weg gebahnt
und gleichzeitig den Geist belebt.

Sûkta 22 (7 Verse)
Rischi: Asita oder Devala Kâshyapa –
Devatâ: Pavamâna Soma – Tschandas: Gâyatrî

1. Diese schnellen Somasäfte
preschten vor wie schnelle Wagen,
wie ergossene Geschosse.
2. Frei sind sie wie der Wind, wie des
Regengotts Pardschanyas Güsse,
lustvoll wie des Feuers Lohen.
3. Diese begeistert geklärten,
mit Joghurt vermischten Säfte,
durchdrangen beschwingend den Geist.
4. Diese geputzten Unsterblichen
strömen ohne zu ermüden
und schlagen den Luftweg ein.
5. Sich ausbreitend erreichen sie
den Gipfel der beiden Welten
und dieses transzendente Feld.
6. Am Faden, der ans Höchste spannt,
erreichten sie die Steilhänge
und dieses Feld der Transzendenz.
7. Soma, du hältst die Rinderschätze
vor den Geizhälsen fern, du
brachtest die Saite zum Klingen.

Sûkta 23 (7 Verse)
Rischi: Asita oder Devala Kâshyapa –
Devatâ: Pavamâna Soma – Tschandas: Gâyatrî

1. Durch den Strom des süßen Metes
gaben die raschen Somasäfte
alle Sehergaben ein.
2. Die uralten Regsamen
folgten der neueren Fußspur und
schufen zum Leuchten die Sonne.
3. Pavamâna, bring uns den Besitz
der unfrommen Raffzähne,
schaffe kinderreiche Labung.
4. Die regsamen Somasäfte
fließen zu betörendem Rausch
in die Met triefende Hülle.
5. Den indrischen Saft verleihend
strömt der kraftstrotzende Soma,
der Prachtkerl, der vor Unheil schützt.
6. Für Indra klärst du dich, Soma,
zum Festschmause für die Götter.
Indu, du willst Kraft gewinnen.
7. Trunken von den Rauschtränken
schlug Indra Feinde ohnegleichen
und möge sie weiter schlagen.

Sûkta 24 (7 Verse)
Rischi: Asita oder Devala Kâshyapa –
Devatâ: Pavamâna Soma – Tschandas: Gâyatrî

1. Die sich klärenden Somasäfte
strömten hervor. Im Wasser
garend werden sie gereinigt.
2. Die Milchsäfte strömten herbei
wie bergab stürzende Fluten.
Fließend erreichten sie Indra.

3. Pavamâna Soma, ströme
für Indra zum Trinken. Von
Menschen gezügelt wirst du gelenkt.
4. Fließe, Soma, Menschen beschwingend,
für den Menschenbezwinger,
der als Gewinner begrüßt wird.
5. Indu, wenn du von Steinen gepresst
die Seihe umströmst, bist du
für Indras Satzung geeignet.
6. Fließe, von Liedern umjubelt,
ärgste Widerstände brechend,
rein und überirdisch leuchtend.
7. Rein und klar nennt man den Soma
des ausgepressten Mets, der Götter
lädt und Bösewichter bezwingt.

Sûkta 25 (6 Verse)
Rischi: Drilhatschyuta, Sohn des Agastya –
Devatâ: Pavamâna Soma – Tschandas: Gâyatrî

1. Fließe, die Geisteskraft fördernd,
du Goldgelber, als Rauschtrank für
die Wind- und Gewittergötter.
2. Pavamâna, durch Gedankenkraft
zum Schoß rauschend, gehe dem
Dharma gemäß in Vâyu ein.
3. Mit den Göttern schmückt sich der
liebe, weise Befruchter im Schoß,
Feinde schlagend, Götter ladend.
4. In alle Formen eingehend,
läuft der Begehrte klärend dort,
wo die Unsterblichen weilen.
5. Der rote Soma klärt sich,
Lieder schaffend, das Leben lenkend,
einsichtsvoll zu Indra gehend.

6. Fließe, berauschender Weiser,
im Strom in die Seihe, um dich
in den Sonnenschoß zu setzen.

Sûkta 26 (6 Verse)
Rischi: Idhmavâha, Sohn des Drilhatschyuta –
Devatâ: Pavamâna Soma – Tschandas: Gâyatrî

1. Im Schoße der Unendlichkeit
putzten die Sänger das Rennpferd
durch feine Gedanken heraus.
2. Die Kühe brüllten dem unver-
sieglichen, tausendströmigen
Saft, dem Träger des Himmels, zu.
3. Mit Geschick ehrten sie den Ordner,
den am Himmel sich Klärenden,
Standfesten, viele Nährenden.
4. Durch Andacht in Vivasvats Schnitz-
bank belebten sie den sich kleidenden,
untrüglichen Herrn der Rede.
5. Auf dem Gipfel trieben die
Geschwister mit Steinen den
begehrten, vieläugigen Grünen an.
6. Dich, o Saft, den beschwingenden
Pavamâna, der durch Lieder wächst,
bereiten die Ordner für Indra.

Sûkta 27 (6 Verse)
Rischi: Nrimedha Ângirasa –
Devatâ: Pavamâna Soma – Tschandas: Gâyatrî

1. Dieser gepriesene Weise
tropft sich klärend in die Seihe
und bereinigt Fehlverhalten.

2. Dieser Glücksbringer wird für
Indra und Vâyu in die Seihe
gegossen, den Geist vollendend.
3. Dieser allwissende Soma,
der ausgepresste Befruchter,
des Himmels Haupt wird von
Menschen in die Wälder gelenkt.
4. Dieser sich klärende Tropfen,
dürstend nach Rind und Gold, rauschte,
alles besiegend, unschlagbar.
5. Dieser sich klärende, beschwingende
Met wandert am Himmel
mit der Sonne in die Seihe.
6. Dieser wilde, goldgelbe Befruchter
strömte durch die Luft, der
sich klärende Saft für Indra.

Sûkta 28 (6 Verse)
Rischi: Priyamedha Ângirasa –
Devatâ: Pavamâna Soma – Tschandas: Gâyatrî

1. Dieses von Menschen angespornte
Ross, der allwissende Herr des
Geistes, strömt durch das Schafhaar.
2. Dieser für die Götter belebte
Soma strömte ins Vlies und
ging in alle Gesetze ein.
3. Dieser unsterbliche Gott glänzt
im Schoß, bricht die Widerstände
und lockt ganz stark die Devas an.
4. Dieser rauschende, von den zehn
Geschwistern gezügelte
Befruchter strömt in die Gefäße.
5. Dieser wirkungsvolle Pavamâna,
der alles weiß und alle Gesetze
kennt, ließ die Sonne erstrahlen.

6. Dieser wilde, unfehlbare
Soma rinnt sich klärend, lädt die
Devas und schlägt Bösewichter.

Sûkta 29 (6 Verse)
Rischi: Nrimedha Ângirasa –
Devatâ: Pavamâna Soma – Tschandas: Gâyatrî

1. Durch die Stärke des belebten
Stiers, der den Göttern gemäß wirkt,
ergossen sich seine Ströme.
2. Die preisenden Ordner, die Sänger,
schmücken durch das Lied das
Licht geborene Liederross aus.
3. Schatzreicher Soma, dich klärend
fließen dir leicht die Schätze zu.
Mehre das Meer der Loblieder.
4. Alle Schätze erobernd kläre
dich, Soma, im Strome. Merze
Feindschaften insgesamt aus.
5. Schütze uns gut vor dem Toben
des Gottlosen, wer er auch sei.
Von Spott und Schmach wurden wir frei.
6. Kläre dich im Strome, Indu,
bring uns irdischen, himmlischen
Reichtum, glorreichen Tatendrang.

Sûkta 30 (6 Verse)
Rischi: Bindu Ângirasa –
Devatâ: Pavamâna Soma – Tschandas: Gâyatrî

1. Die Ströme dieses Feurigen
ergossen sich nach Wunsch ins Vlies.
Klärend sendet er die Stimme.
2. Der von den Somapressern
angeregte, gesäuberte Saft
sendet das zündende Raunen.

3. Soma, durchfließe uns im Strom
mit Menschen gewinnendem, helden-
haftem, heiß begehrtem Schwung.
4. Im Strom ist der sich klärende
Soma übergeflossen, um sich
in die Gefäße zu setzen.
5. Im Wasser beleben sie dich
mit Steinen, den süßen, gold'nen
Tropfen für Indra zum Trinken.
6. Belebt den süßen Somamet
für Indra, den Keulenträger,
angenehm die Schar berauschend.

Sûkta 31 (6 Verse)
Rischi: Gotama, Sohn des Rahûgana –
Devatâ: Pavamâna Soma – Tschandas: Gâyatrî

1. Die achtsamen, sich klärenden
Somasäfte schritten voran.
Sie schaffen Bewusstseinsreichtum.
2. Vermehre vom Himmel, von der
Erde her den Glanz, du Tropfen.
Sei der Schirmherr der Gewinne.
3. Dir Soma, strömen die Winde,
dir die Flüsse angenehm, sie
vermehren deine Herrlichkeit.
4. Schwill an, Soma, von überall
vereine deine Manneskraft,
sei der Zusammenstrom der Kraft.
5. Du Brauner, auf dem höchsten Gipfel
ließen dir die Kühe unversieglich
Ghee und Milch strömen.
6. Herr des Seienden, der Welt, du
Saft, der schöne Lebenskraft verleiht,
deine Freundschaft wünschen wir.

Sûkta 32 (6 Verse)
Rischi: Shyâvâshva Âtreya –
Devatâ: Pavamâna Soma – Tschandas: Gâyatrî

1. Die berauschenden Somasäfte,
in der Versammlung erzeugt, schritten
zum Ruhm unsres Spenders voran.
2. Nun beleben des Trita Mädchen
mit Steinen den goldgelben
Tropfen für Indra zum Trinken.
3. Nun ließ er wie die Gans die Schar
eines jeden Wunsch erklingen,
wie ein Renner vom Rind gejagt.
4. Beide (Welten) überschauend
läufst du wie springendes Wild und
setzt dich in des Gesetzes Schoß.
5. Die Kühe schrien ihm zu wie
das Weib dem lieben Buhlen. Er
lief wie zum Wettlauf angesetzt.
6. Bring uns glorreichen Segen und
den Spendern und mir die Gabe
der Weisheit und Anerkennung.

Sûkta 33 (6 Verse)
Rischi: Trita Âptya –
Devatâ: Pavamâna Soma – Tschandas: Gâyatrî

1. Die begeisternden Somasäfte
laufen wie Gewässerwogen,
wie Büffel in die Wälder.
2. In die Holztröge strömten die
rotbraun Glänzenden im Strom des
Gesetzes zur Rinderstärkung.
3. Belebt für Indra, Vâyu,
Varuna, für die Maruts, rinnen
die Somasäfte für Vischnu.

4. Dreierlei Stimmen erheben
sich, die milchenden Kühe brüllen,
dröhnend läuft der Goldgelbe.
5. Dazu schrien die heiligen,
rastlosen Mütter des Gesetzes.
Sie putzen des Himmels Kind.
6. Soma, schütte von überall
die vier Meere tausendfachen
Reichtums klärend über uns aus.

Sûkta 34 (6 Verse)
Rischi: Trita Âptya –
Devatâ: Pavamâna Soma – Tschandas: Gâyatrî

1. Der erzeugte Tropfen fließt
belebt in dauerhaftem Strom und
bricht mit Odschas die Festen auf.
2. Belebt fließt Soma für Indra,
für Vâyu und für Varuna,
für die Maruts und für Vischnu.
3. Den von Bullen gelenkten Soma-
stier pressen sie mit Steinen aus.
Sie melken geschickt die Milch.
4. Er gehörte Trita, dem Dritten.
Geputzt berauschte er Indra.
Der Goldgelbe salbt sich mit Formen.
5. Mutter Prshnis Söhne melken
den teuren, heiß geliebten Guss
am höchsten Sitz des Gesetzes.
6. Unbeirrt strömten diese
fließenden Lieder zu ihm. Der
Brüller ließ die Milchkühe brüllen.

Sûkta 35 (6 Verse)
Rischi: Prabhûvasu Ângirasa –
Devatâ: Pavamâna Soma – Tschandas: Gâyatrî

1. Pavamâna, überschütte
uns im Strom mit fettem Reichtum,
durch den du uns Licht schenken sollst.
2. Meer bewegender Tropfen, fließe,
alles durch Odschas belebend,
als unser Reichtumsträger.
3. Mit dir, dem Mann voll Manneskraft,
befrieden wir die Kämpfenden.
Schütte uns den Reichtum aus.
4. Der Saft, der Rischi, der Gottes
Leben gebenden Willen kennt,
sendet mit Kraft begehrend Kraft.
5. In Hymnen kleiden wir den
fließenden Soma, der die Rede
bewegt, den Hirten der Menschheit,
6. auf dessen Willen sich alle
Wesen stützen, den schatzreichen,
sich klärenden Herrn des Dharmas.

Sûkta 36 (6 Verse)
Rischi: Prabhûvasu Ângirasa –
Devatâ: Pavamâna Soma – Tschandas: Gâyatrî

1. Wie ein Wagenross schoss er in
die Seihe, in den Schalen erzeugt.
Das Rennpferd rannte durchs Ziel.
2. Wachsamer Wagenlenker Soma,
fließe Götter ladend ab
in die Met triefende Hülle.

3. Uralter, erster Pavamâna,
lass unsre Lichter leuchten,
führe uns zu Kraft und Einsicht.
4. Von den mit dem Gesetz Vereinten
handgeputzt und verherrlicht
klärt er sich in der Schafwolle.
5. Dieser Soma möge dem Verehrer
alle Schätze schicken,
des Himmels, der Erde, der Luft.
6. Mit Ross und Rind und Mann vereint,
wächst du, Soma, du Herr der Kraft,
zum Gipfel des Himmels empor.

Sûkta 37 (6 Verse)
Rischi: Rahûgana Ângirasa –
Devatâ: Pavamâna Soma – Tschandas: Gâyatrî

1. Der befruchtende Soma rinnt
zum Trinken erzeugt ins Vlies, schlägt
Rakschasas und strebt zu Gott.
2. In der Seihe läuft der weit
blickende Goldgelbe unablässig
rauschend in die Yoni ein.
3. Das Böse tilgend durchströmt der
starke Pavamâna des Himmels
Lichträume, die Schafwolle.
4. Auf Trita, des Dritten, Gipfel
ließ Pavamâna mit den Geschwistern
zusammen die Sonne erstrahlen.
5. Der erzeugte Widerstandbrecher,
Soma, unbeirrbar, befruchtend,
strömte gleichsam zur Stärkung.
6. Der vom Weisen belebte
himmlische Tropfen fließt
bereitwillig für Indra in die Tröge.

Sûkta 38 (6 Verse)
Rischi: Rahûgana Ângirasa –
Devatâ: Pavamâna Soma – Tschandas: Gâyatrî

1. Dieses befruchtende Gefährt
rinnt durch die Schafwolle, nach
tausendfältiger Beute laufend.
2. Diesen goldgelben Tropfen
pressen Tritas Mädchen mit Steinen
für Indra zum Trinken aus.
3. Diesen putzen die zehn Goldgelben,
an Handlung gebundenen,
durch die er zum Rausche erglänzt.
4. Dieser setzt sich wie ein Adler
in menschlichen Stätten nieder,
wie der Buhle, der zum Weib geht.
5. Dieser berauschende Seim schaut
herab, das Himmelskind, der
Tropfen, der in die Wolle eingeht.
6. Dieser zum Trinken gepresste
Goldgelbe rinnt unablässig
rauschend in den geliebten Schoß.

Sûkta 39 (6 Verse)
Rischi: Brihanmati Ângirasa –
Devatâ: Pavamâna Soma – Tschandas: Gâyatrî

1. Fließe schnell umher, großer Geist,
mit deiner lieben Satzung, in
der, wie man sagt, die Götter sind.
2. Das Unfertige vollendend,
der Menschheit Labetrank reichend,
lass des Himmels Regen strömen.
3. Der Erzeugte läuft in die Seihe,
durch Odschas Glanz verleihend,
weithin schauend, weithin leuchtend.

4. Er ist es, der sich in schnellem
Lauf vom Himmel in die Seihe,
in die Meereswoge ergoss.
5. Dann leuchtete der Erzeugte
aus der Ferne, aus der Nähe.
Der Met wird Indra eingeschenkt.
6. Vereint sangen sie und pressten
den Goldgelben mit Steinen aus.
Setzt euch in des Gesetzes Schoß.

Sûkta 40 (6 Verse)
Rischi: Brihanmati Ângirasa –
Devatâ: Pavamâna Soma – Tschandas: Gâyatrî

1. Sich klärend ging der Wirksame
auf alle Spötter los. Durch Andacht
schmücken sie den Weisen aus.
2. Der Rötliche besteige den Schoß.
Der erzeugte Stier gehe zu Indra.
Er setzt sich auf den festen Thron.
3. Nun, Somasaft, überschütte
uns allseits mit unserem großen,
tausendfältigen Reichtum.
4. Bring uns, dich klärender
Somatropfen, alle Herrlichkeiten.
Schenke tausendfache Wonnen.
5. Dich läuternd bring uns Reichtum und
dem Sänger Meisterschaft. Stärke
die Lobeshymnen des Sängers.
6. Dich klärender Somasaft, bring
uns doppelten, preiswürdigen
Reichtum, du zeugender Tropfen.

Sûkta 41 (6 Verse)
Rischi: Medhyâtithi Kânva –
Devatâ: Pavamâna Soma – Tschandas: Gâyatrî

1. Wie feurig glänzende Rinder
schritten sie mühelos voran,
die schwarze Decke aufbrechend.
2. Wir gedenken der guten Fahrt
über den unwegsamen Steg,
nachdem wir die Heiden bezwangen.
3. Das Rauschen des feurigen
Pavamânas hört sich an wie Regen.
Blitze zucken am Himmel.
4. Schick uns große Labung, du
ausgepresster Tropfen, reich an
Rindern, Rossen, Gold und Gaben.
5. Fließe, dich Verbreitender,
fülle beide großen Welten wie die
Morgensonne mit Lichtzügeln.
6. Soma, umfließe uns von allen
Seiten im schützenden Strom
wie das Nass die höchste Stätte.

Sûkta 42 (6 Verse)
Rischi: Medhyâtithi Kânva –
Devatâ: Pavamâna Soma – Tschandas: Gâyatrî

1. Der die Himmelslichter gebiert,
im Wasser die Sonne gebiert,
sich in Milch und Wasser kleidet,
2. dieser goldgelbe, durch uralte
Andacht für Götter erzeugte Gott
fließt im Strome umher.
3. Für den erstarkten Sieger läutern
sich die Somasäfte zum
Kraft tanken, tausendfach schimmernd.

4. Die uralte Milch milchend
ergießt er sich durch die Seihe.
Brüllend hat er die Götter erzeugt.
5. Der sich läuternde Soma, der
das Gesetz stärkt, schickt alle
Schätze herbei, die Götter herbei.
6. Ausgepresster Soma, schick
uns ausgedehnte Labung an
Rindern, Rossen, Männern, Nahrung.

Sûkta 43 (6 Verse)
Rischi: Medhyâtithi Kânva –
Devatâ: Pavamâna Soma – Tschandas: Gâyatrî

1. Der wie ein Rennpferd mit Kühen
zum Rausch geputzt wird, der Begehrte,
ihn kleiden wir in Hymnen.
2. Ihn schmücken all unsre hilfreichen
Hymnen wie ehemals aus,
den Saft für Indra zum Trinken.
3. Sich läuternd läuft der begehrte
Soma, verherrlicht von den Liedern
des Weisen Medhyâtithi.
4. Soma, klar fließender Tropfen,
finde für uns glorreichen,
tausendfältig schillernden Reichtum.
5. Der wie ein Rennpferd wettlaufende
Saft rauscht im Vlies, wenn er
durchgeflossen ist, mit Gott vereint.
6. Fließe klar zum Kraftschöpfen, zur
Stärkung des preisenden Sängers,
Soma, verleihe Meisterschaft.

Sûkta 44 (6 Verse)
Rischi: Ayâsya Ângirasa –
Devatâ: Pavamâna Soma – Tschandas: Gâyatrî

1. Unermüdlich strömst du, Indu,
immer weiter für die Götter,
und bringst uns gleichsam die Welle.
2. Dem Geiste genehm, durch Denken
erregt, treibt der weise Soma
im Strom des Sängers weit hinaus.
3. Dieser Wachsame unter den
Göttern läuft ausgepresst in die
Seihe. Soma fließt angeregt.
4. Der sich uns nahrungsreich läutert,
die Feier angenehm machend,
der Barhisbereiter lockt an.
5. Der uns für Bhâga, für Vâyu
stets fördernd Männer beredt macht,
Soma bringe uns zu den Göttern!
6. Der uns heute zur Bescherung
Einsicht und freie Bahn verschafft,
gewinne Kraft und großen Ruhm!

Sûkta 45 (6 Verse)
Rischi: Ayâsya Ângirasa –
Devatâ: Pavamâna Soma – Tschandas: Gâyatrî

1. Du Tropfen, der die Menschen lenkt,
kläre dich zur Berauschung, zur
Götterladung, Indra zum Trunk.
2. Lass uns die Botschaft zufließen,
du rinnst für Indra ab, den Göttern
angenehmer als Freunde.

3. Und dich, den Goldgelben, salben
wir mit Kuhmilch zum Rausche.
Öffne uns die Tore zum Reichtum!
4. Er überschritt die Seihe wie
ein Streitross in Fahrt die Deichsel.
Der Tropfen gebührt den Göttern.
5. Seine Freunde, die Lieder, stimmten
dem im Walde rauschenden,
übers Vlies tanzenden Saft zu.
6. Kläre dich in dem Strom, Indu,
in dem du – getrunken – dem Sänger
die Meisterschaft offenbarst.

Sûkta 46 (6 Verse)
Rischi: Ayâsya Ângirasa –
Devatâ: Pavamâna Soma – Tschandas: Gâyatrî

1. Wie wirksame Renner strömten
zur Götterladung die Sturzbäche,
die im Felsen gewachsen sind.
2. Hergerichtet wie ein Mädchen,
das des Vaters Erbe trägt,
eilten die Somatropfen zum Wind.
3. Diese freudevollen Soma-
tropfen, gepresst in der Schüssel,
stärken Indra durch Handlungen.
4. Gute Hände, lasst den leuchtenden,
gerührten Rauschtrank fließen,
greift und kocht ihn mit der Kuhmilch.
5. Fließe, du Schätzegewinner,
du Gewährer großer Gaben,
Soma, schaff uns freie Bahn.
6. Diesen putzenswerten Rauschtrank,
den fließenden, beschwingenden,
klären zehn Finger für Indra.

Sûkta 47 (5 Verse)
Rischi: Kavi, Sohn des Bhrigu –
Devatâ: Pavamâna Soma – Tschandas: Gâyatrî

1. Durch diese Technik erstarkte
der mächtige Soma noch mehr.
Berauschend steigt der Bulle auf.
2. Bekannt ist, dass er Dämonen
zermalmen wird und zermalmt hat.
Saftig bestraft er Verstöße.
3. Denn Soma, der indrische Saft,
wird zur Tausend gewinnenden
Keule, wenn sein Loblied erschallt.
4. Selber möchte der Weise dem
Sänger die Gaben austeilen,
wenn er Gedanken klärt und feilt.
5. Er möge Reichtümer schenken.
Wie im Rennen bei den Schnellen
bist du beim Sieger in der Schlacht.

Sûkta 48 (5 Verse)
Rischi: Kavi, Sohn des Bhrigu –
Devatâ: Pavamâna Soma – Tschandas: Gâyatrî

1. Dir, der in des weiten Himmels
Stätten Manneskräfte trägt,
dem Lieben nahen wir mit Kunst,
2. dem lobenswerten Riesenrausch,
der den Mutigen anlockt und
hundert Burgen erstrahlen lässt.
3. Der Beflügelte brachte dich, den
Schatz, den Herrscher, du Weiser,
geradewegs aus dem Himmel.
4. Um Licht zu sehen brachte der Vogel,
das All ermessend, den Hüter des Rechts,
der Halt bietend den Raum durchdringt.

5. Angeregt hat er jetzt mehr als
die indrische Größe erlangt,
der wirksame Hilfebringer.

Sûkta 49 (5 Verse)
Rischi: Kavi, Sohn des Bhrigu –
Devatâ: Pavamâna Soma – Tschandas: Gâyatrî

1. Lass uns schön den Regen fließen,
die Wassergüsse vom Himmel,
heilsam starke Labetränke.
2. Kläre dich in diesem Strome,
mit dem die Rinder des Stammes
zu uns ins Haus kommen mögen.
3. Kläre im Strome das Butterfett,
in Yagyas die Götter ladend,
lass den Regen zu uns fließen.
4. Rinne uns zur fetten Labung
im Strome durch die Wollseihe.
Die Götter werden schon hören.
5. Die Rakschasas abwehrend ist
Pavamâna geflossen. Er
lässt den alten Glanz erstrahlen.

Sûkta 50 (5 Verse)
Rischi: Utschathya Ângirasa –
Devatâ: Pavamâna Soma – Tschandas: Gâyatrî

1. Deine Wirkung kommt als Schauer,
Regenguss, Getöse, Donner.
Schärfe des Rohrpfeiles Spitze.
2. Durch deine Belebung steigen
drei sich streitende Stimmen auf,
wenn du durch den Schafrücken läufst.
3. Durch das Schafhaar treiben sie mit
Steinen den lieben, goldgelben,
Met triefenden Pavamâna.

4. Fließe beschwingend im Strome
durch das Läutersieb, du Weiser,
setz dich in den Schoß des Glanzes.
5. Du höchst berauschender Tropfen,
fließe für Indra zum Trinken,
von glänzenden Kühen gesalbt.

Sûkta 51 (5 Verse)
Rischi: Utschathya Ângirasa –
Devatâ: Pavamâna Soma – Tschandas: Gâyatrî

1. Priester, gieße den mit Steinen
ausgepressten Soma ins Sieb,
kläre ihn zum Trunk für Indra.
2. Presst des Himmels beste Biestmilch,
den Soma voller Honigmet,
für Indra, den Keulenträger.
3. Jene Götter des Gewitters
laben sich an deinem süßen,
fließenden Keimsaft, du Tropfen.
4. Denn du, befruchtender Soma,
zum wilden Rausch, zur Erquickung
gepresst, begeisterst den Sänger.
5. Fließe ausgedrückt im Strome
in die Seihe, weithin leuchtend,
zur Stärkung und Verherrlichung.

Sûkta 52 (5 Verse)
Rischi: Utschathya Ângirasa –
Devatâ: Pavamâna Soma – Tschandas: Gâyatrî

1. Der himmlische Reichtumschenker,
der uns mit dem Saft Labung bringt,
ströme ausgepresst durch das Sieb.
2. Auf deinen uralten Wegen
kreise der liebe Tausendstrom
immerfort rings durch das Schafhaar.

3. Der wie ein Topf ist, den schüttle,
schüttle ihn, Tropfen, als Gabe,
schüttle mit Schlägen, du Schläger.
4. Vielgerufener Tropfen, der
uns ausrichtet, lenke die Kraft,
den Tatendrang dieser Menschen.
5. Mit hundert Hilfen, o Tropfen,
oder mit tausend Lichtern,
kläre dich, den Reichtum mehrend.

Sûkta 53 (4 Verse)
Rischi: Avatsâra Kâschyapa –
Devatâ: Pavamâna Soma – Tschandas: Gâyatrî

1. Deine Kräfte sind gestiegen,
dämonenschlagend, felsenfest.
Stoße die Nebenbuhler fort!
2. Niederschlagend mit dieser Kraft,
will ich beim Rennen um den Preis
furchtlosen Herzens lobsingen.
3. Dieses Geklärten Gesetze
bleiben von Missgunst unberührt.
Vernichte den, der dich bekämpft!
4. Den goldgelben, starken Tropfen
treiben sie in die Flüsse, vom
Rausch erregt, Indra beschwingend.

Sûkta 54 (4 Verse)
Rischi: Avatsâra Kâschyapa –
Devatâ: Pavamâna Soma – Tschandas: Gâyatrî

1. Seinem altgewohnten Glanz gemäß
melkten die Kühnen die helle Milch,
den tausendschenkenden Seher.
2. Dieser sonnengleiche Anblick
lässt die Wässer über sieben
Höhen in den Himmel fließen.

3. Dieser fließende, sich klärende
Soma steht über allen Wesen,
leuchtend wie die Sonne.
4. Du schickst uns zur Götterladung
milchreiche Nahrung herbei,
fließender Tropfen, mit Indra eins.

Sûkta 55 (4 Verse)
Rischi: Avatsâra Kâschyapa –
Devatâ: Pavamâna Soma – Tschandas: Gâyatrî

1. Korn um Korn lass mit dem Safte
zu uns fließen, Soma, alle
guten Gaben, Blühen und Gedeih.
2. Dir zum Lobe setz dich, Indu,
auf dass dein Krautsaft sprudele,
auf dem lieben Riedgras nieder.
3. Und als Rind- und Rossefinder
fließe mit Somasaft für uns
in schnell verfliegenden Tagen.
4. Der besiegt, doch nicht besiegt wird,
der den Gegner von vorn erschlägt,
so fließe, du Tausendsassa.

Sûkta 56 (4 Verse)
Rischi: Avatsâra Kâschyapa –
Devatâ: Pavamâna Soma – Tschandas: Gâyatrî

1. Soma umfließt in der Seihe
schnell das hehre Gesetz, zerschlägt
die Rakschasas und fährt zu Gott.
2. Vereint schickt Soma Labung her,
hundert wirkungsvolle Ströme,
und schließt mit Indra Freundschaft.
3. Dir jauchzten die zehn Mädchen zu
wie die Braut dem Buhlen, Soma.
Geputzt wirst du zur Sättigung.

4. Fließe für Indra, für Vischnu um,
du süßer Tropfen. Schütze
die Menschen, die Sänger vor Not.

Sûkta 57 (4 Verse)
Rischi: Avatsâra Kâschyapa –
Devatâ: Pavamâna Soma – Tschandas: Gâyatrî

1. Deine Ströme laufen unver-
sieglich wie des Himmels Regen
zu tausendfältiger Labung.
2. Alle liebe Seherweisheit
schauend strömt der Grüne herbei.
Spritzend gibt er Lebensdauer.
3. Von den Beweglichen geputzt,
setzt sich der Gesetzestreue
majestätisch wie ein Adler
4. in die Bäume. Bring uns alle
Schätze des Himmels und der Erde,
du klar fließender Tropfen.

Sûkta 58 (4 Verse)
Rischi: Avatsâra Kâschyapa –
Devatâ: Pavamâna Soma – Tschandas: Gâyatrî

1. Der Rauschtrank strömt, er dringe durch,
der Strom des ausgepressten Safts,
der Rauschtrank strömt, er dringe durch.
2. Morgenrot – Veda der Lichten –
des Sterblichen Göttin der Lust.
Der Rauschtrank strömt, er dringe durch.
3. Von Gabenfreud und Friedereich
empfangen wir die Tausender.
Der Rauschtrank strömt, er dringe durch.
4. Und dreißigfach empfangen wir
von diesen beiden Tausender.
Der Rauschtrank strömt, er dringe durch.

Sûkta 59 (4 Verse)
Rischi: Avatsâra Kâschyapa –
Devatâ: Pavamâna Soma – Tschandas: Gâyatrî

1. Fließe, Soma, gewinne Rind
und Ross, alles Ergötzliche,
gewähre fruchtbaren Wohlstand.
2. Fließe unbeschadet aus den
Wässern, fließe für die Pflanzen,
fließe aus den Somaschalen.
3. Du klar fließender Soma,
überwinde alle Gefahren,
setz dich klug ins Riedgras nieder.
4. Pavamâna, finde das Licht,
geboren wurdest du mächtig,
Indu, du stehst über allem.

Sûkta 60 (4 Verse)
Rischi: Avatsâra Kâschyapa – Devatâ: Pavamâna Soma –
Tschandas: Gâyatrî, 3 Pura-Uschnik (10, 9 und 9 Silben)

1. Besingt mit Gâyatrîgesang
den regsamen, sich klärenden
Tropfen mit den tausend Augen.
2. Dich, den Tausendäugigen, der
tausend Gaben bringt, haben sie
durch die Schafwolle geläutert.
3. Pavamâna ist durch die Seihe
gelaufen, er strömt in die Gefäße
und zieht in das Herz des Indra ein.
4. Für Indras wirkungsvolle Gunst
fließe, segensreicher Soma,
gewähre fruchtbaren Samen.

Sûkta 61 (30 Verse)

Rischi: Amahîyu Angirasa –
Devatâ: Pavamâna Soma – Tschandas: Gâyatrî

1. Fließe mit Genuss umher, o
Saft, der du in deinen Räuschen
die Neunundneunzig niederschlugst,
2. für Divodâsa, der zuvor
sogleich den Sinn auf Shambara,
Turvasha, Yadu richtete.
3. Rossefinder Indu, überschütte
uns mit Rossen, Rindern,
Gold und tausendfacher Labung.
4. Pavamâna, der du als
Läutersaft die Seihe überflutest,
deine Freundschaft wählen wir.
5. Mit deinen Wogen, die im Strom
durch die Seihe fließen, Soma,
mit denen sei uns gewogen.
6. Zeugungskräftiger Soma, bring
uns, dich klärend, allseits Reichtum
und manneskräftige Nahrung.
7. Die zehn Flinken putzen ihn,
dessen Mutter Sindhu, das Meer ist.
Er erschien mit den Âdityas,
den Söhnen der Unendlichkeit.
8. Mit Indra und Vâyu kommt er
ausgepresst in der Seihe zusammen,
mit den Sonnenstrahlen.
9. Fließe uns voll süßem Met, für
Bhaga, Vâyu, Pûschan, dem
Mitra und Varuna angenehm.
10. Hoch oben entspringt dein Krautsaft.
Das Sein im Himmel gewinnt auf
Erden mächtigen Schutz und Ruhm.

11. Durch ihn sind wir siegreich. Alle
Glücksgüter der Menschen, auch des
Frommen, wollen wir gewinnen.

12. Für den ehrwürdigen Indra,
Varuna und die Maruts
umfließe uns, die Freiheit findend.

13. Zu dem schön erzeugten Saft, dem
wasserdurchdringenden Brecher,
ringsum mit Milchkühen umschmückt,
haben die Götter sich gesellt.

14. Unsre Lieder mögen ihn, der
Indras Herz gewinnt, großziehen
wie Kühe mit Jungen ihr Kalb.

15. Fließe, Soma, zum Heil für unser
Rind, melke milchreiche Nahrung,
mehre das löbliche Meer.

16. Sich klärend erhub er wie der
Himmel glänzend den Donner, das
hohe Licht der ganzen Menschheit.

17. Dein Saft des sich Klärenden, o König,
fließt als unschädlicher Rauschtrank
durch das Vlies aus Schafhaar.

18. Pavamâna, dein Saft waltet
weise, glanzvoll über das Licht,
das All, die sichtbare Sonne.

19. Fließe in deinem herrlichen
Rausch mit diesem Krautsaft, Götter
ladend, Böswillige schlagend.

20. Du schlägst den feindlichen Vritra,
gewinnst Tag für Tag Kraftnahrung,
erbeutest Rinder und Rosse.

21. Dich im schönen Schoße wie mit
Kühen mischend werde rötlich.
Sitz im Schoße wie der Adler.

22. Fließe, der du dem Indra halfst,
den Widersacher zu schlagen,
der die großen Wässer verbarg.
23. Mit guten Männern wollen wir
Schätze gewinnen, Somaregen,
stärke fließend unser Lied.
24. Mit deinem Schutz und Beistand
wollen wir den Verderber schlagen,
Soma, erwecke die Gesetze.
25. Die Verächter und Geizigen
abwehrend läutert sich Soma
und geht zu Indras Stelldichein.
26. Bring uns große Schätze, Indu
Pavamâna, schlage die Spötter,
schenke heldenhaften Glanz.
27. Selbst hundert Hürden hemmen dich
nicht, wenn du Gaben verschenken
willst und dich läuterst und durchkämpfst.
28. Fließe befruchtend, gepresster
Saft, mach uns angesehen im
Volk, wehre alle Hasser ab.
29. In deiner Freundschaft, Indu, in
deinem höchsten Glanze, wollen
wir die Feindschaften besiegen.
30. Mit deinen furchtbaren Waffen,
die zum Verletzen scharf sind, schütze
uns vor jeglichem Gespött.

Sûkta 62 (30 Verse)
Rischi: Dschamadagni Bhârgava –
Devatâ: Pavamâna Soma – Tschandas: Gâyatrî

1. Diese schnellen Säfte sind durch
das Sieb geflossen, um alle
schönen Gaben herzubringen,

2. alles Unglück abwendend, Kraft
und gute Wege bereitend
für Kinder, Ross und Fortbestand.
3. Dem Rinde Freiheit schaffend fließen
sie zum schönen Loblied, für
uns zu dauerhafter Labung.
4. Starker, bergstämmiger Anschu
ward zum Rausch in Wässern gepresst.
Wie ein Adler sitzt er im Schoß.
5. Den gottbegehrten Schimmertrank,
wasserumspült, von Menschen gepresst,
versüßen Kühe mit Milch.
6. Und wie Treiber das Ross haben
sie ihn für das Amrit geschmückt,
den Madhusaft zum Gruppenrausch.
7. Mit deinen madhutriefenden
Strömen, Indu, zur Stärkung gesandt,
hast du dich ins Sieb gesetzt.
8. So rinne für Indra zum Trinken
über die Haare des Schafs,
setz dich in Wäldern in den Schoß.
9. Indu, du süßester Freiheitfinder,
gieße für die Angiras,
die Engel, Ghee und Milch aus.
10. Angeregt erstrahlt dieser
herausragende Pavamâna
und spornt die hehre Freundschaft an.
11. Dieser befruchtende Stier
Pavamâna, der Flüche abwendet,
verschafft dem Spender Schätze.
12. Schütte tausendfachen Reichtum
an Rindern und an Rossen aus,
wohlglänzenden, vielbegehrten.

13. Diese von den Lebenden
geklärte, weitwandernde Seher-
gabe wird hier umgegossen.
14. Der Weise durchmisst mit tausend
Hilfen, hundert Gaben den Raum.
Für Indra klärt sich der Rauschtrank.
15. Der bergstämmige, hier gelobte
Saft wird Indra vorgesetzt.
Ein Vogel in des Nestes Schoß.
16. Von Menschen gepresst strömte Soma
Pavamâna Kraft herbei und nahm
kunstvoll in den Schalen Platz.
17. Ihn schirren sie zum Fahren vor
den dreirückigen Dreisitzer
durch der sieben Rischis Andacht.
18. Somapresser, sporn den schnellen
Preisgewinner an, zur Beute
zu fahren, den grünen Renner.
19. In den Becher dringend gießt der
Ausgepresste alle Schätze
aus, steht als Held zwischen Kühen.
20. Zum Rausche melken die belebten
Götter deine Milch, Indu,
das Madhu für die Götterschar.
21. Gießt uns den Soma ins Sieb, den
madhureichsten für die Götter,
den die Götter gerne hören.
22. Diese Somasäfte, zu großem
Ruhm gepriesen, ergießen sich
im Strom des Berauschendsten.
23. Dich klärend strömst du zur Ladung
von Kühen und Männern herbei,
Kraft gewinnend fließe umher.

24. Und ströme uns milchreichen Schmaus
zu und alle Lobeshymnen,
von Dschamadagni gepriesen.
25. Wortführer Soma, gieße klärend
mit deinen glänzenden Hilfen
alle Dichtergaben aus.
26. Du Wortführer, der du die Wässer
des Meeres in Wallung bringst,
fließe und belebe alles.
27. Deiner Größe, Seher Soma,
unterstellten sich die Welten.
Dir fließen die Meeresströme.
28. Unversieglich wie des Himmels
Regen fließen deine Ströme
auf die helle Unterlage.
29. Klärt den gewaltigen, die Wirkung
 fördernden Saft für Indra,
den Herrscher, der Genuss gewährt.
30. Soma Pavamâna, der Seher
des Rechtes, setzt sich ins Sieb
und gibt dem Sänger Meisterschaft.

Sûkta 63 (30 Verse)
Rischi: Nidhruvi Kâshyapa –
Devatâ: Pavamâna Soma – Tschandas: Gâyatrî

1. Soma, schütte tausendfachen
Reichtum aus, schöne Manneskraft,
flöße uns Lobeshymnen ein.
2. Du lässt Saft und Kraft anschwellen,
Berauschendster, für Indra lässt
du dich in den Schalen nieder.
3. Für Indra, Vischnu ausgepresst
floss Soma in den Kalasch, voller
Madhu sei er für Vâyu.

4. Diese flinken, braunen Somasäfte
flossen durch die Hindernisse
im Strom des Gesetzes,
5. Indra stärkend, fleißig alles
veredelnd und arisch machend,
die Böswilligen vertreibend.
6. Ausgepresst rinnen die rotbraunen
Säfte ihren eigenen Raum
entlang und gehen zu Indra.
7. Kläre dich in dem Strom, mit dem
du die Sonne erstrahlen lässt
und die Menschensäfte antreibst.
8. Das Sonnenross Etasha
schirrte Pavamâna an, um vor
Menschen durch die Luft zu fahren.
9. Die zehn Goldgelben der Sonne
hat er zur Fahrt angeschirrt und
spricht dazu: Indu ist Indra.
10. Gießet für Vâyu, für Indra,
das berauschende, ausgepresste
Lied in die Schafwollseihe.
11. Pavamâna Soma, finde
uns unbezwingbaren Reichtum,
unantastbar für den Neider.
12. Schütte tausenfältigen Reichtum
an Rindern und Rossen aus,
zur Kräftigung, zum Klangesrausch.
13. Soma klärt sich wie Gott Sûrya,
von den Steinen ausgepresst,
und gewinnt Geschmack im Kalash.
14. Im Strome des Gesetzes
ließen diese edel Glänzenden
milchreichen Stärkungstrank fließen.

15. Die gepressten Somasäfte
flossen für den Keulenträger
Indra mit Milch gemischt ins Sieb.
16. Fließe mit süßestem Madhu
zu Reichtum weiter durch das Sieb
als Rauschtrank, der die Götter lockt.
17. Ihn putzen die Lebendigen
in den Flüssen, den grünen, stark
berauschenden Saft für Indra.
18. Soma, überschütte uns mit
viel Gold, Rossen und Söhnen,
gewähre uns milchreiche Nahrung.
19. Schüttet ihn um im Schafhaarvlies,
der im Rennen um den Preis läuft,
den madhureichsten für Indra.
20. Den auszuschmückenden Weisen
putzen die Sänger gunstsuchend
in Andacht. Brüllend rennt der Stier.
21. Den im Strom des Rechts emsig
befruchtenden Soma besangen
die Sänger mit Andacht im Lied.
22. Fließe, Gott voll Lebenskraft, zu
Indra komme dein Rausch, steige
dem Dharma gemäß zu Vâyu.
23. Soma Pavamâna, du schüttest
klingenden Reichtum herab.
Geh ein ins Meer, du Begehrter.
24. Feinde vertreibend klärst du dich,
Soma, ratfindend, berauschend,
verjage das gottlose Volk.
25. Die hellglänzenden, sich klärenden
Somasäfte haben alle
Sehergaben ausgeschenkt.

26. Die schönen, flinken Säfte sind
sich klärend geflossen und haben
alle Hasser vertrieben.
27. Die sich Klärenden ergossen
sich vom Himmel und vom Luftraum
über den Rücken der Erde.
28. Dich klärender Somasaft,
merze alle Fehler aus, verjage
einsichtsvoll die Rakschasas.
29. Die Rakschasas verjagend,
Soma, durchströme uns brüllend mit
der höchsten erstrahlenden Kraft.
30. Verleihe uns Schätze, Soma,
himmlische und irdische, o
Saft, alles Erstrebenswerte.

Sûkta 64 (30 Verse)
Rischi: Kashyapa Mârîtscha –
Devatâ: Pavamâna Soma – Tschandas: Gâyatrî

1. Soma, du bist der lichte Stier,
der Stiergott voller Zeugungskraft,
der gesetzgebende Vrschâ.
2. Fruchtbar ist deine Zeugungskraft,
fruchtbar der Wald, fruchtbar der Rausch,
du bist ein wahrer Stier, Vrschâ.
3. Wiehere uns, du Saft, Vrschâ,
als Hengst Rinder und Rosse her,
öffne uns des Reichtums Tore.
4. Die raschen, hellen Somasäfte
preschten vor im Verlangen
nach Rindern, Rossen und Helden.
5. Herausgeputzt von den Gesetzes-
treuen, mit Händen gestriegelt,
klären sie sich im Schafhaar.

6. Die Somas mögen dem Verehrer
aus Himmel, Erde und Luftraum
alles Gute zuströmen.

7. Allwissender Pavamâna,
deine Ströme haben sich
ergossen wie der Sonne Strahlen.

8. Vom Himmel die Fackel zündend
schickst du alle Formen herbei.
Als Meer, o Soma, schwillst du an.

9. Angespornt dich läuternd und
ausbreitend erhebst du die Stimme.
Wie Gott Sûrya hast du gebrüllt.

10. Der liebe Indu hat sich durch
der Seher Lied bewusst geklärt,
wie der Kutscher das Pferd antreibt.

11. Deine Welle strömte götter-
ladend in die Seihe und setzte
sich in des Gesetzes Schoß.

12. Fließe in unsere Seihe,
du Götter anlockender Saft,
zum Rausch für Indra zum Trinken.

13. Zur Labung kläre dich im Strom,
gereinigt von den Kundigen,
Indu, geh glänzend in die Milch.

14. Dich klärend schaffe dem Volke
Freiheit und Kraft, lobheischender
Grüner, der in die Mischmilch fließt.

15. Zur Götterladung dich klärend
geh zu Indras Stelldichein,
leuchtend gelenkt von Flügelrossen.

16. Angetrieben sind die schnellen
Säfte auf das Meer losgesprengt,
durch die Andacht in Fahrt gebracht.

17. Schön herausgeputzt liefen die
langlebigen Säfte lustvoll
zum Schoß des Gesetzes ins Meer.
18. Uns wohlgesinnt bringe uns durch
dein Odschas alle Güter,
schütze unser männerreiches Haus.
19. Das Zugross Etascha wiehert,
von Lobsängern angeschirrt, und
schreitet zum Meer gesandt voran.
20. Wenn sich das Ross in den goldenen
Schoß des Gesetzes setzt,
verlässt es die Verständnislosen.
21. Die Sehnsucht fliegt ihm entgegen,
die Klugen geben sich ihm hin,
die Unklugen sinken unter.
22. Für Indra mit den Maruts
kläre dich, madhureichster Indu,
setz dich in des Gesetzes Schoß.
23. Dich, den Wissensstrom, um-
schmücken die redekundigen Sänger,
dich putzen die Lebendigen.
24. Deinen, des Pavamâna Saft,
o Weiser, trinken Mitra,
Aryaman, Varuna, die Maruts.
25. Du Soma, stachelst dich läuternd
die liedbewusste Rede an,
Indu, die Tausendbringende.
26. Die Tausende bringende,
überschäumende Rede bringe
her, dich klärender Somasaft.
27. Geliebter Saft, von diesen Menschen
vielgerühmt, gehe, wenn du
dich klärst, in den Ozean ein.

28. Voll blitzendem Glanz, voll rauschen-
der Schönheit sind die hellen, mit
Milch gemischten Somasäfte.
29. Von Treibern angespornt ist der
Starke zur Stärkung geschritten,
erfolgreich sich niederlassend.
30. Soma, selt'ner Himmelseher,
du hast dich zum Heile vereint,
kläre dich sichtlich als Sonne.

Sûkta 65 (30 Verse)
Rischi: Brighu Vâruni oder Dschamadagni Bhârgava –
Devatâ: Pavamâna Soma – Tschandas: Gâyatrî

1. Die morgendlichen Schwestern treiben
großgesinnt die Sonne an,
den Meister, den großen Indu.
2. Mit immer neuem Glanz dich
klärend, Himmlischer unter den
Göttern, durchdringe alles Gute.
3. Pavamâna, flöße ein gut
gefügtes Preislied als Regengabe
zum Trank der Götter ein.
4. Pavamâna, du bist ein Stier,
den im Glanze Strahlenden
rufen wir in stiller Andacht an.
5. Ströme, dich berauschend, Meister-
schaft herbei, schöne Lebenskraft.
O Indu, komm doch gern hier her.
6. Wenn du mit Wässern umgegossen
wirst, von den Händen geputzt,
setzt du dich in den Sitz aus Holz.
7. Besinget wie Vyashva den
fließenden Soma Pavamâna,
den großen, tausendäugigen,

8. den grüngelben Saft, dessen
madhutriefenden Farbton sie für
Indras Trunk durch Steine treiben.
9. Starker, der du alle Sieges-
preise gewonnen hast, deine
Freundschaft nehmen wir in Anspruch.
10. Fließe im Strome befruchtend
und für den Marut berauschend,
durch Odschas alles einnehmend.
11. Der du die Weltenhälften trägst,
Pavamâna, der das Licht sieht,
dich Starken treibe ich zur Kraft.
12. Mit Begeisterung erstrahlend
fließe, Grünlicher, im Strome,
treib den Verbündeten zur Kraft.
13. Ströme uns mächtige Wonne
zu, allsichtbarer Somasaft,
sei für uns der Wegbereiter.
14. Die Krüge ertönten von deinen
Strömen voller Odschas, Indu.
Zieh ein zum Trunk für Indra.
15. Du, dessen herben, berauschenden
Saft sie mit Steinen melken,
kläre dich als Feindvernichter.
16. Der König, durch die Geisteskraft
der Menschen geläutert, zieht aus,
um durch den Luftraum zu fahren.
17. Indu, bring uns hundertfachen
Zuwachs an Kühen und Pferden,
eine Glücksgabe als Hilfe.
18. Zum Göttermahle ausgepresst,
Soma, bring uns Kraft und Schönheit,
Gewandtheit, Glanz und Herrlichkeit.

19. Ströme, Soma, voller Glanz laut
rauschend in die Holzgefäße.
Setz dich als Adler in den Schoß.
20. Soma schüttet die Wässer aus
für Indra, Vâyu, Varuna,
für die Maruts und für Vischnu.
21. Soma, bringe uns und unsrem
Stamm von allen Seiten Labung,
ströme uns Tausendfaches zu.
22. Die Somasäfte, die in der
Ferne, in der Nähe oder
dort am Schilfsee gepresst werden,
23. auf dem Lande, bei den Werk-
tätigen, innerhalb der Siedlungen
oder bei den fünf Völkern,
24. die mögen uns wirksamen
himmlischen Regen senden, die
ausgepressten göttlichen Tropfen.
25. Der werte Grüne läutert sich,
von Dschamadagni besungen,
über die Kuhhaut getrieben.
26. Die hellen Stärkenden preschen
voran wie ein Siebengespann,
gesiedet in Wässern geputzt.
27. Dich spornten beim Auspressen die
Tätigen zum Göttlichen an,
so fließe und gewinne Glanz.
28. Dein tüchtiges beglückendes
Zugpferd wünschen wir uns heute,
den vielbegehrten Zaubertrank,
29. den aufheiternden, beliebten,
begeisternden, erhellenden,
den vielbegehrten Zaubertrank,

30. Reichtum und Glückbegünstigung,
Schönwirkender, auch für uns selbst,
den vielbegehrten Zaubertrank.

Sûkta 66 (30 Verse)
Rischi: die hundert Vaikhânasas – Devatâ: Pavamâna Soma,
19-21 Agni Pavamâna – Tschandas: Gâyatrî, 18 Anuschtubh (4 x 8 Silben)

1. Kläre dich, du Allbeweger,
zu allen Sehergaben, als
Freund für Freunde zu verehren.
2. Mit den beiden Sitzen des Alls,
die dir zugewandt stehen,
regierst du, Soma Pavamâna.
3. Deine Sitze umgibst du,
weiser Soma Pavamâna, von
allen Seiten zur rechten Zeit.
4. Labetrank schaffend, kläre dich
zu allen Kostbarkeiten, um
den Freunden als Freund zu helfen.
5. Deine hellen Strahlen, Soma,
breiten die Seihe als Wohnstätte
über das Himmelszelt aus.
6. Diese sieben Ströme fließen
nach deiner Anordnung, Soma,
für dich strömen die Milchtränke.
7. Soma, ergieße dich im Strom,
zum Rausch für Indra ausgepresst,
schaffe das Lied, das nie vergeht.
8. Dich durch Gedanken anspornend
umrauschten dich sieben Schwestern,
den Sänger in Vivasvats Bahn.
9. Die Unvermählten putzen dich,
der im Wasser durchs Schaffell rauscht,
als Barde in den Wald geführt.

10. Weiser, starker Pavamâna,
deine Ströme schossen vorwärts
wie lobbegierige Renner.
11. Durch das Schafwollvlies flossen sie
zur madhutriefenden Hülle.
Laut erschollen die Gesänge.
12. Wie milchende Kühe heimwärts
kehrten die Tropfen ins Meer zurück,
in den Schoß des Gesetzes.
13. Die Wässer der Ströme fließen
zu unsrer größten Lust, Indu,
wenn du dich in Milch kleiden willst.
14. Um als Freund deine Unterstützung
zu erlangen, o Indu,
wünschen wir uns deine Freundschaft.
15. Soma, fließe für den Großen,
der Kühe wünscht und die Menschen
sieht, dringe in Indras Bauch ein.
16. Groß bist du, Soma, der Beste,
der Stärkste der Starken, o Saft.
Im Kampf hast du immer gesiegt.
17. Der stärker als die Starken ist,
heldenhafter als die Helden,
mehr gibt als die Freigebigen,
18. du, Soma, Sonne, Saft zur
Erzeugung von Kindern und Leibern,
wir wünschen uns deine Freundschaft,
deine Bundesgenossenschaft.
19. Agni, du läuterst uns Lebenskräfte,
Stärkung und Labung zu.
Dränge das Unheil weit hinweg.
20. Den Rischi Agni Pavamâna,
den Purohita der fünf Völker,
bitten wir um Besitz.

21. Kunstreicher Agni, ströme uns
Lebenskraft und Meisterschaft zu,
bringe mir Reichtum und Wohlstand.
22. Pavamâna fließt über die
Fehler hinweg zum schönen Lied,
wie die Sonne allen sichtbar.
23. Von den Lebendigen geputzt,
zur Labung lustvoll angespornt,
hält der schnelle Indu Ausschau.
24. Pavamâna hat das hohe
Gesetz, das helle Licht erzeugt,
das schwarze Tamas verscheuchend.
25. Die hellen Ströme des
verscheuchenden güld'nen Pavamâna
schossen flammenfunkelnd voran.
26. Pavamâna, bester Fahrer,
von Schönen als Schönster gerühmt,
goldglänzend mit der Marutschar,
27. Pavamâna dringe mit den
stärkenden Strahlen durch und
verleihe dem Sänger Meisterschaft.
28. Hervorgepresst floss Indu durch
die Seihe aus Schafwolle, sich
klärend kommt der Saft zu Indra.
29. Dieser Soma tanzt und hüpft auf
der Kuhhaut durch die Steine und
fordert Indra zum Rausche auf.
30. Mit deinem glänzenden Nass,
Pavamâna, das vom Himmel kam,
damit segne uns fürs Leben.

Sûkta 67 (32 Verse)

Rischi: 1-3 Bharadvâja Bârhaspatya, 4-6 Kaschyapa Mârîtscha, 7-9 Gotama Râhûgana, 10-12 Atri Bhauma, 13-15 Vishvâmitra, Sohn des Gâthin, 16-18 Dschamadagni Bhârgava, 19-21 Vasischtha, Sohn von Mitra und Varuna, 22-32 Pavitra, Sohn des Angiras oder Vasischtha oder beide – Devatâ: Pavamâna Soma, 10-12 Pavamâna Soma oder Pavamâna Pûschan, 23-24 Pavamâna Agni, 25 Pavamâna Agni oder Pavamâna Savitri, 26 Pavamâna Agni oder Pavamâna Agni und Pavamâna Savitri, 27 Pavamâna Agni oder die Vischvedevas, 31-32 der Sänger der Pavamânîverse – Tschandas: Gâyatrî, 16-18 Nityadvipadâ Gâyatrî (2 x 8 Silben), 30 Pura-Uschnik (10, 9 und 9 Silben), 27, 31, 32 Anuschtubh (4 x 8 Silben)

1. Soma, du bist der erquickend
sprudelnde Stärkste beim Yagya,
kläre dich, Reichtümer schenkend.
2. Männerberauschend ausgepresst
fließe am berauschendsten für
Indra, strahlend mit dem Krautsaft.
3. Wenn du durch Steine ausgepresst
wirst, ströme wiehernd heran zu
glänzendem höchstem Ungestüm.
4. Angeregt fließt der Saft über
die Seihe aus Schafwolle, der
Falbe hat nach Kraft gewiehert.
5. Somasaft, du strömst durch die Schaf-
wolle und verströmst Ruhm, Glücksgüter
und milchreiche Kraftnahrung.
6. Soma, bringe uns hundertfältigen
Reichtum an Rindern und
Rossen, tausendfachen, o Saft.
7. Die schnellen, sich klärenden Säfte
sind durch die Seihe auf ihren
Wegen zu Indra gelangt.

8. Der köstliche Somasaft, der
uralte Indu, strömt Indra,
dem Lebenden, Lebenskraft zu.
9. Die Morgenstrahlen schüren den
sonnigen, madhutriefenden
Pavamâna singend im Lied.
10. Unser Beschützer Pûschan, der
auf jedem Weg mit Ziegen fährt,
er gewähre uns Jungfrauen.
11. Dieser Soma wird dem Haarschnecken-
träger süß wie Ghee geklärt,
er gewähre uns Jungfrauen.
12. Der für dich, Heißglühender,
Gepresste wird rein wie Ghee geklärt,
er gewähre uns Jungfrauen.
13. Kind der Rede der Weisen, Soma,
kläre dich im Strom, unter
den Göttern verteilst du Schätze.
14. In die Krüge strömt er, der Adler
taucht in seine Schutzhülle
ein, laut rauschend im Holzgefäß.
15. Soma, dein ausgepresster Saft
ward in den Kalash gegossen.
Er strömt geschwind wie ein Adler.
16. Kläre dich, Soma, erquickend,
voll süßem Madhu für Indra.
17. Wie wettlaufende Rennwagen
schossen sie zum Götterschmause.
18. Die hell ausgepressten Rauschtränke
haben Vâyu entfesselt.
19. Vom Pressstein zerstoßen gehst du
zur Seihe, gelobter Soma,
und gibst dem Sänger Meisterschaft.

20. Zerstoßen dringt dieser gelobte
Rakschastöter durch die Seihe,
durch das Vlies aus Schafwolle.
21. Falls mir hier Gefahr droht, ob aus
der Nähe oder Ferne, dann
vertreibe sie, Pavamâna.
22. Der ausgezeichnete Pavamâna,
der Läuterer, läutere
uns heute durch die Seihe.
23. Mit deiner Seihe, Agni, die
in der Flamme ausgespannt ist,
läutere unsere Lesung.
24. Mit deiner flammenlodernden
Seihe, Agni, läutere uns,
durch die Lesung läutere uns.
25. Durch beides, Gott Savitri, durch
die Seihe und den Somatrank,
läutere mich ganz durch und durch.
26. Durch die drei höchsten Gesetze,
du Gott Savitri, Soma, Agni,
durch Weisheit läutere uns.
27. Der Götter Schar möge mich läutern,
die Vasus mit dem Liede.
Ihr Götter alle, läutet mich,
Dschâtavedas, läutere mich.
28. Schwill an, ströme hervor, Soma,
aus allen Anschu-Stengeln, als
der beste Guss für die Götter.
29. Zu dem lieben, bewundernswerten
Jüngling, der sich am Guss freut,
kamen wir zur Ehrerbietung.
30. Die Axt des Alâyya ging verloren,
diese, Gott Soma, sende herbei,
sei sie vergraben wie ein Maulwurf.

31. Wer die Pâvamânî singt, den
von Rischis gesammelten Seim,
der genießt lauter Reines, von
Mâtarischvan schmackhaft gemacht.
32. Wer die Pâvamânî singt, den
von Rischis gesammelten Seim,
dem milcht Sarasvatî Dickmilch,
Butterfett und Honigwasser.

Sûkta 68 (10 Verse)
**Rischi: Vatsaprî, Sohn des Bhalandana – Devatâ: Pavamâna Soma –
Tschandas: Dschagatî (4 x 12 Silben), 10 Trischtubh (4 x 11 Silben)**

1. Dem Gott sind die madhureichen Säfte entgegengeeilt wie milchende
Kühe zum Kalbe. Auf dem Barhis sitzend, mit Eutern redend, legten
sie das umfließende Licht als Festkleid an.
2. Laut wiehernd ruft er die Früheren herbei. Die Sprossen aufbre-
chend versüßt sich der Goldgelbe. Durch die Seihe im weiten Raum
umherfließend, legt der Gott nach seinem Wunsch die Pfeile nieder.
3. Der Trank, der das vereinte Zwillingspaar durchmaß, erfüllt die
ewiglich Verflochtenen mit Milch. Der die großen, endlosen Räume
genau kennt, nimmt, sie durchquerend, unzerstörbare Form an.
4. Die Eltern durchwandernd, die Wässer anregend, durchtränkt der
Weise nach seiner Neigung den Sitz. Von Menschen gelenkt würzt er
Anschu mit Gerste, vermählt sich mit den Schwestern und beschützt
das Haupt.
5. Mit kundigem Geist wird der Weise geboren. Der Keim des Rechts
bleibt vor den Zwillingen versteckt. Die beiden noch Jungen unter-
schieden zuerst die versteckte und die hochgehalt'ne Hälfte.
6. Des Erfreuenden Form erkannten die Weisen, als der Adler das
Kraut aus der Ferne brachte. Sie klärten in den Flüssen den schön
Fördernden, den lobenswerten Anschu, der gern umherströmt.
7. Zehn Jungfrauen striegeln dich, den gepressten Soma, von Rischis mit
Hymnen und Liedern belebt. Durch die Schafhaare und durch Rufen
der Götter von Menschen gezügelt, schenk uns Kraft zum Gewinn.

8. Den umkreisenden Freund in guter Gesellschaft, den Soma rufen weise Loblieder herbei, der im Strom voller Met mit des Himmels Welle die Stimme erhebt, der Schätze Herr, unsterblich.

9. Dieser erhebt vom Himmel den gesamten Raum. Sich klärend setzt sich Soma in die Krüge. Mit Wasser und Milch geputzt, mit Steinen gepresst, findet der geklärte Saft die liebe Freiheit.

10. So rings umgegossen, Soma, fließe klar und verleih uns fabelhafte Jugendkraft. Lasst uns Himmel und Erde freundlich rufen! Ihr Götter, gebt uns einen Schatz von Meistern.

Sûkta 69 (10 Verse)
Rischi: Hiranyastûpa Angirasa –
Devatâ: Pavamâna Soma – Tschandas: Dschagatî, 9 + 10 Trischtubh

1. Wie ein Pfeil wird das Lied auf den Bogen gelegt, wie ein Kalb ans Euter der Mutterkuh gelegt, reich strömend wird sie gemolken wie die Erste, die kommt, zu deren Werken Soma erwünscht ist.

2. Die Dichtung füllt sich, der Met wird eingegossen. Die wohltönende Peitsche regt sich im Munde. Wie der Schlachtlärm der Kämpfenden strömt der Tropfen sich klärend voller Madhu durch das Wollevlies.

3. Auf Brautschau fließt er im Schafhaar rings durch das Fell. Aditis Tochter lockert sich. Rechtmäßig geht der grüne Trank röhrend, ehrenwert, selbstbeherrscht. Seine Kräfte schärfend prangt er wie ein Büffel.

4. Der Bulle brüllt, die Kühe laufen auf ihn zu. Die Göttinnen kommen zum Treffort des Gottes. Soma hat das weiße Schafwollvlies durchlaufen und sich ins frisch gewaschene Gewand gehüllt.

5. Mit unversehrtem, leuchtendem Kleid hat sich der grüne Unsterbliche reingewaschen umhüllt. Des Himmels Rücken machte er zum schmucken Kleid, zur Unterlage die wolkenreichen Schalen.

6. Geschwind wie die Strahlen der Sonne kommen die schlummernden Rauschtränke zusammen hervor, die schnellen Ströme durch das gespannte Gewebe. Nur durch Indra klärt sich die gesetzte Ordnung.

7. Die schnellen Rauschtränke fanden, von Bullen bewegt, ihre Bahn wie ins Tal stürzende Ströme. Zum Heil unsrer Zwei- und Vierfüßler im Haus, Soma, mögen uns die Kräfte und Völker beistehen.

8. Gieße uns Fülle an Gütern und Gold aus, an Rossen, Rindern, Getreide und die Meisterschaft. Denn ihr, Soma, seid mir als Väter gesetzt, als Häupter des Himmels erhoben verleiht ihr Kraft.

9. Diese sich klärenden Somasäfte eilten zu Indra wie Wagen zum Beutezug. Die gelben Ausgepressten durchlaufen das Schafhaar und legen regnend die Hülle ab.

10. Indu, kläre dich für den hohen Indra, gnädig, makellos, Vertilger des Bösen. Bringe dem Sänger glänzende Schätze. Götter, Himmel und Erde, seid uns gewogen.

Sûkta 70 (10 Verse)
Rischi: Renu, Sohn des Vishvâmitra –
Devatâ: Pavamâna Soma – Tschandas: Dschagatî, 10 Trischtubh

1. Dreimal ließen ihm sieben milchende Kühe die wahre Mischmilch im höchsten Himmel strömen. Vier andre teure Wesen legte er als Schmuck an, als er durch das Ritual gestärkt wurde.

2. Nach dem teuren Amrit verlangend hat er sich durch Seherkraft beide Himmel aufgeschlossen. In strahlendste Gewässer hüllte er sich freudig, als sie mit Glanz des Gottes Sitz erlangten.

3. Mögen diese seine Strahlen unsterblich sein, unvertilgbar für beide Klassen von Wesen, durch die Menschliches und Göttliches sich reinigt. So nahmen ihn die Einsichtigen als König.

4. Von den zehn Geschickten wird er herausgeputzt, um sich in den mittleren Müttern zu bilden. Die Gesetze des geliebten Amrits hütend, sieht er, Menschen beschauend, nach beiden Stämmen.

5. Wenn er herausgeputzt wird als Trunk für Indra, erfreut er sich, zwischen beide Welten gesetzt. Ungestüm verjagt der Stier die Böswilligen, wie ein Bogenschütze auf die Starken zielend.

6. Der Rötliche geht wie nach Müttern ausschauend, brüllend wie das Donnergetöse der Marut. Das erste Gesetz kennend hat der Wirksame den Herrn des Himmels zur Verherrlichung erwählt.

7. Ungestüm brüllt der Ehrfurcht einflößende Stier, die goldenen Hörner wetzend, weithin blickend. In den wohlbereiteten Schoß setzt sich Soma nieder, vom Rinde ist das Fell, das Festgewand vom Schaf.
8. Klar seinen fleckenlosen Leib läuternd floß der Grüne über den Rücken der Schafwollseihe. Dem Mitra, Varuna, Vâyu genehm, wird der dreiteilige Met von den Geschickten gebraut.
9. Fließe, Soma, zur Ladung der Götter, Bulle, gehe in Indras Herz ein, das den Soma fasst. Vor der Bedrängnis führe uns durch die Gefahr, der Ortskundige weist dem Fragenden den Weg.
10. Wie ein angesporntes Gespann ströme her, fließe zum Schmause, Indu, in Indras Bauch. Wie ein Schiff überquere kundig das Meer, wehrhaft wie ein Starker schütze uns vor Schmach.

Sûkta 71 (9 Verse)
Rischi: Rishabha, Sohn des Vishvâmitra –
Devatâ: Pavamâna Soma – Tschandas: Dschagatî, 9 Trischtubh

1. Mit Milch fließt der Feurige, um sich zu setzen, erkennt das Leiden, schützt wachsam vor Rakschasas. Der Goldgelbe macht sich den Nebel zur Mähne, die Milch im Krug zum Lager, Brahma zum Prachtkleid.
2. Völker besiegend prescht er schnaufend, brüllend vor. Er lässt seine geistige Form niederfallen, verlässt seine Hülle, geht zu Vaters Treffpunkt, verschafft sich immerfort ein fließendes Gewand.
3. Mit Steinen ausgepresst fließt er durch die Hände, befruchtet mit dem Regen, vibriert im Geiste. Er freut sich des Liedes, stimmt mit ein, fördert es. Mit Wässern reingewaschen weiht er die Fülle.
4. Die Madhusäfte gießen den im Himmel wohnenden Freund der Berge, der Kraft, des Hauses um, in dessen Haupt die Kühe den köstlichen Guss genießen und in Strömen im Euter sieden.
5. Wie einen Wagen schufen ihn aus den Händen die zehn Schwestern im Schoße der Unendlichkeit. Er kommt und fiebert nach dem Geheimnis der Kuh, wenn die Weisen seinen Platz bereitet haben.
6. Der Gott eilt in den vom Geist erschaff'nen gold'nen Sitz, um sich wie ein Adler ins Nest zu setzen. Mit Liedern senden sie den Lieben auf das Barhis, wie ein Ross zieht der Ehrenwerte zu den Göttern.

7. Fort eilt der rötlich geschmückte Himmelsseher, der dreirückige Stier hat nach Kühen gebrüllt. Tausend Wege hin und her führend waltet er wie ein Barde über viele Morgenröten.

8. Glitzernde Form nimmt er an, das ist sein Mantel. Wo er in die Schlacht zieht, wehrt er die Feinde ab. Wasserspendend geht er von selbst zum Himmelsvolk, verschmilzt mit dem Loblied, dem die Milch vorangeht.

9. Er brüllt wie ein Stier, der um die Herde streicht. Den Glanz der Sonne hat er angenommen. Als beflügelter Gott schaut er zur Erde. Soma beschaut mit Weisheit die Geschöpfe.

Sûkta 72 (9 Verse)
Rischi: Harimanta Angirasa – Devatâ: Pavamâna Soma – Tschandas: Dschagatî

1. Den Grünen striegeln sie, wie ein Rötlicher wird er geschirrt. Mit den Kühen wird Soma im Kruge zusammengetrieben. Wenn er die Stimme erhebt, eilt er durch den Sinn des Vielgelobten zu den Lieben, wie viele ihrer auch sind.

2. Gemeinsam singen viele kundige Pandits, wenn sie in Indras Bauch den Soma melken und wenn die Männer mit geschickten Händen den begehrten Met mit zehn vom gleichen Wohnort keltern.

3. Ohne zu rasten dringt er zu den Kühen durch, dringt durch den lieben Gesang der Sonnentochter. Nach seinem Wunsche brachte er Vinamgrscha, bei den zwiefach verschwisterten Schwestern wohnt er.

4. Von Männern gespült, von Steinen gepresst, fließt auf dem Barhis der seit je beliebte Herr der Kühe, der rituelle Saft, der reine, Fülle spendende Soma, der des Menschen Yagya pflegt, in Andacht, dir, Indra, zu.

5. Von Männerarmen gefördert, in Strömen gepresst, fließt Soma von selbst dir, Indra, zu. Den Geist erfüllend, bei der Feier das Denken einnehmend, setzte sich der Grüne in die Schalen wie ein Vogel auf den Baum.

6. Den unversieglichen, brausenden Anschu, den weisen, melken die weisen, fleißigen Pandits. Mit ihm vereinen sich fortwährend die Kühe, immer neue Lieder im Schoß, im Sitz des Rechts.

7. Im Nabel der Erde ward der große Himmelsträger im Wasserwogen der Ströme errichtet. Indras Keule, der kostbare Befruchter Soma, fließt dem Herzen angenehm, berauschend.

8. Umfließe den irdischen Raum und fördere den Sänger und Umschüttler, du wohl Wirkender. Enthalte uns nicht das Gut vor, das das Haus füllt. In üppig güld'nen Reichtum wollen wir uns hüllen.

9. Miss uns, Indu, hundertfältigen Besitz an Rossen, tausenfältigen an Vieh und Gold zu, köstliche, überfließende Labetränke. Komm und schätze unser Preislied, Pavamâna.

Sûkta 73 (9 Verse)

Rischi: Pavitra Angirasa – Devatâ: Pavamâna Soma – Tschandas: Dschagatî

1. Im Schlunde des gärenden Tropfens, im Schoß des Gesetzes strömten die Geschlechter zusammen. Drei Häupter schuf sich der Gott, um ihn zu greifen. Der Wahrheit Schiff setzte den Guten hinüber.

2. Vereint eilten die Großen gemeinsam voran, sehnsuchtsvoll schwangen sie auf der Meereswelle. Durch die Madhuströme Lichtglanz erschaffend haben sie Indras lieben Körper angehoben.

3. Wie das Läutersieb umgeben sie die Stimme. Ihr alter Vater hütet das Naturgesetz. Der große Varuna hat das Meer überquert. Die Weisen wussten ihn in Stützen zu fassen.

4. Im Tausendstrome rauschten sie zusammen ab, am Himmelszelt, madhuzungig, unvergleichlich. Seine wachen Späher schließen nie die Augen. Auf Schritt und Tritt gibt es Fallen voller Schlingen.

5. Die von Vater und Mutter her im Chor singen, mit Ritschas glühend, das Gottlose verbrennend, blasen mit magischer Kraft die dem Indra verhasste dunkle Haut von Erde und Himmel fort,

6. die nach überliefertem Maß im Chor singen, die als Zügel die Shlokas greifenden Lenker. Wer ohne Augen und taub ist, verlässt den Pfad des Gesetzes. Übeltäter folgen ihm nicht.

7. In der tausendströmig ausgespannten Seihe läutern die kundigen Pandits ihre Stimme. Rudras, ihre wachen Späher ohne Fehl, beobachten scharf sehend und gewandt die Menschen.

8. Der waltende Gesetzeshüter ist nicht zu täuschen. Drei Filter verbarg er im Herzen. Achtsam beobachtet er alle Wesen und stößt die elenden Gesetzlosen in die Grube.

9. Des Gesetzes Netz ist in der Seihe gespannt, auf der Zungenspitze durch Varunas Mâya. Weise, die danach streben, erreichten es auch. In die Grube wird fallen, wer dazu nicht taugt.

Sûkta 74 (9 Verse)
Rischi: Kakshîvat, Sohn des Dîrghatamas –
Devatâ: Pavamâna Soma – Tschandas: Dschagatî, 8 Trischtubh

1. Wie neugeboren schreit er in den Wald hinab, wenn der rötliche Renner zum Himmelsreich strebt. Mit des Himmels milchreichem Samen eint er sich. Ihn bitten wir innig um ausgedehnten Schutz.

2. Der Pfeiler, der schön errichtet den Himmel trägt, der prall gefüllte Anschu strömt allseits umher. Diese großen zugewandten Welten vereine der saftige Weise eilends durch Einkehr.

3. Groß ist der Schmaus, der wohlgebraute Somamet, weit Aditis Weide dem, der dem Gesetz folgt, der rote Stier, der von hier über Regen gebeut, die Wässer führt, der lobenswerte Helfer.

4. Aus atmendem Nebel wird Ghee gemolken, Milch, das Amrit entsteht, der Nabel des Gesetzes. Vereint erfreuen ihn die schön Begabten, volltrunkene Männer pinkeln den Segen herab.

5. Mit der Welle verschmelzend erklang der Anschu, füllte dem Menschen die götterlabende Haut. In Aditis unendlichen Schoß legt er den Keim, durch den wir Kind und Kindeskind erlangen.

6. Im dritten Raum, der tausend Ströme hat, kommen diese Unversieglichen kinderreich nieder. Vier Öffnungen hängen vom Himmel herab, Ghee triefend bringen sie Amrit als Opferguss dar.

7. Helle Form nimmt er an, wenn er gewinnen will. Soma, der freie Geist, kennt der Gaben Fülle. Von Meditation und Arbeit begleitet lenkt er und bricht das wasserreiche Himmelsfass auf.

8. Nun ging er in den hellen, mit Milch gesalbten Kalash, der Schnelle gelangte zum Ziel. Götterdienende sandten in Gedanken dem hundertjährigen Kakschîvat Kühe.

9. Soma Pavamâna, dein, des mit Wassern Gesättigten, Saft strömt sich klärend durch das Schaffell. Durch die Weisen dich klärend, berauschendster Pavamâna, sei schmackhaft für Indra zum Trunke.

Sûkta 75 (5 Verse)
Rischi: Kavi Bhârgava – Devatâ: Pavamâna Soma – Tschandas: Dschagatî

1. Der Geneigte strömt zu den beliebten Namen, an denen er unermüdlich fließend gedeiht. Weithin leuchtend bestieg der Hohe den sich allseits verbreitenden Wagen der hohen Sonne.

2. Als des Gesetzes Zunge fließt süßes Madhu, Sprecher und Herr dieser Andacht, unbeirrbar. Der Sohn der Eltern gibt dem Lichtraum des Himmels einen verborgenen, einen dritten Namen.

3. Er rauschte herab in die glänzenden Krüge, von Menschen in die goldene Hülle gelenkt. Die Kühe des Gesetzes jubelten ihm zu. Weithin glänzt der Dreirückige im Morgenrot.

4. Von Steinen gepresst, durch Lieder geneigt gemacht, die beiden Welthälften, die Eltern, erleuchtend, strömt der Reine mitten durch die Schafhaare, der von Tag zu Tag überfließende Madhustrom.

5. Soma, ströme rings hervor zum Wohlergehen, von Menschen geklärt kleide dich in warme Milch. Mit deinen kräftigen, schwellenden Rauschtränken feure Indra an, die Gaben auszuteilen.

Sûkta 76 (5 Verse)
Rischi: Kavi Bhârgava – Devatâ: Pavamâna Soma – Tschandas: Dschagatî

1. Der Himmelsträger läutert sich, der wirksame, starke Göttertrank, von Männern zu bejubeln. Der Grüne, wie ein Ross von Sattvischen gespornt, gewinnt vor Lust in den Flüssen funkelnden Glanz.

2. Wie ein Held nimmt er die Waffen in die Hände, um in Kampflust wagenlenkend Licht zu finden. Indras Kraft fördernd wird Indu angetrieben und von den fleißigen Somapandits gesalbt.

3. Soma Pavamâna, nimm in Wellen deine Stärke an und gehe in des Indra Bauch ein. Tränke uns die Welten wie der Blitz die Wolken. In Andacht miss uns immer wieder Kräfte zu.

4. Der König aller Sonnenseher läutert sich. Das Lied des Rechtes rief der Rischisieger aus, der durch den Sonnenstrahl gereinigt wird, der Vater der Gedanken von unerreichter Weisheit.

5. Wie ein Stier die Herde umströmst du die Hülle, im Schoß der Gewässer, ein brüllender Bulle. So kläre dich höchst berauschend für Indra, auf dass wir in der Schlacht mit deiner Hilfe siegen.

Sûkta 77 (5 Verse)
Rischi: Kavi Bhârgava – Devatâ: Pavamâna Soma – Tschandas: Dschagatî

1. Dieser Madhureiche hat im Kruge gebrüllt, Indras Keule, wunderbarer als das Schönste. Zu ihm fließen gheetriefend die gutmelken Muhenden ewiger Ordnung wie Kühe mit Milch.

2. Es klärt sich der Uralte, den der Adler durch den Luftraum preschend vom Himmel hervorlockte. Er reißt das Madhu an sich und flüchtet bibbernden Herzens vor dem bogenspannenden Schützen.

3. Diese ersten und späteren Tropfen mögen uns strömen für großen rinderreichen Wohlstand, sehenswert wie herrliche Schlangen, die jede Rezitation, jede Darreichung genießen.

4. Dieser vielgepriesene, kundige Indu besiege wachen Geistes unsere Feinde. Der im Sitz des Mächtigen den Keim gelegt hat schießt dahin in den Stall der gutmelken Kühe.

5. Emsig fließt Varuna, des Himmels wirksamer Saft, groß, unbeirrt für den, der abseits wandelt. In den Opferstätten wird der Mittler erzeugt, ehrenwert, wie ein Herdenhengst brünstig wiehernd.

Sûkta 78 (5 Verse)
Rischi: Kavi Bhârgava – Devatâ: Pavamâna Soma – Tschandas: Dschagatî

1. Die Rede gebärend floss der König hervor, sich in Wasser hüllend strebt er den Kühen zu. Das ausgespannte Schafhaar nimmt sein Unreines auf. Gereinigt kommt er zum Treffpunkt der Götter.

2. Für Indra gießen dich Männer um, Soma, weise Welle, menschenhütend, im Holze gesalbt. Denn viele Wege gibt es für dich zu gehen, tausend falbe Rosse ruhen in den Schüsseln.

3. Die nixenhaften Apsaras, die im Inneren sitzen, sind dem weisen Soma zugeströmt. Sie reizen den Bezwinger der Festung und bitten Pavamâna um nie vergehende Gunst.

4. Soma klärt sich für uns, Rinder und Wagen, Gold, Licht und Wasser, ja Tausenderlei gewinnend, der rötliche Trunk, der Freude bringt, den die Götter zum Rauschtrank machten, zum köstlichsten Tropfen.

5. Soma Pavamâna, uns zuliebe strömst du und bewirkst diese sattvischen Schätze. Schlage den Gegner in der Nähe und in der Ferne und schaffe uns weites, sicheres Weideland.

Sûkta 79 (5 Verse)
Rischi: Kavi Bhârgava – Devatâ: Pavamâna Soma – Tschandas: Dschagatî

1. Von sich aus sollen uns die goldgelben Säfte voranströmen, ausgepresst in hohen Himmeln. Wer uns die Nahrung missgönnt soll untergehen, unsere Gebete mögen Gunst gewinnen.

2. Berauschend mögen unsere Säfte strömen, durch die wir Schätze oder Rennpferde hertreiben. Durch die Beirrungen jedwedes Sterblichen hindurch lasst uns allezeit die Schätze tragen.

3. Denn er ist sowohl Feind der eigenen Missgunst, als auch der Vernichter der Mißgunst anderer. Wie in der Wüste soll diese Durst befallen. Fließender Soma, schlage die Böswilligen.

4. Zum höchsten Himmel, in deinem Nabel bewahrt, wuchsen am Kamm der Erde deine Finger hoch. Die Pressteine zermahlen dich auf der Kuhhaut, mit Händen molken dich die Pandits ins Wasser.

5. So, Indu, treiben die ersten Zubereiter deinen wunderbaren herrlichen Saft hervor. Allen Spott und Schmach wirf nieder, Pavamâna. Dein Sprühen offenbare sich, der liebe Rausch.

Sûkta 80 (5 Verse)
Rischi: Vasu, Sohn des Bharadvâdscha –
Devatâ: Pavamâna Soma – Tschandas: Dschagatî, 5 Trischtubh

1. Menschen beschauend klärt sich der Strom des Soma. Durch das Gesetz ruft er die Götter vom Himmel. Mit Brihaspatis lautem Gesang erstrahlt er. Die Meere nahmen die Somasäfte nicht auf.

2. Du Starker, dem die Unschlagbaren zubrüllten, besteigst erstrahlend den goldgeschmiedeten Schoß. Lebenszeit und großen Ruhm der Spender mehrend, strömst du, befruchtender Somarausch, für Indra.

3. In Indras Bauch läutert sich der Berauschendste, sich zum Ruhme in Kraft hüllend, glückverheißend. Allen Wesen zugewandt erfüllte er sie, tanzend bewegt sich der flinke grünliche Stier.

4. Dich, den Madhureichsten, melken die Männer für die Götter, die zehn Finger in tausen Strömen. Von Männern gerüttelt, mit Steinen gepresst, Tausendsieger Soma, ströme alle Götter her.

5. Dich, den madhureichen Bullen, melken die Hände, die zehn Finger mit Steinen ins Wasser. Indra berauschend, die Götterschar, strömst du, Soma Pavamâna, wie des Stromes Welle.

Sûkta 81 (5 Verse)
Rischi: Vasu, Sohn des Bharadvâdscha –
Devatâ: Pavamâna Soma – Tschandas: Dschagatî, 5 Trischtubh

1. Die schöngestalteten Wogen Soma Pavamânas dringen in Indras Bauch vor, da die Gepressten, mit der beliebten Sauermilch der Kühe ausgeschöpft, den Starken zum Geben reizten.

2. Denn Soma ist zu den Gefäßen geeilt wie ein rennendes Zugross, ein stürmender Bulle. Da er der Götter beiderlei Geschlechter kennt, erlangt er das, was von dort, und das, was von hier.

3. Fließender Soma, überschütte uns mit Schätzen, Indu, sei ein Spender reichlicher Gaben. Kraftspender, sorge wohlwollend für den Guten, verstreue unsere Habe nicht fern von uns.

4. Reichbegabt mögen Pûschan, Pavamâna, Mitra, Varuna einmütig zu uns kommen, Brihaspati, die Marut, Vâyu, die Ashvin, Tvaschtri, Savitri, die lenksame Sarasvatî.

5. Himmel und Erde, die alldurchdringenden, Gott Aryaman, Aditi, Vidhâtri, Bhaga, Nrshamsa, der weite Luftraum, alle Götter mögen Pavamâna genießen.

Sûkta 82 (5 Verse)

Rischi: Vasu, Sohn des Bharadvâdscha –
Devatâ: Pavamâna Soma – Tschandas: Dschagatî, 5 Trischtubh

1. Herrlich wie ein König ward der rötliche Soma erzeugt, nach Kühen schrie der gold'ne Bulle. Sich klärend durchläuft er das Schaffell, um sich wie ein Adler in den buttrigen Schoß zu setzen.
2. Weise durchläufst du voll Verehrung die Weite. Gestriegelt wie ein Rennpferd strömst du dem Preis zu. Gefahren abwendend, Soma, sei barmherzig. In ein Festgewand aus Ghee gehüllt gehst du um.
3. Pardschanya ist der Vater des beschwingten Stiers. Im Nabel der Erde, auf den Bergen wohnt er. Auch die Schwestern, die Wässer, flossen in die Milch. Mit den Presssteinen vereint er sich beim Yagya.
4. Wie die Gattin beim Gatten schenkst du Liebesglück, o Spross der Padschrâ, höre zu, ich sage dir: Unter Gesang schreite zum Wohlleben voran, Soma, wache tadellos über die Stätte.
5. Wie du für die Alten unaufhörlich hundertfach, tausendfach Kraft zustömtest, Indu, so fließe zu erneutem Wohlergehen. Deinem Willen folgen selbst die Gewässer.

Sûkta 83 (5 Verse)

Rischi: Pavitra Angirasa – Devatâ: Pavamâna Soma – Tschandas: Dschagatî

1. Deine Seihe ist gespannt, Brahmanaspati, voll durchströmst du die Glieder nach allen Seiten. Der rohe, nichtdurchglühte Leib erreicht das nicht, nur die auf der Fahrt Gegarten erreichten das.
2. Des Heißen Seihe ist am Himmelsfuß gespannt, seine leuchtenden Fäden breiteten sich aus, seine Rosse unterstützen den Läuterer, erklimmen im Geiste den Gipfel des Himmels.
3. Die Morgenröten ließ der bunte erste Stier erstrahlen, eins mit der Kraft trägt er die Welten. Durch seine Mâyâ schufen die Mâyâmeister, die menschenmusternden Väter legten den Keim.
4. Der Gandharva höchstselbst bewacht seinen Sitz und beschützt unsichtbar die Geschlechter der Götter. Mit der Schlinge fängt der Fallensteller Schlingel, die Wohltätigsten erlangten den Madhutrank.

5. Als Guss umströmst du, Saftdurchtränkter, in Nass gehüllt beim Opferfest den großen Sitz der Götter. Als König auf der Seihe fahrend hast du Kraft erlangt, tausendzackig gewinnst du großen Ruhm.

Sûkta 84 (5 Verse)
Rischi: Pradschâpati, Sohn der Vâtsch –
Devatâ: Pavamâna Soma – Tschandas: Dschagatî

1. Kläre dich götterberauschend, ausgezeichnet, wasserspendend für Indra, Varuna, Vâyu. Schaffe uns heute segensreiche Freiheit, verherrliche im weiten Wohnsitz das Göttervolk.
2. Er, der zu allen Wesen gedrungen ist, der unsterbliche Soma umströmt diese alle. Verbindung und Lösung zur Förderung schaffend, folgt Indu der Morgenröte wie die Sonne.
3. Der mit Kuhmilch in die Pflanzen gegossen wird, die Gunst der Götter erstrebend, Schätze bringend, Soma läutert sich mit Blitz im Strome ausgepresst und berauscht Indra und das göttliche Volk.
4. Dieser Soma läutert sich, Tausend gewinnend, die muntere, frühwache Stimme anregend. Indu bringt mit den Winden das Meer in Wallung. Er setzt sich in den Krügen in des Indras Herz.
5. Die Kühe bereiten mit Milch und Liedern diesen milchreichen Soma, den Himmelslichtfinder. Schätze gewinnend klärt sich der wirksame Saft, der weise Sänger, durch Weisheit Licht genießend.

Sûkta 85 (12 Verse)
Rischi: Vena Bhârgava –
Devatâ: Pavamâna Soma – Tschandas: Dschagatî, 11 + 12 Trischtubh

1. Fließe für Indra schön ausgepresst um, Soma. Möge Krankheit samt dem Rakschas fern bleiben. Doppelzüngige sollen deinen Saft nicht genießen. Hier sollen Tropfen voller Schätze sein.
2. Pavamâna, begeistere uns beim Treffen, denn du bist der Götter Kraft, der liebe Rauschtrank. Erschlage die lauthals grölenden Feinde. Trink Soma, Indra, wehre unsere Spötter ab.

3. Unbeirrt läuterst du dich, berauschendster Saft. Indras Âtmâ bist du, der höchste Labetrank. Viele Pandits kommen singend herbei und begrüßen mit ihrem Kuss den König dieser Welt.

4. Auf tausend Wegen, hundert Strömen, wunderbar läutert Indu für Indra den beliebten Met. Land und Wasser erobernd ströme herbei; schaffe uns breite Bahn, du reich schenkender Soma.

5. Im Kalasch rumorend wirst du mit Milch gesalbt, du strömst mitten durch das gesamte Schafhaarvlies. Gestriegelt wie ein preisgewinnendes Rennpferd, bist du, Soma, in des Indra Bauch geflossen.

6. Süß fließe für das himmlische Geschlecht, süß für Indra, dessen Namen anzurufen schön ist, süß für Mitra, Varuna, Vâyu, Brihaspati, voll honigsüßem Madhu, unbeirrbar.

7. Den Renner putzen im Kalasch die zehn Finger, der Sänger Gebete und Stimmen dringen vor, die Pavamânas strömen zu dem Lobgesang, zu Indra kommen die berauschenden Tropfen.

8. Pavamâna ströme Manneskraft herbei, weite Weideflächen, großen ausgedehnten Schutz. Keine Bedrängnis möge uns beherrschen, Indu, durch dich mögen wir Preis um Preis gewinnen.

9. Zum Himmel stieg der weitschauende Bulle auf. Weithin ließ der Weise des Himmels Licht strahlen. Mit Getöse läuft der König durch die Seihe. Der Menschenbeschauer melkt des Himmels Biestmilch.

10. Am Himmelszelt melken die Madhuzungigen unvergleichlich sehnend den bergstämmigen Stier, den in Wässern geschwollenen madhureichen Tropfen, ins Meer, in die Flusswelle, die Seihe.

11. Nach dem zum Himmel geflogenen Adler verlangten viele Reden der Sehnenden. Die Lieder belecken das löbliche Junge, den goldnen Vogel, der auf Erden weilt.

12. Hoch ins Himmelszelt stieg der Gandharva auf und offenbarte alle seine Formen. Das Strahlen blitzte mit leuchtender Flamme, erhellte rein beide Welten, die Mütter.

Sûkta 86 (48 Verse)

Rischi: 1-10 die Akrschta Mâschas, 11-20 die Sikata Nivâvaris, 21-30 die Prshni Adschas, 31-40 die drei Gruppen zusammen, 41-45 Atri Bhauma, 46-48 Grtsamada Shaunaka – Devatâ: Pavamâna Soma – Tschandas: Dschagatî

1. Deine flinken Rauschtränke, Pavamâna, strömen gedankenschnell, ganz wie von Rennern gezeugt. Die göttlichen Vögel, die Säfte voll Madhu, setzen sich höchst berauschend rings um die Kufe.

2. Deine rasch rauschenden Rauschtränke ergossen sich wie Wagenrosse in alle Richtungen, wie die Kuh mit Milch zum Kalb, zum Keulenträger Indra, die Säfte, die Wellen voller Madhu.

3. Wie ein angespornres Ross zum Preis fließe Licht findend zur Himmelskufe, der Felsenmutter, Soma, Bulle auf dem Schafrücken der Seihe, wenn du für Indras Erquickung geläutert wirst.

4. Pavamâna, deine reitergleichen Himmlischen flossen geistesschnell mit Milch nach altem Brauch. Die Rischis ergossen dicke Tropfen, die Wissenden, die dich klären, du Rischigewinner.

5. Allsehender Meister, deine mächtigen Strahlen des Seienden umringen alle Stätten. Durchdringend fließt du, Soma, dem Dharma gemäß, als Herrscher über alle Wesen waltest du.

6. Nach beiden Seiten laufen die Strahlen des Pavamâna um, die Zügel des fest Seienden. Wenn der Grüne in der Seihe geputzt wird, setzt er sich in den Krügen auf den Platz, in den Schoß.

7. Des Yagyas Flamme klärt sich schön für die Feier, Soma naht sich dem Versammlungsort der Götter. In tausend Strahlen strömt er rings um die Kufe, der Bulle geht laut brüllend durch das Läutersieb.

8. Der König taucht ein in das Meer, in die Flüsse, von Strömen getragen folgt er der Flutwelle. Sich klärend bestieg der große Himmelsträger den Rücken des Schaffells im Nabel der Erde.

9. Er brüllte donnernd wie des Himmels Gewölbe, nach dessen Gesetzen Himmel und Erde sind. Indras Freundschaft gewinnend fließt er hell und klar, sich läuternd setzt sich Soma in die Gefäße.

10. Des Yagyas Licht läutert das beliebte Madhu, Vater der Götter, reichbegabter Erzeuger. Er legt den geheimen Schatz in beide Welten, der berauschend begeisternde indrische Saft.

11. Dem Krug entgegenwiehernd läuft der Renner, der Herr des Himmels, in hundert Strömen, weitschauend. Der Goldgelbe setzt sich auf die Sitze Mitras, der von Schafen in Strömen geputzte Bulle.

12. Den Flüssen voran strömt Pavamâna, der Rede voran geht er als Erster zu den Kühen. An der Kampfesfront verteilt er große Beute, von Pressern wird der wohlbewehrte Stier geputzt.

13. Bedachtsam strömte Pavamâna als gesandter Vogel mit der Welle in die Schafwolle. Durch deine Kraft, weiser Indra, klärt sich zwischen beiden Welten in Andacht dein reiner Soma.

14. Sich hüllend in das Kleid, das den Himmel berührt, heilig den Luftraum erfüllend, in die Wesen gesetzt, aus dem Nebel geboren schritt er zum Licht. Er wünscht seinen uralten Vater herbei.

15. Großen Schutz breitet er aus über sein Geschlecht, das sein Gesetz zuallererst durchdrungen hat. Von seinem Standort aus dem transzendenten Feld dringt er zu allen Stätten der Zusammenkunft.

16. Indu hat sich aufgemacht zu Indras Treffpunkt, der Freund bricht die Verabredung des Freundes nicht. Wie der junge Mann zu jungen Mädchen, so zieht Soma im Krug auf hundert Bahnen seinen Weg.

17. Eure Gedanken schritten in den Sitzungen voran, erfreulich, rühmenswert, bewundernswert. Dem Soma jauchsten rauschend Andachtslieder zu, die Milchgebenden haben ihn mit Milch gekocht.

18. Fließender Somasaft, lass uns fortwährend überquellende heilsame Labung zufließen, die uns dreimal täglich unversieglich stärkende, nährende Heldenkraft voll Madhu spendet.

19. Der weitschauende Gedankenbefruchter fließt, Soma dehnt den Tag, das Morgenrot, den Himmel aus. Die Wirkung der Ströme der Krüge erschallte und dringt durch die Pandits ein in Indras Herz.

20. Von den Pandits wird der erste Seher geklärt, von Menschen gelenkt umrauschte er die Hülle. Des Trita Namen erzeugend strömt das Madhu, um Freundschaft mit Indra und Vâyu zu schließen.

21. Sich läuternd ließ er die Morgenröten leuchten. Dieser war es, der den Strömen freie Bahn schuf. Aus den dreimal Sieben molk er die warme Milch. Der dem Herzen liebe Soma fließt berauschend.

22. Kläre dich, Soma, in den himmlischen Formen im Kalash auf die Seihe ergossen, Indu. Von Menschen gelenkt setzt du dich brüllend in Indras Bauch. Die Sonne hobst du zum Himmel empor.

23. Von Steinen gepresst klärst du dich in der Seihe, Indu, und ziehst dabei in Indras Körper ein. Du wardst der weitblickende Menschenbeschauer, Soma, du schlossest den Engeln den Kuhstall auf.

24. Dir, Soma Pavamâna, jubelten die wohlgesinnten Sänger nach Gunst verlangend zu. Dich brachte der Schönbeflügelte aus dem Himmel, du von allen Liedern ausgeschmückter Indu.

25. Dem durch das Schafhaar in Wellen sich klärenden Falben brüllen sieben Milchende entgegen. Im Schoße der Gewässer trieben die emsigen Büffel den Seher in des Gesetzes Schoß.

26. Der geklärte Saft taucht mitten durch die Feinde. Lauter gute Pfade bahnt er dem Opfernden. Der holde Seher legt die Milch als Festkleid um. Wie ein Rennpferd springend umströmt er das Schafhaar.

27. Saftig rauschen die hundert unversieglichen, warmen Milchströme auf den Güldenen herab. Die Finger putzen den rings in Milch gehüllten auf dem dritten Gipfel, dem Lichtraum des Himmels.

28. Deines himmlischen Samens sind diese Kinder. Du waltest über alle Wesen und Welten. Ja, all dieses, Pavamâna, ist in deiner Hand. Du, Indu, bist der erste Gesetzgeber.

29. Du bist das Meer, der allwissende Seher. Dein sind diese fünf Erdteile im weiten Umkreis. Du verbreitest dich über Himmel und Erde. Dein sind die Lichter, Pavamâna, die Sonne.

30. Soma Pavamâna, in der Seihe, in des Raumes weitem Umkreis wirst du für die Götter geklärt. Zuerst ergriffen dich die Liebenden. Zu dir streben alle Wesen, alle Welten.

31. Vorwärts läuft der Sänger durch das Schafhaar. Der güldengrüne Bulle brüllt in die Wälder herab. Zusammen erschallen die rauschenden Lieder. Die Gedanken küssen das wunderbare Kind.

32. Er umhüllte sich mit Sonnenstrahlen, den dreifach gewundenen Faden spannend wie bekannt. Des Gesetzes Vorschriften aufs neue leitend begibt sich der Herr zum Stelldichein der Frauen.

33. Der König der Ströme klärt sich, der Herr des Himmels geht brüllend auf den Pfaden des Gesetzes. In tausend Strömen ergießt sich der Goldgrüne, sich klärend gebiert er reichbegabt die Rede.

34. Pavamâna, als große Flut durchströmst du glitzernd wie die Sonne die Seihe aus Schafwolle. Handgekeltert von Männern mit Steinen gepresst ergießt du dich für großen wertvollen Gewinn.

35. Saft und Kraft schenkst du aus, Pavamâna, wie der Adler auf Bäume setzt du dich in die Krüge, als beschwingender Rauschtrank für Indra ausgepresst, des Himmels höchste Stütze, weithin schauend.

36. Sieben Schwestern, Mütter sind um das neugebor'ne, edle, redekundige Kind, den himmlischen Gandharva der Gewässer, den Menschenbeschauer Soma zum Beherrschen der ganzen Welt.

37. Als Herrscher durchläufst du diese Welten, Indu, die Falben mit den schönen Flügeln anschirrend. Sie sollen dir Ghee und Honigmilch ausgießen. In deinem Dienst, Soma, sollen die Völker stehn.

38. Du blickst überall auf die Menschen, Soma Pavamâna, befruchtend durchströmst du das Diesseits. Überschütte uns mit Fülle an Gut und Gold. Lasst uns lange unter den Geschöpfen leben.

39. Kläre dich, Indu, Rinder, Güter, Gold schaffend, als Samengeber in die Geschöpfe gesetzt. Du bist der allwissende Meister, Soma, zu dir setzen sich diese Sänger mit Gesang.

40. Und die Madhuwelle erregte Begehren, in Wässer eingeweicht dringt der Mächtige ein. Der König im Läuterwagen wuchs zu Kraft an, mit tausend Zacken gewinnt er weltweiten Ruhm.

41. Er lässt den reichen Kindersegen entstehen, den ganzen, Tag für Tag kräftig belebenden. Geschlürfter Saft, bitte Indra für uns um Kinderreichtum und reichgefüllte Pferdeställe.

42. Am Anfang der Tage erscheint der goldgrüne, begehrte Rauschtrank im Bewusstsein Tag für Tag. Die zwei Völker einend wandelt er dazwischen, die Stütze menschlichen und himmlischen Gesangs.

43. Sie salben sich, beschmieren sich, fetten sich ein, lecken den Starken, beschmieren sich mit Madhu. Das im Stromausstoß schleudernde, besamende Tier halten die das Gold Klärenden in sich fest.
44. Dem redekundigen Pavamâna singet, einem großen Strome gleich fließt er durch das Kraut. Wie eine Schlange entschlüpft er der alten Haut, wie ein Rennpferd springend lief der brünstig Grüne.
45. Anführend zeigt sich der König der Wässer stark, die Tage bemessend in die Wesen gesetzt. Der Goldgrüne fließt gheetriefend, schön anzuschauen, wallend, als Lichtwagen zum Reichtum nach Hause.
46. Ergossen umströmt des Himmels Stütze, der dargebrachte, dreiteilige Rauschtrank die Welten. Gedanken lecken den wunderbaren Anschu, wenn sie mit dem Lied singend zum Festschmuck reiten.
47. Deine schnellen Ströme des Geklärten laufen unentwegt durch die Lücken des Schaffells voran. Somasaft, wenn du in den Schalen mit Milch gesalbt wirst, setzt du dich ausgepresst in die Krüge.
48. Kläre dich, Soma, uns Kraft gebend, lobenswert, umfließe die Schafwolle, liebes Madhu. Schlage alle gefräßigen Rakschasas, Indu. Lasst uns wohlbemannt beim Fest was Großes sagen.

Sûkta 87 (9 Verse)
Rischi: Uschanas, Sohn Kavis –
Devatâ: Pavamâna Soma – Tschandas: Trischtubh

1. Auf, laufe durch die Hülle, setz dich nieder, von Menschen geläutert ströme Kraft herbei. Wie ein kräftiges Pferd putzen sie dich heraus und führen dich mit Zügeln zum Barhis.
2. Schönes Leben gebend fließt der Göttersaft, Flüche abwehrend, die Umfriedung schützend, der Göttervater und kraftvolle Schöpfer, des Himmels Stütze, der Träger der Erde.
3. Weiser Rischi, Führer der Völker, geschickter Künstler, begeistert durch Sehergabe, er fand das Niedergelegte, Versteckte von ihnen, der Kühe geheimen Namen.
4. Dieser süße Soma floss befruchtend für dich, den Bullen Indra, rings um die Seihe. Hundert, tausend, viele Gaben schenkend bestieg der Starke stets aufs neue das Barhis.

5. Diese Somas wurden zu großer unsterblicher Kraft auf tausend Kühe losgelassen, Preislieder, die wie ruhmbegierige schnelle Streitrosse durch die Seihe fließen.

6. Vielgerufen rauschte er, während er geklärt wurde, durch alle Freuden der Völker. Nun bringe Wonnen und Reichtum, du vom Adler gebrachter, ströme eilends Kraft herbei.

7. Dieser gepresste Soma strömte wie losgelassene Flut rings um die Seihe, die spitzen Hörner wetzend wie ein Bulle, zu den Kühen gehend wie ein tapferer Held.

8. Diese kam aus dem fernsten inneren Fels, fand die im Stall allseits weilenden Kühe. Wie die Wolken des Himmels Blitz donnern lassen klärt sich für dich, Indra, des Soma Strom.

9. Und du durchfährst die Schar der Kühe, Soma, mit Indra im gleichen Wagen, dich klärend. Spende viele ausgedehnte Labungen, reich strömend, kraftvoll; dir gilt dieses Loblied.

Sûkta 88 (8 Verse)
Rischi: Uschanas, Sohn des Kavi –
Devatâ: Pavamâna Soma – Tschandas: Trischtubh

1. Dieser Soma wird für dich, Indra, gepresst, für dich wird er geklärt, trinke du von ihm, du, der ihn erschuf, du, der ihn erwählte, den Indu Soma zum tüchtigen Rausche.

2. Als geräumiges Fahrzeug ist der Große geschirrt, um viele Schätze zu gewinnen. Nun preisen ihn alle menschlichen Stämme, um aufrecht im Walde das Licht zu finden.

3. Soma, auf Wunsch fährst du im Wagen vor wie Vâyu, auf Anruf wohltätigst untrüglich mit allen Gütern, du verleihst Reichtum wie das Selbst, erweckst die Gedanken wie Pûschan.

4. Wie Indra, der große Taten vollbringt, Soma, zerschlägst du Widersacher, Festungen, wie Pedus Ross, Soma, vernichtest du alle Gottlosen, die Schlange genannt werden.

5. Wie Agni, der sich auf das Holz stürzt, bewirkt er begeisterndes Funkeln in den Flüssen. Wie ein Krieger, wie des Mächtigen Getöse, treibt Soma Pavamâna die Welle an.

6. Diese Somas haben sich wie himmlische Eimer aus Wolken regnend ausgepresst über die Schafwolle nach Wunsch wie Ströme zum Meer abwärts in die Gefäße ergossen.

7. Fließe stürmisch wie die Schar der Maruts, ohne Fehler wie die himmlische Heerschar, geschwind wie Wasser; sei uns wohlgesinnt, tausendfach nährend, Feinde besiegend wie das Yagya.

8. Dein sind des Königs Varuna Gebote, Soma, hoch und tiefgründig ist dein Gebiet. Lauter bist du wie ein lieber Freund, Soma, dir gebührt sorgsamer Dienst wie Aryaman.

Sûkta 89 (7 Verse)
Rischi: Uschanas, Sohn des Kavi –
Devatâ: Pavamâna Soma – Tschandas: Trischtubh

1. Dieses Zugpferd schoss auf den Pfaden voran, wie Regen floss Pavamâna vom Himmel. In tausend Strömen setzte sich Soma bei uns nieder, im Mutterschoß und im Walde.

2. Der König der Ströme legte das Kleid an, bestieg das direkteste Schiff des Gesetzes. Im Wasser wuchs der adlerschnelle Tropfen, der Vater melkt ihn, melkt des Vaters Kind.

3. Die Madhus vereinen sich mit dem Löwen, dem wendigen, rotgelben Herrn des Himmels. Im Kampf vermischt sich der Held zuerst mit Kühen, mit seinem Auge hütet sie der Stier.

4. Sie schirren das metbedeckte, furchtbar schnelle Pferd an den hohen breiträdrigen Wagen. Die versippten Schwestern vom gleichen Nabel striegeln ihn und stärken den Kräftigen.

5. Vier Butterfett Milchende geleiten ihn, setzen sich auf dem gleichen Boden nieder. Sie fließen zu ihm, ehrfürchtig sich läuternd. Diese vielen sind allseitig rings um ihn.

6. Der Träger des Himmels, der Boden der Erde und alle Länder sind in seiner Hand. Dein Springquell voller Zugkraft sei gepriesen. Der Met des Anschu klärt sich für Indras Kraft.

7. Siegreich fließe unbehelligt zum Götterschmaus für Indra, Soma, breche Widerstände. Gewähre großen, vielglänzenden Reichtum. Mögen wir Herren der Manneskraft sein.

Sûkta 90 (6 Verse)

Rischi: Vasischtha, Sohn von Mitra und Varuna –
Devatâ: Pavamâna Soma – Tschandas: Trischtubh

1. Angespornt ist der Schöpfer beider Welten losgesprengt wie ein Wagen, der den Sieg gewinnen will, zu Indra gehend, Waffen wetzend, alle Schätze in den Händen haltend.

2. Dem lebenschenkenden Bullen mit drei Rücken jauchzten die Klänge der Loblieder zu. Im Holze wohnend wie Varuna in Flüssen verteilt der Schätzegeber Reichtümer.

3. Von Helden umringt, mit allen Männern siegreich, fließe Schätze erbeutend, mit scharfen Waffen, schnellem Bogen, in Schlachten unbesiegbar, die Feinde in Kämpfen besiegend.

4. Auf weitem Gebiet Sicherheit schaffend ströme der beiden Vereinten Fülle herbei, Wasser, Morgenröten, Sonne, Kühe gebend, brause uns großen Wohlstand zusammen.

5. Soma, errege Varuna und Mitra, Indra und Vischnu, Indu Pavamâna, errege das Marutheer, die Götter, Indu, errege den großen Indra zur Lust.

6. So kläre dich wie ein kraftvoller König, wende mit Macht alles Unheilvolle ab! Indu, gib der wohlgesetzten Rede Schwung! Behütet uns immer mit eurem Segen!

Sûkta 91 (6 Verse)

Rischi: Kashyapa Mâritscha – Devatâ: Pavamâna Soma – Tschandas: Trischtubh

1. Er eilte rollend wie beim Wagenrennen, der erste weise Denker voller Einsicht. Die zehn Schwestern treiben über den Rücken des Schafhaars den Fahrenden zu den Sitzen.

2. Zum Empfang des himmlischen Geschlechtes ist der Saft von den weisen Nachbarn ausgepresst, der Unsterbliche, von sterblichen Männern ausgeputzt mit Schafen, Kühen und Wässern.

3. Der brünstig, flammend sich klärende Anschu regt für diesen Stier brüllend die Kuhmilch an. Auf staublosen Pfaden läuft der wortgewandte Sänger als Sonne durch tausend Lücken.

4. Zerbrich selbst des Rakschasas feste Sitze; dich klärend, Indu, erschließe die Kräfte. Spalte von oben mit wuchtiger Keule die Führer jener aus der Näh' und Ferne.

5. Du Allbegüterter, bereite dem neuen Sûkta wie seit alters her die Pfade! Die dem Neider verhassten Höhen mögen wir erlangen, tatkräftiger Ernährer.

6. So lass uns Wasser, Glanz, Kühe und viele Kinder und Enkel zufließen, Soma, verwöhne uns mit Glück, weiten Feldern, Licht, auf dass wir noch lange die Sonne sehen.

Sûkta 92 (6 Verse)
Rischi: Kashyapa Mâritscha –
Devatâ: Pavamâna Soma – Tschandas: Trischtubh

1. Der grüne Anschu, in der Seihe gepresst, schoss angespornt wie ein Wagen zum Gewinn. Geläutert erreichte er Indras Shloka und verwöhnte die Götter durch Genüsse.

2. Der Menschenbeäuger floss in die Seihe, im Schoß weise seinen Namen annehmend, wie ein Hotri in den Gefäßen ruhend. Zu ihm kamen die sieben weisen Rischis.

3. Soma, der weise Pfadfinder aller Götter, drängt fließend zu seinem ewigen Sitz. Er erfreue sich aller Erkentnisse, den fünf Völkern strebt der Kluge entgegen.

4. In deinem Inneren, Soma Pavamâna, sind alle dreimal elf Götter versteckt. Zehn auf ihre Art und sieben reißende Flüsse putzen dich über dem Schafrücken.

5. Das soll nun von Pavamâna wahr sein, worin alle Sänger übereinstimmen, dass er dem Tage Licht schuf und Raum, den Menschen förderte und dem Dämon entgegentrat.

6. Wie ein Hotri um viehreiche Orte, wie ein wahrer König, der zur Versammlung geht, strebte Soma sich klärend in die Krüge, ließ sich wie starkes Wild in Wäldern nieder.

Sûkta 93 (5 Verse)
Rischi: Nodhas, Sohn des Gotama –
Devatâ: Pavamâna Soma – Tschandas: Trischtubh

1. Zusammen aufgewachsen schmücken die zehn Schwestern des Weisen sprudelnde Gesänge. Das goldene Kind der Sonne lief hindurch, schoss zum Krug wie eine kräftige Stute.
2. Wie ein schreiendes Kind zu den Müttern eilt der starkbehaarte Bulle in die Wässer. Wie der zum Liebestreff eilende Buhle vereint er sich im Kalasch mit den Röten.
3. Angeschwollen ist das Euter der Milchkuh, der weise Saft vereint sich mit den Strömen. Das Haupt bereiten die Kühe in den Gefäßen mit Milch zu wie mit frischen Kleidern.
4. Du fließender Saft, schleuse uns bereitwillig mit den Göttern Reichtum an Rossen zu. Der Geist der Fülle komme willig zu uns und gewähre uns Wagen voller Schätze.
5. Nun messe uns Reichtum zu, wenn du dich klärst, voller Männer, schwellend, durch und durch glänzend. Verlängere des Sängers Leben, Indu. Frühmorgens kommen bald der Andacht Schätze.

Sûkta 94 (5 Verse)
Rischi: Kanva, Sohn des Ghora –
Devatâ: Pavamâna Soma – Tschandas: Trischtubh

1. Wenn die schönen Lieder um ihn wetteifern wie ein Rennpferd, wie Menschen ums Sonnenlicht, dann fließt er, sich in Wässer hüllend, weise zum Lied wie in den Stall zur Rindermehrung.
2. Zweifach deckt er den Sitz des Amrit auf, dem Finder des Lichts eröffnen sich die Welten. Die Gedanken, die anschwellen wie Kühe im Stall, strebten Indu gesetzmäßig zu.
3. Wenn der Seher alle Sehergaben herbringt wie ein starker Wagen die Welten, verleiht er dem Sterblichen viererorts Huld bei den Göttern, dem Tüchtigen erneut Schätze.
4. Zum Glanze geboren trat er zum Glanze hervor, Glanz und Kraft verleiht er den Sängern. In Glanz gehüllt erlangten sie Unsterblichkeit. Mit festem Schritt werden die Treffen wahr.

5. Schicke Speise und Trank herbei, Ross und Rind, schaffe weites Licht, berausche die Götter. Denn all das ist für dich leicht zu erzwingen, fließender Soma, du vertreibst die Feinde.

Sûkta 95 (5 Verse)
Rischi: Praskanva, Sohn des Kanva –
Devatâ: Pavamâna Soma – Tschandas: Trischtubh

1. Der Goldgrüne wiehert, wenn er voran prescht und sich fließend in den Bauch des Holzes setzt. Von Menschen gelenkt macht er die Milch zum Festkleid und erzeugt aus sich heraus Gedanken.
2. Der Grüne, dem Pfad des Gesetzes folgend, bewegt die Rede wie der Ruderer das Schiff. Der Gott offenbart der Götter geheime Namen, um sie auf dem Barhis zu verkünden.
3. Wie der Gewässer überschäumende Wogen streben die Gedanken Soma zu. Ehrfürchtig gehen sie zu ihm und mit ihm und verschmelzen liebend mit dem Liebenden.
4. Der sich wie ein mächtiger Stier am Gipfel schmückt, den bergstämmigen Anschu melken sie. Den Brünstigen begleiten die Gedanken. Trita, der dritte, bringt Varuna ins Meer.
5. Wie der Zurufer dem Hotri das Wort erteilt, dich klärender Saft, entfess'le das Lied. Wenn du mit Indra herrschst zum Wohlergehen, mögen wir die Herren der Meisterschaft sein.

Sûkta 96 (24 Verse)
Rischi: Pratardana, Sohn des Divodâsa –
Devatâ: Pavamâna Soma – Tschandas: Trischtubh

1. Der starke Heerführer geht an der Wagenspitze, Rinder begehrend frohlockt sein Heer. Die Indraanrufung für Freunde segnend, legt sich Soma farbenfrohe Kleider an.
2. Die Goldenen striegeln seinen Goldgrünen, Rosse treibend, ruhelos, mit Ehrungen. Es steigt auf den Wagen der Freund des Indra. Durch ihn kommt der Wissende zu Wohlwollen.

3. Du Gott, fließe für unseren Gottesdienst, Soma, zum großen Festschmaus als Indras Trunk. Schaffe Wasser und lass den Himmel regnen, dich klärend bring uns Freiheit aus der Weite.

4. Zur Unversehrtheit, Unzerstörbarkeit fließe, zum Segen, zu hoher Vollkommenheit, das wünschen alle diese meine Freunde, das wünsche ich, o Soma Pavamâna.

5. Soma fließt, der Erzeuger der Gedanken, der Erzeuger des Himmels und der Erde, der Erzeuger des Feuers und der Sonne, Erzeuger Indras und Erzeuger Vischnus.

6. Brahmâ der Götter, Wegfinder der Dichter, Rischi der Weisen, Bulle wilder Tiere, Adler unter Geiern, die Axt der Wälder, so rauscht Soma singend durch die Seihe.

7. Soma Pavamâna wirbelte Rede, Lied, Gedanken auf wie der Strom die Welle. In die tiefsten Schluchten hinabschauend steigt der Bulle, sie erkennend, auf die Kühe.

8. Berauschend, siegreich im Kampf, unbezwungen, lass in tausend Ergüssen Kraft herfließen. Für Indra, weiser Indu, bring dich klärend, Kühe treibend, des Anschu Welle in Fluss.

9. Der liebe Somasaft wandert durch den Kalasch, gottbegehrt, für Indra ergötzlich zum Rausch, in tausend Strömen, mit hundert Speisen, wie ein schnelles Gespann zur Versammlung.

10. Der erstgeborene Schätzefinder, in Wässern gewaschen, auf Steinen gemolken, vor Fluch schützend, der Weltenkönig, findet, wenn er sich läutert, den Weg für Brahmans Wort.

11. Denn durch dich, Soma Pavamâna, vollbrachten unsre Väter vormals weise Werke. Unschlagbar siegend enthülle die Umhüllung, beschenke uns mit Helden und Rossen.

12. Wie du für die Menschheit kraftspendend strömtest, Feinde schlagend, Freiheit findend, voller Guss, so läutere dich, Kostbarkeiten gebend, und stehe Indra zum Waffenschmieden bei.

13. Fließe, Soma, voller Madhu im Schafhaarhügel nach der Regel in Wasser gehüllt. Setz dich nieder in die fetten Butterfässer als Indras höchst beschwingender Rauschtrank.

14. Tausendsassa, gieße beim Götterschmaus in hundert Strömen kraftvoll Regen vom Himmel, mit Flüssen zusammen im Kalasch rauschend, mit Rötlichen unser Leben verlängernd.

15. Dieser durch Lieder geläuterte Soma durchquert Durststrecken wie ein starkes Rennpferd, strömend wie der Unerschöpflichen Melkmilch, leicht lenkbar wie ein Zugpferd auf freier Bahn.

16. Schönes Leben schenkend, von Pressern geklärt, ströme dem teuren, geheimen Namen zu wie ein rühmenswertes Gespann zum Kampfpreis, zu Vâyu, zu den Kühen hin, Gott Soma.

17. Das neugeborene, begehrte Kind, das Zugpferd, putzen, schmücken die Marutscharen. Ein Dichter mit Liedern, ein Weiser mit Seherkraft, geht Soma singend durch die Seihe.

18. Der Sehergeist, der Rischis macht und Licht schenkt, der Wege kennt, für Weise tausend findet, der Bulle, nach der dritten Wohnstatt strebend, Soma beherrscht dem Lied gemäß den Herrscher.

19. Der im Gefäß sich ausbreitende Adler, der Rind suchende Vogel, Waffen tragend, der Tropfen geleitet die Welle zum Meer, der Bulle benennt die vierte Wohnstätte.

20. Wie ein schöner Jüngling den Körper putzend, wie ein zum Preisgewinn eilendes Rennpferd, umfloss er den Kübel wie ein Bulle die Herde und zog brüllend in die Gefäße.

21. Fließe, Indu Pavamâna, mit vollen Kräften, brüllend umfließe die Wollhaare, geklärt ziele spielend in die Gefäße, den Indra berausche dein rauschender Saft.

22. Seine kräftigen Ströme ergossen sich, mit Kuhmilch gesalbt drang er in die Krüge, liederkundig die Weise summend läuft der Sänger wiehernd wie zu des Freundes Schwester.

23. Die Gegner verjagend gehst du, fließender Saft, besungen wie der Buhle zur Liebsten. Wie der Vogel fliegt und sich auf Bäume setzt, setzt sich Soma geläutert in die Krüge.

24. Deine, des Pavamâna, Strahlen, Soma, kommen wie Mädchen, schön milchend, schön strömend. Zum Wasser geführt brüllte der Goldgrüne reich behaart im Krug der Gottesverehrer.

Sûkta 97 (58 Verse)

Rischi: 1-3 Vasischtha, Sohn von Mitra und Varuna, 4-6 Indraparamati Vâsischtha, 7-9 Vrschagana Vâsischtha, 10-12 Manyu Vâsischtha, 13-15 Upamanyu Vâsischtha, 16-18 Vyâghrapâd Vâsischtha, 19-21 Shakti Vâsischtha, 22-24 Karnashrut Vâsischtha, 25-27 Mrlîka Vâsischtha, 28-30 Vasukra Vâsischtha, 31-44 Parâshara, Sohn des Shakti, 45-58 Kutsa Ângirasa – Devatâ: Pavamâna Soma – Tschandas: Trischtubh

1. Durch seinen treibenden Drang geklärt rührte der Gott zusammen mit Göttern den Seim an. Ausgepresst umkreist er kreischend die Seihe wie der Hotri die Stellplätze voller Vieh.

2. In herrliche Hochzeitsgewänder gekleidet, großer Weiser, Anrufungen singend, sprudele, dich klärend, in die beiden Schalen, weitschauend, wachsam beim Götterschmause.

3. Der Liebe wird im Schafhaarhügel geputzt, der herrlichste der Herrlichen, unser Fürst. Komm angerauscht und ströme, du Geklärter. Behütet uns immer mit eurem Segen.

4. Wir wollen singen und die Götter preisen. Stachelt den Soma an zu großem Gewinn. Süß möge er durch die Schafwolle fließen, Gott liebend setze er sich in unsren Krug.

5. Wenn Indu mit den Göttern Freundschaft schließt, klärt er sich in tausend Strömen zur Berauschung. Nach uraltem Brauch durch die Menschen gepriesen, ging er zu großem Glück in Indra ein.

6. Ströme zum Reichtum des Sängers, gold geklärt, in Indra gehe dein Rausch als Nahrung ein. Fahre zur Schenkung mit Göttern im Wagen. Behütet uns immer mit eurem Segen.

7. Wie Ushanas Erkenntnis offenbarend, verkündet der Gott der Götter Geburten. Hochgebietend, strahlend, mit dem Licht verwandt, naht sich der Eber rauschend auf der Fußspur.

8. Die Schwäne fuhren als starke Schar das drängende Verlangen von daheim nach Hause. Auf den unvergesslich Fließenden stimmen Freunde vereint die lobende Flöte an.

9. Des Ausdauernden Erregung schießt nach Lust, dem Springenden passen die Milchkühe nicht. Erfüllung verschafft sich der mit scharfem Horn, am Tag erscheint er goldgelb, des Nachts rötlich.

10. Der starke Saft fließt glitzernd in die Kühe, Soma, in Indra Kraft zum Rausch anschürend, er schlägt die Rakschasas, verhindert Nöte, der König der Gemeinde verleiht Freiheit.

11. Und im Schauer sich mit Madhu füllend fließt er von Steinen gemolken durch die Haare, der Indras Freundschaft auskostende Saft, der himmlisch Beschwingende zum Rausch des Gottes.

12. Hell fließt der Geklärte zu den Geliebten. Himmlisch tränkt er die Götter mit seinem Seim. Beizeiten dem Dharma folgend hüllte sich der Saft im Schafhaarhügel in zehn Finger.

13. Der feuerrote Stier, der den Kühen zubrüllt, läuft, dass Erde und Himmel erdröhnen. Er hört sich an wie Indras Kampfgetöse, beim Fließen offenbart er diese Hymne.

14. Saftig anschwellend, vor Samenmilch strotzend, bringst du den madhureichen Anschu in Fluss. Dich klärender Soma, du erzeugst den Klang, wenn du dich ringsum für Indra ergießest.

15. Also fließe berauschend, zur Verzückung des Wasserbeckens, dich neigend mit Stößen. Ringsum lichten Glanz verbreitend ströme uns, ergossener Soma, mit der Kuh vereint.

16. Auskostend fließe im weiten Raum, Indu, schaffe uns Freuden, leicht gangbare Wege. Wie die Keule allseits Nöte verjagend, fließe auf dem Gipfel im Schafhaarhügel.

17. Gieße unseren himmlischen Regen aus, schnell erlösend, Hausstand fördernd, stark tropfend. Wie gedecktes Kraushaar fließe, Indu, zerstreue diese nied're Sippe, die Winde.

18. Wie einen Knoten entknote das Verknüpfte, den rechten und krummen Weg klärend, Soma. Wie ein Goldhengst spritzend wiehere, ströme, himmlischer Bräutigam im eignen Stall.

19. Der Götterschar zum Rausch willkommen, Indu, ströme am Gipfel durch den Schafhaarhügel; in tausend Strömen, erregend, unversehrt, fließe zum Kraft tanken, männerbezwingend.

20. Zügellos, an keinen Wagen angeschirrt, wie Rennpferde im Wettkampf losgelassenen, fließen diese glänzenden Somasäfte. Ihr Götter, kommt herbei, um sie zu trinken.

21. So gieße uns zum Fressen für die Götter saftiges Nass in die Gefäße, Indu. Soma möge uns den ersehnten, großen, gewaltigen Reichtum an Söhnen schenken.

22. Formte des sehnenden Geistes Rede oder des Höchsten Ordnung der Speise Endpunkt, dann kamen brüllend voller Lust die Kühe zum Gatten, dem begehrten Saft im Kalash.

23. Tröpfelnd und schwellend voller Himmelstau erhellt der Weise dem Gerechten das Gesetz. Das Dharma wurde der Gemeinde König. An zehn Zügeln wird die Erdenwelt geführt.

24. Durch Seihen geläutert, Menschen beschauend, der König der Götter und der Sterblichen wurde fürwahr der Reichtümer Schatzmeister. Der teure Saft hält das Gesetz wohlbewahrt.

25. Wie ein Rennpferd zum Ruhme nach Gewinn sprenge herbei zu Indras und Vâyus Empfang. Gib uns tausend reichliche Labetränke; fließender Soma, finde für uns Schätze.

26. Die ergoss'nen, götterlabenden Somas mögen uns ein söhnereiches Haus schenken, freizügig mit allem segnend, wie Hotris dem Himmel opfernd, höchste Freude bringend.

27. Also fließe für die Devatâs, himmlischer Soma, als Göttertrank zum großen Schmaus. Denn als geformte Gruppe sind wir groß. Setze fließend beide Welten in guten Stand.

28. Du wieherst wie ein Ross, mit Hengsten vereint, furchtbar wie ein Löwe, schneller als der Geist. Auf den geradesten hergewandten Wegen lass uns Wohlwollen zufließen, o Saft.

29. Hundert gotterzeugte Ströme schossen hervor, diese Tausend reinigen die Seher. Indu, schütte des Himmels Belohnung aus; du führst zu großer Ausbeute an Schätzen.

30. Wie vom Himmel schossen der Tage Güsse. Der weise König weist den Freund nicht zurück. Wie ein Sohn des Vaters Absichten zustimmt, breite Unversehrtheit über diesen Stamm.

31. Deine madhureichen Güsse schossen los, da du geläutert durch die Schafhaare läufst. Pavamâna, du strömst zum Sitz der Kühe. Erzeugt schmücktest du die Sonne mit Strahlen.

32. Gemäß dem Pfade des Gesetzes rauschend, durchstrahlst du als Shukra den Sitz des Amrit. Für Indra klärst du dich berauschend, die Stimme erhebend mit den Liedern der Weisen.

33. Himmlisch, schönbeschwingt blickst du herab, Soma, gärst beim Götterschmaus tätig die Ströme auf. Indu, tritt in den somafassenden Krug ein, gehe rauschend bis zum Strahl der Sonne.

34. Drei Stimmen bringt das Zugpferd in Bewegung, die Gesetzeseinsicht, die Weisheit Brahmans. Die Kühe laufen verlangend zum Kuhherrn. Zu Soma wandern sehnend die Gedanken,

35. zu Soma sehnend die milchenden Kühe, zu Soma bittend die Sänger mit Liedern. Der gepresste Soma wird salbend geklärt. In Soma stimmen die Tristubh-Hymnen ein.

36. Derart ausgegossen, dich klärender Soma, überschütte uns mit Glück und Segen. In Indra ziehe ein mit großem Brausen, stärke die Rede, erschaffe Überfluss.

37. Klärend setzte sich Soma in die Schalen, der wachsame Sänger wahrhafter Lieder, den die begehrenden Paare verehren, Adhvaryus, die mit guten Händen lenken.

38. Glitzernd fließend wie an die Sonne geschirrt, erfüllte und erschloss er beide Welten, er, dessen liebe Hilfe Liebes gewährt, er gebe dem Sänger gleichsam den Gewinn.

39. Der stärkende Erquicker, der geklärte Soma, half uns segenregnend mit dem Licht, mit dem unsre spurenkundigen Ahnen bei Kühen Glück findend den Stein entflammten.

40. Es rauschte das Meer beim ersten Ausdehnen, den Nachwuchs erzeugend, der König der Welt. Der Somabulle in der Seihe wuchs groß auf dem Schafhügel, der ausgepresste Saft.

41. Der Somabüffel vollbrachte das Große, dass der Gewässer Keim die Götter erkor. Er legte sich läuternd in Indra die Kraft, erzeugte in der Sonne das Licht, der Saft.

42. Berausche Vâyu zum Helfen und Schenken, geklärt berausche Mitra und Varuna, berausche die Maruts und alle Götter, berausche Himmel und Erde, Gott Soma.

43. Fließe gerade, das Krumme zerstörend, die Krankheit vertreibend und die Verächter, die Samenmilch mit der Kühe Milch siedend. Indras Freund bist du, deine Freunde sind wir.

44. Braue des Madhu Sud, des Lichten Springquell, schenk uns einen Sohnemann und Liebesglück. Versüß dich für Indra, fließender Saft, und überschütte uns mit Reichtum aus dem Meer.

45. Der gepresste Soma floss in Strömen wie ein gesporntes Rennpferd, schnell wie ein Sturzbach. Fließend setzte er sich in den Schoß aus Holz. Der Saft floss zusammen mit Milch und Wasser.

46. Indra, für dich, den Wünschenden, klärt sich in den Schalen kraftvoll dieser weise Soma, der sonnige Wagenfahrer wahrer Kraft, der sich wie der Gottesdiener Lust ergoss.

47. Dieser, sich in alter Jugendkraft klärend, die Glanzgestalten der Tochter durchdringend, mit dreifachem Schutz in den Wässern umhüllt, geht singend wie ein Hotri zur Begegnung.

48. Nun umströme uns, Soma, du himmlischer Wagenlenker, in beiden Schalen geklärt, in Wässern madhureich regelrecht versüßt, der du wie Gott Savitri reinen Sinnes.

49. Fließe zum Genuss gepriesen zu Vâyu, geläutert zu Mitra und Varuna, zu dem Mann, der Gedanken anregt, dem Fahrer, zu Indra, dem Stier mit der Keule im Arm.

50. Schicke gutkleidende Gewänder herbei, wenn du dich klärst, Kühe, die viel Milch geben, blinkende Goldsachen für uns zum Tragen und Pferde samt Wagen, himmlischer Soma.

51. Schicke uns himmliche Gaben herüber, alle irdischen Gaben, wenn du dich klärst, schicke uns, wodurch wir Wohlstand und Dschamadagnis Sehergabe erreichen mögen.

52. Durch diesen Läuterstrom sende die Gaben, schieße vor, Indu, in den Mâmschtschatva-See. Das Feuerross hier, wie vom Wind getrieben, weisheitsvoll, schenke dem Schnellen einen Sohn.

53. Und spüle uns durch diesen Läuterstrom über die berühmte Furt des Rühmenswerten. Sechzigtausend Schätze soll der Feindbezwinger wie vom reifen Baum zur Lust abschütteln.

54. Mächtig schwang er seine beiden Mâmschtschatva-Keulen namens Besamer, bald schnaufend, bald schmiegend. Er schläfterte die Schmäher ein und schlug sie. Dränge die verständnislosen Gegner fort.

55. Zu drei ausgespannten Seihen kommst du; an einer läufst du ab, wenn du geläutert wirst. Du bist Bhaga, bist der Geber der Gabe, Indu, der Spender für die Freigebigen.

56. Dieser allwissende, verständige Soma läutert sich, der König der ganzen Welt. Tropfen erregend in den Versammlungen läuft der Saft mitten durch das Schafhaar hindurch.

57. Den Saft lecken die Mächtigen unbeirrt, singen im Vers-Takt wie dürstende Seher. Geschickte stacheln ihn an mit zehn Fingern, verrühren sein Wesen mit der Wässer Seim.

58. Mit dir, dem Pavamâna, Soma, wollen wir die Beute im Kampf stets neu verteilen. Das gewähre uns Mitra und Varuna, die Aditi, das Meer, Himmel und Erde.

Sûkta 98 (12 Verse)
Rischi: Ambarîscha, Sohn des Vrischâgir und
Ridschischvan, Sohn des Bharadvâdscha – Devatâ: Pavamâna Soma –
Tschandas: Anuschtubh (4 x 8 Silben), 11 Brhatî (36 Silben: 8 + 8 + 12 + 8)

1. Indu, überschütte uns mit Kraft gebendem, heißbegehrtem Reichtum, tausendfältig, reichlich glänzend, der die Besten gewinnt.

2. Ausgepresst hüllte er sich wie im Wagen in den Schaffellschutz. Vom Holz entsandt ist der Saft angeregt in Strömen geflossen.

3. Ausgepresst ist der Saft berauschend durch das Schaffell geflossen, der beim Fest im Strome aufwallt, wie mit Glanz nach Milch verlangend.

4. Denn du, guter Gott Indu, willst für jeden sterblichen Verehrer tausendfachen Reichtum, hundert Lebensformen gewinnen.

5. Deiner heißbegehrten Gunst und Labung, du guter, unaufhaltsamer Widerstandbrecher, mögen wir am allernähsten sein.

6. Den Selbststrahlenden, Wogenden, den zwei mal fünf Schwestern baden, wenn er von Steinen zermahlen ist, den lieben Freund des Indra,

7. den begehrenswerten, braunen Goldhengst läutern sie durch das Vlies, der mit Begeisterung mit allen Göttern vereint umhergeht.

8. Denn durch seine Hilfe trinkt ihr den Kraftverleihenden, der den Glänzenden großen Ruhm gibt, begehrenswert wie das Sonnenlicht.

9. Bei den Yagyas wurde euch, ihr menschlich-göttlichen Welthälften, dieser Göttersaft geboren, der vom Berg stammt, heilsam rauschend.

10. Dem Widerstandbrecher Indra wirst du zum Trinken eingeschenkt, und dem freigiebigen Herrn, dem Gott, der auf dem Thron sitzt, Soma.

11. Im Morgengrauen liefen die uralten Somas in der Seihe ab, am frühen Morgen pusten sie die dummen Übelwollenden weit fort.

12. Den Vorleuchter, ihr Freunde und Fürsten, wollen wir erreichen, ihn, der Gaben liefert und ins Haus bringt, wollen wir gewinnen.

Sûkta 99 (8 Verse)
Rischi: die beiden Rebhasûnu Kâshyapa – Devatâ: Pavamâna Soma – Tschandas: Anuschtubh, 1 Brihatî

1. Dem begehrenswerten Kühnen spannen sie den Heldenbogen. Zu Beginn der Lieder weben die Mächtigen dem Gott ein weißes Festgewand.

2. Und bei Nacht zurechtgeputzt taucht er in die Kräfte ein, wenn die Meditationen des Priesters den Grünen zum Lauf anspornen.

3. Wir verfeinern diesen Rauschtrank, den Indra am liebsten trinkt, den zuerst die Rindermünder und nun die Yagyaherren saugen.

4. Den sich Läuternden bejubelten sie mit alten Gesängen, und die Gebete, die der Götter Namen tragen, bitten ihn.

5. Den Träufelnden, Stützenden klären sie in der Schafhaarseihe. Als Bote weisen ihn die Pandits dem ersten Gedanken zu.

6. Fließend setzt sich der berauschende Soma in die Gefäße. Der Herr des Denkens hört sich an, als begatte er die Kühe.

7. Von den Geschickten wird der Gott geputzt, für Götter ausgepresst. Um das Wissen dort zu sammeln, taucht er in die großen Wässer.

8. Indu, gepresst wirst du ins Vlies gelenkt, von Menschen gezügelt. Indra voll berauschend setzt du dich in den Gefäßen nieder.

Sûkta 100 (9 Verse)
Rischi: die beiden Rebhasûnu Kâshyapa –
Devatâ: Pavamâna Soma – Tschandas: Anuschtubh

1. Die Wohlgesinnten bejubeln Indras beliebten Gesellen. Wie ein neugebor'nes Kalb am Anfang lecken ihn die Mütter.
2. Dich klärend bringe, Somasaft, doppeltstarken Reichtum herbei. Du bringst im Hause des Verehrers alle Schätze zur Blüte.
3. Lass den vom Geist geschürten Gedanken los wie Donner Regen, Soma, du bringst die Schätze von Himmel und Erde zur Blüte.
4. Dein Strom, wenn du ausgepresst wirst, fließt wie ein Siegreicher umher und schießt durch das Schafhaar dahin wie ein segensreiches Rennpferd.
5. Im Strome kläre dich für uns zu Rat und Tat, weiser Soma, für Indra zum Trinken gepresst, für Mitra und für Varuna.
6. Fließe, höchste Kraft verleihend, im Strom in der Seihe gepresst, Soma, für Indra, Vischnu, für die Götter, voller süßem Met.
7. Dich, den goldgrün in der Seihe Fließenden, lecken die holden Mütter am Himmelszelt wie Kühe das neugeborene Kalb.
8. Pavamâna, mit Strahlenglanz ziehst du zu großem Ruhme aus. Kühn vertreibst du alles Dunkel im Hause des Verehrenden.
9. Du Großmächtiger hast dich über Himmel und Erde gewölbt, Pavamâna, majestätisch hast du dein Gewand angelegt.

Sûkta 101 (16 Verse)
Rischi: 1-3 Andhîgu, Sohn des Shyâvâshva, 4-6 Yayâti, Sohn des Nahuscha,
7-9 Nahuscha, Sohn des Manu, 10-12 Manu, Sohn des Samvarana,
13-16 Pradschâpati, Sohn des Vishvâmitra, oder Pradschâpati, Sohn der Vâtsch,
Devatâ: Pavamâna Soma – Tschandas: Anuschtubh, 2 + 3 Gâyatrî

1. Für das erste Gewinnen eures Krautsafts, für den berauschenden Presstrank, Freunde, stoßet den Hund mit der langen Zunge fort.
2. Der im hellstrahlenden Strom ausgepresst um und voran eilt, der Saft ist wie ein kraftvolles Pferd.
3. Den schwer entflammbaren Soma treiben Männer kosmischen Geistes als Yagya durch die Steine.

4. Gepresst für Indra flossen die Somas voll Madhu berauschend durch die Seihe. Zu den Göttern mögen eure Räusche führen.

5. »Indu läutert sich für Indra«, so sprachen die Götter. Der Meister der Rede ist freigiebig, durch Odschas Herr über alles.

6. In tausend Strömen fließt das Meer, die Rede hin- und herschaukelnd, Soma, der Herr der Reichtümer, der Freund des Indra, Tag für Tag.

7. Als Pûschan, Nährer, Spender, Schatz, strömt Soma sich klärend dahin. Der Herr über alle Welten überblickt Himmel und Erde.

8. Die lieben Kühe schrien zusammen freudig nach dem Rauschtrank. Die sich läuternden Tropfen, die Somas bahnen sich die Wege.

9. Den Stärksten, diesen Rühmlichen, den bring herbei, Pavamâna, den Reichtum über fünf Völker, durch den wir gewinnen mögen.

10. Die Somatropfen läutern sich für uns, die besten Pfadfinder, die makellos ausgepressten Freunde, in Andacht Licht findend.

11. Von den Steinen ausgepresst, auf der Kuhhaut glänzend, rauschten uns die Schätzefinder von allen Seiten Labetrank zusammen.

12. Diese geklärten, begeisterten, mit Sauermilch gemischten Somas erstrahlen wie Sonnen, fest im Butterfett sich rührend.

13. Des ausgepressten Saftes Stimme zog der Sterbliche nicht vor. Wehret den gottlosen Hund ab wie die Funkelnden den Streithals.

14. Der Bruder hüllte sich ins Kleid wie der Sohn in Mutters Brüste. Wie der Buhle eilt er zur Braut, um sich in den Schoß zu setzen.

15. Der stärkende Held, der beide Welten auseinanderstemmte, der Grüne hüllte sich ins Vlies, um sorgend im Schoß zu sitzen.

16. Durch die Schafhaare fließt Soma gereinigt auf die Rinderhaut. Brüllend kommt der güldengrüne Bulle zu Indras Stelldichein.

Sûkta 102 (8 Verse)
Rischi: Trita Âptya –
Devatâ: Pavamâna Soma – Tschandas: Uschnik (8 + 8 + 12 Silben)

1. Das wirksame Kind der Großen, die Erkenntnis des Gesetzes fördernd, umfange nun erneut alles Liebe.

2. Bei den Steinen des Trita erreichte er nun den geheimen lieben Ort durch die sieben Bräuche des Yagyas.

3. Auf den drei Rücken des Trita bringe im Strome Reichtum herbei. Der Einsichtsvolle durchmisst seine Bahnen.

4. Den zum Glanz geborenen Meister wiesen sieben Mütter an, die ihn als das Feste vom Reichtum verstanden.

5. Nach seinem Willen erfreuen sich einmütig alle Götter. Begehrt und ohne Fehl sind seine Genüsse.

6. Den Keim, den die Gesetzestreuen schön anzuschaun erzeugten, den freigiebigen Seher, heißbegehrt beim Fest,

7. salben von selbst die rastlosen Mütter des Gesetzes, wenn sie vereint ordnungsgemäß das Yagya vollziehen.

8. Mit Weisheit und strahlenden Augen öffne den Stall des Himmels, schüre beim Fest die Erkenntnis des Gesetzes.

Sûkta 103 (6 Verse)
Rischi: Dvita Âptya – Devatâ: Pavamâna Soma – Tschandas: Uschnik

1. Auf den fließenden, ordnenden Soma wird das Lied angestimmt. Ich bringe mit Liedern Kost für den Genießer.

2. Mit Kuhmilch gesalbt durchfließt er die Seihe aus langem Schafhaar. Geklärt bereitet sich der Grüne drei Stätten.

3. Durch das Schafhaar fließt er in den vor Madhu triefenden Kübel. Die sieben Gesänge der Rischis stimmen ein.

4. Der allen Göttern vertraute Gedankenführer, der goldgrün fließende Soma drang in beide Gefäße.

5. Fahre nach göttlicher Natur mit Indra im Wagen umher, von Priestern geklärter unsterblicher Priester.

6. Wie ein zum Preis eilendes Pferd strömt der für die Götter ausgepresste Gott, der durchdringende Pavamâna.

Sûkta 104 (6 Verse)
Rischi: Parvata Kânva und Nârada Kânva oder die beiden Apsaras Shikhandinî, Töchter des Kashyapa – Devatâ: Pavamâna Soma – Tschandas: Uschnik

1. Freunde, setzt euch hier dazu, singt mit auf den sich Klärenden, schmückt ihn wie ein Kind mit Yagyas aus zur Herrlichkeit.

2. Lasst den götterlabenden, doppeltstarken Rauschtrank, der den Hausstand mehrt, wie ein Kalb mit den Müttern zusammen.

3. Läutert den höchst heilsamen Stärkungstrank, damit er die Heerschar, damit er Mitra und Varuna erquicke.

4. Dir, der für uns Schätze findet, schallten die Lieder entgegen. In ein Gewand aus Milch kleiden wir deine Form.

5. Indu, Herr unserer Räusche, du bist der Schmaus der Götter. Sei als Freund der beste Wegbereiter für den Freund.

6. Halte jeglichen Rakschas und Dämon von uns fern, den doppelzüngigen Gotteslästerer und jede Not.

Sûkta 105 (6 Verse)

Rischi: Parvata Kânva und Nârada Kânva –
Devatâ: Pavamâna Soma – Tschandas: Uschnik

1. Freunde, besingt ihn, der euch zum Rausch geläutert wird, wie ein Kind verwöhnen sie ihn durch Yagyas und Loblieder.

2. Wie ein Kalb wird der erregte Saft zu den Müttern getrieben, wird der Trank, der Götter labt, durch Hymnen geschmückt.

3. Dieser kraftfördernde, dieser die Heerschar labende, dieser für die Götter gepresste, höchst berauschende,

4. wohltuend ausgepresste Saft, sende uns Rinder und Rosse. Deinen reinen Glanz brachte ich in die Kühe.

5. Indu, unser Herr der Falben, der allerbeste Götterschmaus, hilf dem Freund wie ein menschlicher Freund zum Glanze.

6. Indu, vertreibe rings um uns ganz und gar jeglichen gottlosen Feind, bewältige den Doppelzüngigen.

Sûkta 106 (14 Verse)

Rischi: 1-3 + 10-14 Agni, Sohn des Tschakschus, 4-6 Tschakschus, Sohn des Manu,
7-9 Manu, Sohn des Apsu – Devatâ: Pavamâna Soma – Tschandas: Uschnik

1. Zu Bulle Indra mögen diese goldgelb Ausgepressten geh'n, die aufs Wort erzeugten, Licht findenden Tropfen.

2. Ausgepresst fließt Soma segensreich zur Darreichung für Indra, er gedenkt des Sieges, für den er bekannt ist.

3. In seinem Rausch tue Indra den segensreichen Griff und bewirke Wolken besiegend den zeugenden Blitz.

4. Ströme wachsam voran, Soma. Dem Indra, Indu, fließe zu. Bringe herrlichen, Himmelslicht findenden Schwung.

5. Dem Indra kläre den zeugenden Rausch, weitsichtiger Wegbereiter, der tausend Pfade sieht.

6. Für uns der beste Pfadfinder, für die Götter voller Madhu, gehe mächtig brüllend über tausend Wege.

7. Fließe für den Götterschmaus in Strömen voller Odschas, Indu. Setze dich, Soma, voll Madhu in unsren Krug.

8. Deine flutumspülten Tropfen haben Indra zum Rausch erquickt. Dich tranken die Götter, um unsterblich zu sein.

9. Ihr ausgepressten Tropfen, strömt uns Reichtum zu, wenn ihr euch klärt. Lasst die Flut vom Himmel gießen, Licht erstrahlen.

10. Soma verbreitet sich in Wellen fließend durch die Schafwolle, zu Anbeginn der Rede brüllend sich läuternd.

11. Mit Andacht treiben sie den Schnellen, der im Wald spielt, durch das Sieb. Dem Dreirückigen erschallen Lieder im Chor.

12. Er ward in die Krüge gegossen. Wie ein Ross, das den Kampfpreis erstrebt, floss er sich klärend, das Lied erzeugend.

13. Der begehrte Falbe fließt geschwind über die Hindernisse und gießt heldenhaften Glanz über die Sänger.

14. So fließe, die Götter ehrend. Die Madhuströme liefen ab. Von allen Seiten dringst du singend durch das Vlies.

Sûkta 107 (26 Verse)

Rischi: die sieben Rischis: Bharadvâdscha Bârhaspatya, Kashyapa Mârîtscha, Gotama Râhûgana, Atri Bhauma, Vishvâmitra, Sohn des Gâthin, Dschamadagni Bhârgava, Vasischtha, Sohn von Mitra und Varuna – Devatâ: Pavamâna Soma – Tschandas: Pragâtha (1, 4, 6, 8, 9, 10, 12, 14, 17 Brhatî: 8 + 8 + 12 + 8 Silben; 2, 5, 7, 11, 13, 15, 18 Satobrhatî: 12 + 8 + 12 + 8 Silben), 3 + 16 Dvipadâ Virâdsch (10 + 10 bzw. 10 + 8 Silben), 19-26 Pragâtha (Brhatî, die geraden Satobrhatî)

1. Von hier schenkt den gepressten Soma ringsum aus, den höchsten Guss, der innerhalb der Wässer für den Menschen floss. Soma presste er mit Steinen.

2. Nun fließe dich klärend durch die Schafwolle ab, unbeirrt, betörend duftend. Schon in Wasser gepresst genießen wir dich, siedend in Saft und Milch, den Höchsten.

3. Ausgepresst sichtbar, götterberauschend, der weise Indu, der weitschauende.

4. Gereinigt läufst du in Strömen, Soma, dich in Wasser hüllend. Schätzebringend setzt du dich in des Gesetzes Schoß, du himmlisch gold'ner Springquell.

5. Aus des Himmels Euter teuren Met melkend setzte er sich in den alten Sitz. Dem ersehnten Kübel strömt der Schnelle zu, von Menschen geschüttelt, weitblickend.

6. Dich wachsam durch die Schafwolle hindurch klärend, lieber Soma, wurdest du zum Sänger, zum besten der Engel. Würze unser Yagya mit Met.

7. Huldvoll fließt Soma, bester Wegbereiter, Rischi, weitsichtiger Sänger. Du wardst der Seher, der die Götter anlockt und die Sonne in den Himmel hob.

8. Soma wird von Pressern über den Rücken der Schafe gepresst und läuft wie auf einem Pferd im goldenen Strom, er läuft in berauschendem Strom.

9. Am Wasser floss Soma milchreich mit gemolk'nen Kühen entlang, in den umhegten Raum laufend wie ins Meer tropft er erheiternd zum Rausche ab.

10. Mit Steinen durch das Schaffell gepresst zieht Soma golden in die Schalen wie ein Heer in die Burg. In Wäldern nahmst du den Sitz ein.

11. Er klärte sich durch die Lücken des Schaffells wie ein um den Preis laufendes Pferd, Soma Pavamâna, der von Pandits, den preisenden Sängern, zu rühmen ist.

12. Soma schwoll zum Schmaus der Götter wie der Ozean bei Flut an, mit des Anschu Saft die madhutriefende Hülle wie im Rausche erweckend.

13. Der Begehrte hüllte sich in ein weißes Kleid, wie ein lieb ausgeschmückter Sohn. Ihn treiben Eifrige mit beiden Händen gleichsam als Fahrzeug in die Fluten.

14. Die belebten Somasäfte keltern berauschenden Trank her, über die Fläche des Meeres hin, einsichtsvoll, berauschend, Himmelslicht findend.

15. Pavamâna durchquert mit der Welle das Meer. König, Gott, das hohe Gesetz, nach Mitras und Varunas Ordnung hinfließend, fördert er das hohe Gesetz,

16. von Menschen gelenkt, begehrenswert, der weitschauende König, der Meeresgott.

17. Für Indra mit den Maruts fließt Soma, der gepresste Rauschtrank. In tausend Strömen rinnt er durch das Schaffell, ihn putzen die Eifrigen heraus.

18. Im Gefäß sich klärend, Lied erzeugend, freut sich Soma weise bei den Göttern. In Flut gehüllt umringt sich der Starke mit Milch und setzt sich in Wäldern nieder.

19. Deine Freundschaft genieße ich Tag für Tag gern, o Somasaft. Viele dringen auf mich ein, du Rotbrauner, überwinde diese Hemmnisse.

20. Und ich (sauge) Tag und Nacht aus Freundschaft an deinem Euter, rotbrauner Soma. Wie große Raubvögel flogen wir über die heiß glühende Sonne hinweg.

21. Dich im Meer mit schönen Händen putzend sendest du die Stimme. Goldenen, üppigen, vielbegehrten Reichtum, Pavamâna, schüttest du aus.

22. Gereinigt im Schaffell rauschte der Stier Pavamâna laut zum Walde hinab. Zum Stelldichein der Götter strömst du, Soma Pavamâna, mit Kuhmilch gesalbt.

23. Gieße alle Sehergaben aus, um Kräfte zu erlangen. Du, berauschender Soma, breitest für die Götter zuerst den Ozean aus.

24. Fließe doch, Soma, dem Dharma gemäß, rings um die Erde und den Himmelsraum. Dich treiben Sänger mit Hymnen und Liedern an, du weitschauender Glänzender.

25. Die sich klärenden Rosse des Indra schütteten berauschend mit der Marutschar im Strome durch die Seihe Erkenntnis und Erquickung aus.

26. In Wasser sich kleidend umfließt Indu von den Pressern getrieben den Kübel. Licht schaffend begrüßte er die heiteren Kühe, die er sich zum Festkleid macht.

Sûkta 108 (16 Verse)

Rischi: 1 + 2 Gaurivîti, Sohn des Shakti, 3 + 14-16 Shakti, Sohn des Vasischtha, 4 + 5 Uru Ângirasa, 6 + 7 Ridschishvan, Sohn des Bharadvâdscha, 8 + 9 Urdhvasadman Ângirasa, 10 + 11 Krtayashas Ângirasa, 12 + 13 Râdscharschi Rinantschaya – Devatâ: Pavamâna Soma – Tschandas: Kâkubha Pragâtha (die ungeraden Verse Kakubh (8 + 12 + 8 Silben), die geraden Satobrhatî (12 + 8 + 12 + 8 Silben), 13 Gâyatrî Yavamadhyâ (8 + 10 + 8 Silben)

1. Fließe voller süßem Madhu für Indra, Soma, du Einsicht verleihender, hoch im Himmel wohnender Rausch,
2. nach dessen Trunk der Bulle brünstig befruchtet, beim Trinken dieses Lichtfinders eilte dieser zu den Säften leuchtend wie das Sonnenross Etasha zum Preis.
3. Denn du allein, du glanzvoller Pavamâna, hast die himmlischen Heerscharen zur Unsterblichkeit berufen.
4. Durch den die Neunergruppe dem Dadhyatsch aufschloss, durch den die Sänger gediehen, durch den sie des lieben Amrits Herrlichkeiten in der Götter Gunst erlangten,
5. dieser wird im Strome ausgepresst durch das Schaffell gefiltert, höchst berauschend, spielend wie die Wasserwelle.
6. Der rötliche Wasserkühe im Innern aus dem Fels schlug, Kühe mit Odschas, du dehntest den Stall der Kühe und Pferde aus, erbrich ihn kühn wie gepanzert.
7. Presst und schüttet das Loblied aus wie ein emsiges Ross, das den Luftraum durchdringt, im Walde rauscht, im Wasser schwimmt,
8. den tausendströmigen Befruchter, samenstrotzend, beliebt beim Göttergeschlecht, vom Gesetz erzeugt, durch das Gesetz gewachsen, König, Gott, das hehre Gesetz.
9. Strahle hehren Glanz und Ruhm her, Herr des Trankes, zu den Göttern strebender Gott, öffne die mittlere Hülle.

10. Quill hervor, geschickt in den Gefäßen gepresst, Herr der Völker, wie ein Zugtier, schütte Regen in Wasserströmen vom Himmel. Labe den Geist zur Belebung.

11. Eben diesen in tausend Strömen berauschenden Himmelsbullen molken sie, der alle Schätze in sich trägt.

12. Der unsterbliche, zeugende Stier ward erzeugt, der das Dunkel durch Licht erhellt, der, von Dichtern schön gelobt, sein Festkleid anlegt, dreifach durch seine Wunderkraft.

13. Der Soma ward ausgepresst, der Bringer der Schätze, der Reichtümer, der Labetränke, der schönen Wohnsitze,

14. von dem uns Indra trinken soll, die Marutschar oder Bhaga mit Aryaman, durch den wir Mitra, Varuna, Indra zu großer Hilfe bewegen wollen.

15. Kläre dich voll süßem Madhu für Indra zum Trinken, Soma, von Menschen gelenkt, wohlbewehrt, höchst berauschend.

16. In Indras somafassendes Herz gehe ein wie die Ströme in den Ozean, willkommen dem Mitra, Varuna, Vâyu, als höchste Stütze des Himmels.

Sûkta 109 (22 Verse)
Rischi: die Agni Dhischnyas, Söhne des Îshvara –
Devatâ: Pavamâna Soma – Tschandas: Dvipadâ Virâdsch (2 x 10 Silben)

1. Ströme ringsum hervor für Indra, Soma,
schmackhaft für Mitra, Pûschan, Bhaga.

2. Indra trinke deinen gepressten Soma
für Rat und Tat – und alle Götter.

3. So ströme für den unsterblichen,
hohen Wohnsitz, du glänzende Himmelsmilch.

4. Fließe, Soma, gewaltiges Meer, du
Göttervater, zu allen Wohnstätten.

5. Strahlend fließe für die Götter, Soma,
gut für Himmel, Erde und die Nachwelt.

6. Des Himmels Stütze bist du, die helle
Biestmilch im wahren Lichtraum, fließe schnell.

7. Fließe, Soma, schön schillernd strömend, die
große Schafwolle entlang als erster.
8. Von Menschen gelenkt, erzeugt, geklärt,
ergieße er munter lichtfindend alles.
9. Der sich klärende Saft, der alle Kostbarkeiten
wünscht, verschaffe uns Nachwuchs.
10. Fließe, Soma, für Rat und Tat ausgeputzt
wie ein schnelles Rennpferd zum Kampfpreis.
11. Diesen deinen Saft läutern die Presser
zum Rausche, den Soma für großen Glanz.
12. Das gold-gebor'ne Junge putzen sie
im Vlies, den Somasaft für die Götter.
13. Der teure Saft ward zum Rausch geläutert,
der Weise zum Heil im Schoß der Wässer.
14. Er hält Indras lieben Namen aufrecht,
durch den er alle Widersacher schlug.
15. Von ihm trinken alle Götter, dem mit
Milch gemischten, von Menschen gepressten.
16. Ausgepresst floss er in tausend Strömen
durch die Seihe, die Schafwolle, hindurch.
17. Der Schnelle floss in tausend Ergüssen,
mit Wässern gewaschen, mit Milch gemischt.
18. Gehe in Indras Bauch ein, o Soma,
von Menschen gelenkt, von Steinen gepresst.
19. Der schnelle Soma ward für Indra in
tausend Stömen durch die Seihe geflößt.
20. Sie salben ihn mit dem Seim des Madhu,
den Saft zum Rausch für den Bullen Indra.
21. Mit Lust putzen sie dich zum Glanz für die
Götter, den eingeweichten Goldgelben.
22. Der Tropfen fließt für Indra ab, träufelt
kräftig brodelnd, die Wässer aufwallend.

Sûkta 110 (12 Verse)

Rischi: Tryaruna Traivrischna und Trasadasyu Paurukutsya – Devatâ: Pavamâna Soma – Tschandas: 1–3 Anuschtubh Pipîlikamadhyâ (12 + 8 + 12), 4–9 Urdhvabrihatî (3 x 12 Silben), 10–12 Virâdsch (3 x 10–11 Silben)

1. Ströme ringsum gut ab, um Kraft zu schöpfen und Widerstände zu durchbrechen. Du transzendierst den Hass und ahndest die Sünde.

2. Ja, gepresster Soma, sei uns willkommen im großen Reich der Zusammenkunft. Wenn du dich läuterst, tauchst du tief in die Kraft ein.

3. Denn dich klärend brachtest du die Sonne hervor, mit Geschick die Milch austeilend, strömend im kuhbelebenden Guss der Fülle.

4. Du, der Unsterbliche unter den Sterblichen, erschufst die Rechtsordnung des beliebten Nektars, stets fließend zu der Kraft, die sie gewinnen wird.

5. Denn durch den Klang erbohrtest du gleichsam einen unversieglichen Brunnen zum Trinken für die Menschen, die du mit Fingern wie auf Händen trägst.

6. Darauf haben ihm jene hell glänzenden Himmlischen, die seine Freund-schaft sahen, zugejubelt. Wie der Gott Savitri erschließt er den Schatz.

7. Auf dich richteten die ersten Mattenausbreiter für große Kraft und Herrlichkeit ihr Denken. Soma, du Held, sporne uns an zu Heldenmut.

8. Des Himmels Muttermilch der ersten Loblieder melkten sie aus der großen Tiefe des Himmels. Indra priesen sie gemeinsam bei der Geburt.

9. Wenn du dich klärend die beiden Welthälften und all diese Wesen an Größe überragst, dann versprengst du dich wie der Leitstier in der Herde.

10. In der Schafwolle sich läuternd floss Soma Pavamâna spielerisch wie ein Kind, der Saft mit tausend Strömen, hundert Kräften.

11. Dieser sich klärende, metreiche Saft, fließt gesetzmäßig als süße Welle für Indra und gibt Schwung, Frieden und Jugendkraft.

12. Kläre dich, Soma, die Feinde besiegend, Rakschasas und Engpässe abwehrend, mit guten Waffen die Gegner schlagend.

Sûkta 111 (3 Verse)
Rischi: Anânata, Sohn des Parutschepa –
Devatâ: Pavamâna Soma – Tschandas: Atyaschti (4 x 17 Silben)

1. Der in diesem goldgelben Glanz Fließende transzendiert
alle Feindschaften durch Selbstbezug, wie die Sonne ans Selbst
geschirrt. Im Strom des Ausgepressten strahlt der sich Klärende
rötlich gelb, wenn er alle Formen mit Strahlen durchläuft, mit
siebenmündigen Strahlen.
2. Du fandest den Schatz jener Geizigen. Mit den Müttern klärst
du dich im Heim des Gesetzes durch Gedanken, die zuhause sind.
Wie von fern erklingt das Lied, an dem sich Gedanken erfreuen.
Durch die dreifachen Feuerfarben gewann der Erstrahlende
Macht, kam er zu Macht.
3. In uralte Richtung geht er und lässt sich sehen, samt Zügeln
fährt der ansehnliche Wagen, der stattliche Himmelswagen.
Die Lieder kamen, die Kräfte, Indra zum Siege erquickend.
Der Donnerkeil und du, ihr seid unbesiegbar, in Kämpfen
unüberwindbar.

Sûkta 112 (4 Verse)
Rischi: Shishu Ângirasa –
Devatâ: Pavamâna Soma – Tschandas: Pankti (5 x 8 Silben)

1. Verschieden ist der Menschen Sinn,
weit webt und strebt ihr Wünschen hin.
Nach Schaden sucht, wer heilt und baut,
Brahma sucht den, der Soma braut,
dem Indra, Indu, fließe zu.
2. Mit ausgedörrten Pflanzen sucht
der Handwerker hienieden,
mit Häherflügeln, Himmelssteinen,
Goldenes zu schmieden,
dem Indra, Indu, fließe zu.
3. Ich bin der Sänger, Papa heilt
und Mama speist den Mühlenstein.

Wie Sinn vielfach zum Guten eilt,
so folgten wir den Kühen heim,
dem Indra, Indu, fließe zu.
4. Geölte Räder wünscht das Ross,
Gelächter wünscht, wer Stimmung schafft,
das Glied wünscht sich den Wolleschoß,
der Frosch wünscht Wasser, nassen Saft,
dem Indra, Indu, fließe zu.

Sûkta 113 (11 Verse)
Rischi: Kashyapa Mârîca –
Devatâ: Pavamâna Soma – Tschandas: Pankti

1. Im Schilfrohr trinke Indra den
Soma, Widrige schlagend, sich
selbst im Âtmâ Kraft verschaffend,
um die große Tat zu tun,
dem Indra, Indu, fließe zu.
2. Fließe, Herr der Weltenpole,
aus dem Becher voller Soma,
durch das wahre Wort des Rechtes,
durch Glauben und Tapas erzeugt,
dem Indra, Indu, fließe zu.
3. Den geblähten Wolkenbüffel
brachte der Sonne Tochter her.
Ihn erfassten die Gandharven,
zum Soma gaben sie den Saft,
dem Indra, Indu, fließe zu.
4. Recht sprechend, du Recht Glänzender,
wahr sprechend, du wahr Handelnder,
Glaube sprechend, König Soma,
vom Geber, Soma, hergestellt,
dem Indra, Indu, fließe zu.
5. Des wahrhaft Großen, Kräftigen
Zuflüsse fließen zusammen,

des Saftigen Säfte fließen,
durch Brahmanas goldgrün geklärt,
dem Indra, Indu, fließe zu.
6. Wo sich Brahmâ für Soma vermehrt
und in metrischer Sprache spricht,
sich durch den Pressstein klärt und
durch Soma Ânanda bewirkt,
da fließe Indra zu, o Saft.
7. In die Welt ewigen Lichts, wo
Strahlen herrscht, fließender Saft,
dorthin bringe mich, in die unsterb-
liche, unvergängliche Welt.
Dem Indra, Indu, fließe zu.
8. Wo der Sohn des Strahlenden regiert,
im verschloss'nen Raum des Himmels,
wo die jüngsten Gewässer sind,
dort mache mich unsterblich.
Dem Indra, Indu, fließe zu.
9. Wo man lustwandelt im dreifachen
Raum, im dreifach leuchtenden Himmel,
wo lichtvolle Welten sind,
dort mache mich unsterblich.
Dem Indra, Indu, fließe zu.
10. Wo Wunsch und Wunscherfüllung
sind, wo die Sonne am höchsten steht,
wo Labung und Befriedigung,
dorten mache mich unsterblich.
Dem Indra, Indu, fließe zu.
11. Wo die Wonnen und die Lüste,
Lebenslust und Freude sitzen,
wo der Wuncheswunsch gestillt wird,
dorten mache mich unsterblich.
Dem Indra, Indu, fließe zu.

Sûkta 114 (4 Verse)
Rischi: Kashyapa Mârîca –
Devatâ: Pavamâna Soma – Tschandas: Pankti

1. Wer den Formen des fließenden
Saftes nachgefahren ist, wer
deinen Sinn befriedigt, Soma,
der wird, so heißt es, kinderreich.
Dem Indra, Indu, fließe zu.
2. Rischi Kashyapa, das Lied anhebend,
der Mantradichter Lobgesang,
huldige dem König Soma,
dem geborenen Pflanzenherrn.
Dem Indra, Indu, fließe zu.
3. Sieben Welten, verschieden besonnt,
sieben Bewegungsimpulse, stille Zeugen,
mit den sieben Göttern der Unendlichkeit,
mit diesen, Soma, schütze uns.
Dem Indra, Indu, fließe zu.
4. Der Königsguß, für dich gebraut,
mit diesem, Soma, schütze uns,
kein Missgünstling erreiche uns,
noch tue uns irgend etwas weh.
Dem Indra, Indu, fließe zu.

So das Neunte Mandala

Zehntes Mandala
Vierzig ausgewählte Hymnen

Sûkta 1 (7 Verse)

Rischi: Trita Âptya –

Devatâ: Agni, das (innere) Feuer – Tschandas: Trischtubh (4 x 11 Silben)

1. Bei Anbruch der Morgenröten ist der Erhabene aufgestanden. Aus dem Dunkel hervortretend, kam er mit seinem Lichte herbei. Agni, das Feuer mit leuchtendem Schein, schöngliedrig geboren, hat alle Wohnsitze erfüllt.

2. Geboren bist du der Sprössling von Himmel und Erde, angenehm in den Pflanzen verteilt. Agni, du strahlendes Kind, die in Dunkelheiten gesalbten Nächte hast du, aus deinen Müttern donnernd, umgangen.

3. Der alles Bewirkende, seinen Höchsten – den transzendenten Zustand – wahrlich Kennende, der Erhabene behütet geboren den Dritten. Wenn sie mit dem Munde seine Milch bereitet haben, dann singen sie ihn selber einmütig herbei.

4. Dann kommen zu dir, der durch Speise wächst, auch die Nahrung bringenden Gebärerinnen mit Speisen. Zu ihnen in andrer Gestalt kehrst du zurück. Du bist in den Menschengeschlechtern der bewegende Schöpfungsimpuls.

5. Schöpfungsimpuls in Bewegung, das flammende Fahrzeug des Festes, die leuchtende Fackel jedes Yagyas, die gleichberechtigte Hälfte jedes schöpferischen Impulses, Agni, das Feuer mit Macht und Glanz, aber auch der Gast der Menschen.

6. So hast du, König Agni, dich in schmucke Gewänder kleidend, im Nabel der Erde rötlich geboren, an der Stätte der Labung an die Spitze gestellt, die Götter hier hergebracht.

7. Ja, Agni, zu Himmel und Erde strebtest du allezeit wie der Sohn zu den beiden Eltern. Ziehe hin zu den Verlangenden, du Jüngster, du Starker, und führe die Götter hier her.

Sûkta 5 (7 Verse)

Rischi: Trita Âptya – Devatâ: Agni – Tschandas: Trischtubh

1. Der eine Ozean, Urgrund der Schätze, erstrahlt viel gebärend aus unserem Herzen. Er geleitet das Euter der beiden im Schoße Verborgenen, die in der Mitte des Urquells niedergelegte Spur des Vogels.

2. In das gemeinsame Lager sich hüllend sind die befruchtenden Größen mit den Stuten zusammengekommen. Des Gesetzes Spur bewahren die Seher. Im Geheimen legten sie die höchsten Namen fest.

3. Was zum Gesetz und zu Mâyâ gehört, hat sich vereint. Gemessen haben sie das Kind gezeugt, lassen es wachsen. Den Nabel alles Bewegten und Festen, auch den Faden des Sehers spannten sie durch den Geist.

4. Des Gesetzes Bahnen, die Milchtränke, geleiten ja seit jeher den Wohlgeborenen, dem Starken vorwärts leuchtend. In den Mantel gehüllt wuchsen Himmel und Erde durch Schmelzbutter, durch Speisen aus Honig, Milch und Met.

5. Sieben rötliche Schwestern hat der Wissende zum Beschauen brüllend aus dem Met geholt. Im Inneren hat der zuvor Geborene innegehalten, im Luftraum eine Hülle suchend fand er die des Pûshan, des Wachstums.

6. Sieben Marksteine haben die Seher geschaffen, zu einem davon gelangt der Bedrängte. Des Wanderers Stütze steht in des Höchsten Lager, an der Pfade Ende in den Grundfesten.

7. Nichtsein und Sein sind im transzendenten Feld, des Geistes Geburt im Schoße der Unendlichkeit. Agni, das Feuer, ist uns wahrlich der Erstgeborene des Gesetzes, in der früheren Lebenszeit Befruchter und Gebende – Bulle und Kuh.

Sûkta 9 (9 Verse)

Rischi: Sindhudvîpa, Sohn des Râdscha Ambarîscha, oder Trishiras, Sohn des Tvaschtri – Devatâ: die Wässer – Tschandas: 1-4 und 6 Gâyatrî, 5 Vardhamânâ, 7 Pratischthâ, 8 + 9 Anuschtubh (4 x 8 Silben)

1. Wässer, ja, ihr seid erfrischend. Also verhelft uns zu Kraft, um die große Wonne zu schauen!

2. Eurer heilsam labendes Nass! Daran lasst uns teilhaben wie liebevoll strahlende Mütter!

3. Wir wollen euch zur Hand gehen für den, für dessen Wohnstatt ihr Wässer euch regt und uns gebärt.

4. Zu Heil und Hilfe seien uns die himmlischen Wässer zum Trunk. Heil und Segen geben sie uns!

5. Die Herrscher über Schätze, Gebieter der Lebewesen, die Wässer bitte ich um Heilung.

6. Innerhalb der Wässer nannte mir Soma alle Heilmittel und das allheilende Feuer.

7. Wässer, ihr gewährt meinem Leibe Heilung und Schutz, auf dass ich noch lange die Sonne sehe.

8. Wässer, schwemmt all das fort, was immer an Schlechtigkeit in mir ist, sei es, dass ich beleidigt oder zu unrecht geflucht habe.

9. Den Wässern ging ich heute nach. Mit dem Nass vereinten wir uns. Milchreiches Feuer, komm herbei! Ja, überschütte mich mit Kraft!

Sûkta 10 (14 Verse)
Rischi der ungeraden Verse Yamî, der geraden Verse Yama – Devatâ: jeweils der Gesprächspartner – Tschandas: Trishtubh

1. Ich möchte den Freund zur Freundschaft bewegen,
der über so viele Fluten herbeikam.
Der Weise verschaffe dem Vater Enkel,
das Weitere auf der Erde bedenkend.
2. Nein, eine solche Freundschaft wünscht dein Freund nicht,
dass Gleichartiges wie fremdartig werde.
Des großen Asuras Söhne, die Männer,
die den Himmel tragen, spähen weit umher.
3. Gerade das wollen die Unsterblichen:
einen Sprössling des einzigen Sterblichen.
Dein Geist verbinde sich mit unserem Geist,
als Gatte gehe in des Weibes Leib ein.
4. Was wir noch nie taten, sollen wir nun tun?
Rechtsprechend würden wir Unrechtes flüstern.
Gandharva im Wasser und die Wasserfrau
sind unser Nabel, unser höchstes Blutsband.

5. Schon im Schoß schuf der Schöpfer uns Mann und Weib,
Gott Tvaschtri, der Erschaffer aller Formen.
Sie übertreten nicht seine Gesetze;
dessen sind uns Erde und Himmel gewiss.
6. Wer kennt schon jene Tage dieses Ersten?
Wer hat sie gesehen, wer spricht hier davon?
Hoch steht das Gesetz Mitras und Varunas.
Was sagst du Geile den richtenden Männern?
7. Mich, Yamî, befiel die Liebe zu Yama,
auf gleichem Lager zusammen zu liegen.
Als Weib geb ich gerne dem Gatten den Leib.
Wir wollen rütteln wie die Wagenräder.
8. Nie stehen sie still, schließen nie die Augen,
der Götter Späher, die hier umherstreifen.
Geh mit einem andren als mir, du Geile.
Mit ihm rüttle dich wie die Wagenräder!
9. Tage und Nächte gäbe sie sich ihm hin,
das Auge der Sonne verdeckte sie kurz.
Wie Himmel und Erde als Paar verwandt,
nähme Yamî die Inzucht Yamas auf sich.
10. Sicher kommen später solche Zeiten,
in denen Geschwister Unzüchtiges treiben.
Lege deinen Arm unter einen Bullen.
Such dir, Schöne, einen andren Gatten als mich!
11. Was soll der Bruder, wenn sie schutzlos sein soll?
Was soll die Schwester, wenn Unglück hereinbricht?
Liebestoll flüstere ich immer wieder:
Vereine deinen Leib mit meinem Leibe!
12. Nie will ich meinem Leib mit deinem einen.
Ein Sünder heißt, wer sich der Schwester nähert.
Mit einem andren als mir treibe die Lust!
Dein Bruder, Schöne, begehrt so etwas nicht.

13. Ach, ein Schlappschwanz bist du, Yama, wirklich.
Wir gewannen weder Geist noch Herz von dir.
Eine andere umschlingt dich sicher bald
wie der Gurt das Ross, wie die Ranke den Stamm.
14. Auch du, Yamî, umschlinge schön einen andren
und der andre dich wie die Ranke den Stamm.
Dessen Sinn gewinne oder er deinen,
und mache mit ihm einen glücklichen Bund!

Sûkta 19 *ni vartadhvam* (8 Verse)
Rischi: Mathita, Sohn des Yama, Bhrigu, Sohn des Varuna, oder
Chyavana Bhârgava – Devatâ: die Gewässer oder die Kühe, zweite Hälfte
von Vers eins Agni und Soma – Tschandas: Anuschtubh, 6 Gâyatrî

1. Kehrt heim! Kehrt ein!
Verfolgt nichts mehr!
Befruchtet uns, ihr Reichlichen!
Feuer, Soma – Zwillingssterne –,
bewahret uns den Reichtum hier!
2. Treibe sie wieder nach Hause!
Bringe sie wieder heim zu uns!
Indra fange und zügle sie,
das Feuer treibe sie hierher.
3. Heimkehren sollen sie wieder,
auf dass sie beim Hirten gedeihen.
Hier, o Feuer, bewahre sie!
Hier verbleibe, was Reichtum ist.
4. Zur Heimreise, zur Rückreise,
zum Hinübergehen, Vereinen,
zur Heimkehr, zur Einkehr
rufe ich sogar den Hirten.
5. Der das Auseinandergehen,
das Hinübergehen erhält,
das Heimkehren, das Einkehren,
ja, auch der Hirte kehre heim.

6. Heimführer, führe nach Hause!
O Indra, gib uns wieder Milch!
Erfreuen wir uns der Lebenden!
7. Von allen Seiten geb ich euch
Schmelzbutter, Milch und Stärkungstrank.
Götter, die des Dienstes würdig,
überschüttet uns mit Reichtum!
8. Heimführer, führe nach Hause!
Rückführer, führe zurück!
Aus den vier Richtungen der Welt,
aus diesen führe sie zurück!

Sûkta 21 (8 Verse)
Rischi: Vimada, Sohn des Indra oder des Pradschâpati, oder Vasukrit,
Sohn des Vasukra – Devatâ: Agni, das Feuer – Tschandas: Âstârapankti

1. Agni, durch Hinwenden gleichsam zum Selbst erwählen wir dich, das
heiße, hell leuchtende Feuer, zum bewegenden Impuls für das Yagya
auf dem ausgestreuten Riedgras, dem Barhis. In der Begeisterung will
ich es euch verkünden.

2. Dich schmücken diese guten, Rosse schenkenden Helfer aus. Nach
dir, Agni, verlangt der Gießlöffel, der vorwärts stürzende Guss. In der
Begeisterung will ich es euch verkünden.

3. Bei dir sitzen die Gesetzestreuen mit den Gießkellen wie aus-
schenkende Frauen. Schwarze Erscheinungsformen, weiße, alle
Herrlichkeiten hast du angelegt. In der Begeisterung will ich es euch
verkünden.

4. Agni, den glänzenden Reichtum, den du hochachtest, du mächtiger
Unsterblicher, den bring uns zur Mehrung der Güter bei den Yagyas.
In der Begeisterung will ich es euch verkünden.

5. Agni – das vom Feuerpriester, dem Atharvan, erzeugte Feuer – brachte
alle Offenbarungen ans Licht. Er ward der Bote des Strahlenden, der
liebe Freund von Yama, dem Lenkenden. In der Begeisterung will ich
es euch verkünden.

6. Auf dich, Agni, richten sie bei den Yagyas im Verlauf der Feier ihre Aufmerksamkeit. Du bringst dem Verehrer alle begehrten Schätze. In der Begeisterung will ich es euch verkünden.

7. Dich, Agni, haben die Menschen als angenehmen, stillen Zeugen bei den Yagyas eingesetzt, den Leuchtenden mit vor Ghee glänzendem Antlitz, der mit dem Auge am besten zu sehen ist. In der Begeisterung will ich es euch verkünden.

8. Agni, mit leuchtender Flamme dehnst du dich weit und hoch aus. Knisternd stürzt du brünstig los und bringst den Keim neuen Lebens in die Verwandten. In der Begeisterung will ich es euch verkünden.

Sûkta 24 (6 Verse)

Rischi: Vimada, Sohn des Indra oder des Pradschâpati, oder Vasukrit, Sohn des Vasukra – Devatâ: 1-3 Indra, 4-6 die Ashwin – Tschandas: 1-3 Âstârapankti, 4-6 Anuschtubh

1. Indra, trinke diesen Soma, voll Honigmet in der Schale gepresst. Gewähre uns tausendfältigen Reichtum, du Schatzreicher. In der Begeisterung will ich es euch verkünden.

2. Zu dir kommen wir mit Yagyas, Lobeshymnen und Darreichungen. Beherrscher der Kräfte, bring uns das kostbarste Gut. In der Begeisterung will ich es euch verkünden.

3. Indra, der du Erwünschtes gewährst, den Matten ermutigst, den Sängern hilfst, schütze uns vor Hass und Bedrängnis. In der Begeisterung will ich es euch verkünden.

4. Ihr beiden Starken habt voller Mâyâ das zusammengehörige Paar heraus gekitzelt, als ihr Untrügerischen, von dem Rauschvogel Vimada gerufen, (es) hervorgelockt habt.

5. Alle Schöpfungsimpulse begehrten das entschwebende Paar. Zu den Untrügerischen sprachen die Götter: Führt (es) wieder zurück!

6. Voller Honigmet sei mein Fortgehen, voller Honigmet mein Zurückkehren. Ihr beiden Schöpfungsimpulse, macht uns durch eure Göttlichkeit voller Süße, voller Met!

Sûkta 25 (11 Verse)

Rischi: Vimada, Sohn des Indra oder des Pradschâpati, oder Vasukrit, Sohn des Vasukra – Devatâ: Soma – Tschandas: Âstârapankti

1. Einen segensreichen Geist gib uns, Leistungsfähigkeit und Kraft. Dann wollen wir uns in deines Krautsafts Freundschaft wohl fühlen wie Kühe auf der Weide. In der Begeisterung will ich es euch verkünden.

2. Die dich im Herzen berühren, Soma, sind fest in allen Gesetzen verankert. Dann steigen in mir nur Wünsche auf, die zum Guten streben. In der Begeisterung will ich es euch verkünden.

3. Und verletze ich aus Unkenntnis deine Gesetze, Soma, deinen Willen, dann verzeih uns wie ein Vater dem Sohn auch ohne Keulenschlag. In der Begeisterung will ich es euch verkünden.

4. Es sprudeln die Gedanken wie Springquellen in den Brunnen, Soma, bewahre wie die Brunnenschalen unsere Kraft zum Leben. In der Begeisterung will ich es euch verkünden.

5. Soma, durch deine, des Klugen und Starken, Kräfte erschließen die begierdelosen Weisen den an Rind und Rossen reichen Stall. In der Begeisterung will ich es euch verkünden.

6. Unser Vieh behütest du, Soma, die vielerorts verteilte Welt. Alle Wesen überschauend, hältst du sie zum Leben zusammen. In der Begeisterung will ich es euch verkünden.

7. Soma, sei du allenthalben unser unfehlbarer Hirte. Halte die Missetäter fern, o König. Verleumdung habe keine Macht über uns. In der Begeisterung will ich es euch verkünden.

8. Soma, du Einsichtsvoller, wache über uns und erwecke unsere Lebenskraft. Ortskundiger als der Mensch schütze uns vor Unheil und Bedrängnis. In der Begeisterung will ich es euch verkünden.

9. Du brichst unsere stärksten Widerstände, Indu, du bist Indras segensreicher Freund, wenn ihn die Ringenden bei der Begegnung zur Kinderzeugung anrufen. In der Begeisterung will ich es euch verkünden.

10. Dieser starke, beliebte Rausch des Indra wird immer stärker. Er erweitert den Geist des großen Kakschîvat, des Weisen. In der Begeisterung will ich es euch verkünden.

11. Dieser verschafft dem huldvollen Weisen rinderreiche Gaben. Den Sieben zuliebe helfe er dem Blinden und Lahmen. In der Begeisterung will ich es euch verkünden.

Sûkta 58 (12 Verse)
**Rischi: Bandhu, Shrutabandhu und Viprabandhu Gaupâyanâs –
Devatâ: das Zurückholen des Geistes – Tschandas: Anuschtubh**

1. Wenn dein Geist zu dem Zügelhalter Yama, dem Sohn des Strahlenden, weit weg gegangen ist, so holen wir ihn dir her, auf dass er hier wohne und lebe.

2. Wenn dein Geist in den Himmel, wenn er in die Erde weit weg gegangen ist, so holen wir ihn dir her, auf dass er hier wohne und lebe.

3. Wenn dein Geist in die vier Ecken der Erde weit weg gegangen ist, so holen wir ihn dir her, auf dass er hier wohne und lebe.

4. Wenn dein Geist in die vier Welträume weit weg gegangen ist, so holen wir ihn dir her, auf dass er hier wohne und lebe.

5. Wenn dein Geist in das wogende Meer weit weg gegangen ist, so holen wir ihn dir her, auf dass er hier wohne und lebe.

6. Wenn dein Geist in die lichten Höhen weit weg gegangen ist, so holen wir ihn dir her, auf dass er hier wohne und lebe.

7. Wenn dein Geist in die Gewässer, wenn er in die Pflanzen weit weg gegangen ist, so holen wir ihn dir her, auf dass er hier wohne und lebe.

8. Wenn dein Geist zur Sonne, wenn er zur Morgenröte weit weg gegangen ist, so holen wir ihn dir her, auf dass er hier wohne und lebe.

9. Wenn dein Geist in die hohen Berge weit weg gegangen ist, so holen wir ihn dir her, auf dass er hier wohne und lebe.

10. Wenn dein Geist in diese ganze Welt weit weg gegangen ist, so holen wir ihn dir her, auf dass er hier wohne und lebe.

11. Wenn dein Geist in das höchste Para, in die Transzendenz, eingegangen ist, so holen wir ihn dir her, auf dass er hier wohne und lebe.

12. Wenn dein Geist in das Seiende und Werdende eingegangen ist, so holen wir ihn dir her, auf dass er hier wohne und lebe.

Sûkta 62 *ye yagyena dakschinâya* (11 Verse)

Rischi: Nâbhânedischta Mânavah – Devatâ: Vishvedevas, 2-3 oder
die Angiras, 8-11 die Freigiebigkeit des Sâvarni – Tschandas: 1-4 Dschagatî,
5, 8, 9 Anuschtubh, 6 Brihatî, 7 Satobrihatî (Pragâtha), 10 Gâyatrî, 11 Trischtubh

1. Die durch Yagya, durch die milchreiche Kuh gesalbt, Indras Freund-
schaft, die Unsterblichkeit erlangten, Heil sei euch, ihr Engel. Nehmet
den Menschensohn auf, ihr Weisen.

2. Die Väter, die den rinderreichen Schatz nach außen trieben, durch
das Naturgesetz im Jahreszyklus die Höhle erbrachen, langes Leben sei
euch, ihr Engel. Nehmet den Menschensohn auf, ihr Weisen.

3. Die durch das Naturgesetz die Sonne am Himmel aufsteigen ließen,
die Mutter Erde ausbreiteten, guter Kindersegen sei euch, ihr Engel.
Nehmet den Menschensohn auf, ihr Weisen.

4. Der im Nabel spricht gepflegt in eurem Hause, Söhne Gottes,
Rischis, hört es an. Schöne Andacht sei euch, ihr Engel. Nehmet den
Menschensohn auf, ihr Weisen.

5. Die wahrlich Vielgestaltigen, die Rischis, die sich in der Tiefe bewe-
gen, die Engel, die Söhne Agnis, sind rings erstanden.

6. Aus Agni sind sie rings erstanden, vielgestaltig aus dem Himmel, zu
Neunt gehend, nun zu Zehnt. Der höchste Engel – gemeinsam mit den
Himmlischen – wird groß.

7. Mit Indra im Bunde leerten die Veranstalter des Yagyas den Stall
voller Rinder und Rosse. Mir Tausende gebend mit achtsamem Ohr
bewirkten sie unter den Himmlischen Ruhm.

8. Nun pflanze dieser Mensch sich fort, er wachse wie ein junger Spross,
der hundert, tausend Rosse heute als Geschenk verteilt.

9. Keiner schafft es, ihn zu erreichen, wie des Himmels höchsten Ort.
Sâvarnyas Spende hat sich ausgebreitet wie das Meer.

10. Und zwei fügsame Diener fürs Haus mit einer Fülle von Kuhen hat
Yadu geschenkt und Turva, der Siegreiche.

11. Möge der Mensch, der Tausende spendend die Gemeinde lei-
tet, keinen Schaden leiden. Mit der Sonne wetteifernd komme seine
Spende. Mögen die Götter das Leben Sâvarnis verlängern, bei dem wir
Unermüdlichen zu Wohlstand kamen.

Sûkta 71 *brihaspate prathamam* (11 Verse)
Rischi: Brihaspati Ângirasa, der Herr des Lieds – Devatâ: Gyâna, die Erkenntnis der Ganzheit – Tschandas: Trischtubh, 9 Dschagatî

1. O Herr des Lieds! Zu Anbeginn der Sprache, als sie gedachten, Namen zu vergeben, offenbarte das Bewahrte insgeheim aus Zuneigung das strahlend Makellose.

2. Wo sie Sprache wie gedrosch'nes Korn im Sieb säubern und im Geist geschickt gestalten, da werden Freunden Freundschaften bewusst. Ihre Sprache ist vom Glückszeichen geprägt.

3. Im Dienen folgten sie der Spur der Stimme, die sie in Sehern eingeprägt auffanden, und verteilten das Gefund'ne überall. Die sieben Sänger sangen es gemeinsam.

4. Mancher, der sieht, erschaute nie die Sprache, mancher, der hört, hat sie noch nie gehört. Einem aber tat sie ihren Leib auf wie ein verliebtes, schönumhülltes Weib dem Mann.

5. Wer als fest eingebunden gilt in Freundschaft, den fördern sie nicht auch in Sprachwettkämpfen. Einem nie stillenden Trugbild läuft er nach, hört Gerede, das nichts fruchtet, nicht erblüht.

6. Wer den ratwissenden Freund verlassen hat, nimmt an der Stimme keinen Anteil mehr. Wenn er sie hört, hört er sie ohne Wirkung. Er weiß nichts mehr vom Pfad des rechten Handelns.

7. Freunde, die Augen und Ohren haben, sind doch ungleich in der Gewandtheit des Geistes. Die Flachen reichen bis zum Mund, zur Schulter, die anderen tief wie Teiche zum Tauchen.

8. In der vom Herz geformten Flinkheit des Denkens, wenn Freunde der Ganzheit gemeinsam dienen, bleibt manches ganz von selber auf der Strecke. Wer die Aufgabe vollbrachte, schreitet durch.

9. Die sich nicht nähern, zum Höchsten bewegen, und weder Ganzheit noch Soma beleben, gebrauchen die Sprache in unguter Weise und spannen das Tuch wie unkundige Weber.

10. Alle Freunde erfreuen sich des Freundes, der Glanz erlangte und den Stamm beherrscht, denn Schuld entfernt er, Nahrung gibt er ihnen. Eifrig gefördert wird er für den Wettkampf.

11. Einer bringt die Verse voll zur Blüte, der andre singt das Versmaß in Vollendung, einer spricht als Brahma das Wissen der Wesen, und einer ermisst das Maß allen Dienens.

Sûkta 72 (9 Verse)
Rischi: Brihaspati Laukya oder Brihaspati Ângirasa
oder Aditi Dâkschâyanî – Devatâ: die Götter – Tschandas: Anuschtubh

1. Der Götter rühmenswerte Geburt wollen wir nun verkünden, die in zu singenden Versen in Zukunft gesehen werde.
2. Der Herr der Brahmanas entfachte sie verschweißend wie ein Schmied. In der Frühzeit der Götter entstand aus dem Nichtsein das Sein.
3. Im ersten Zeitalter der Götter entstand aus Nichtsein das Sein. Danach schlüpfte aus der Spreizbeinigen der Raum ringsum hervor.
4. Aus der Spreizbeinigen kam die Welt, aus der Welt entstand der Raum. Aus Unendlichkeit kam Kraft, aus Kraft Unendlichkeit hervor.
5. Die Unendlichkeit, die entstand, war deine Tochter, Kräftiger. Nach ihr kamen die hehren Götter, mit Unsterblichkeit verwandt.
6. Als ihr Götter dort im Meere schön einander haltend standet, da wirbelten von euch wie von Tänzern dichte Staubwolken auf.
7. Als ihr Götter wie Bändiger die Geschöpfe wachsen ließet, da hattet ihr die im Meer versteckte Sonne hervorgebracht.
8. Acht Söhne der Unendlichkeit entstanden aus ihrem Leibe. Zu den Göttern drang sie mit sieben. Das sterbliche Ei warf sie fort.
9. Mit sieben Söhnen drang die Unendlichkeit in die Frühzeit vor. Für den Kreislauf von Geburt und Tod trug sie das sterbliche Ei.

Sûkta 81 (7 Verse)
Rischi: Vishvakarmâ Bauvana – Devatâ: Vishvakarmâ,
der alles Tuende – Tschandas: Trischtubh, 2 Virâtrûpâ

1. Der all diese Wesen darbringende Seher, unser Vater, der Beweger, ließ sich nieder. Mit Segen Reichtum wünschend, ging er, das Erste bedeckend, in das Spätere ein.
2. Was war wohl der Standort, das Greifbare, wie war es wohl und woher, woraus der alles Tuende die Erde erschuf und den Himmel in

seiner Größe enthüllte, alläugig?

3. Sein Auge überall, sein Mund überall, sein Arm überall und sein Fuß überall, mit Armen und Flügeln schweißt er Himmel und Erde zusammen, der schöpfende Gott, der Eine.

4. Was war wohl das Holz und was der Baum, woraus sie Himmel und Erde zimmerten? Denker ergründet doch im Geiste das, worauf er stand, die Welten tragend!

5. Was deine höchsten Gesetze sind, die untersten und die mittleren, das stärke, o Vishvakarmâ, beim Darreichen für die Freunde. Selbstbestimmt bringe dich selbst dar und breite deinen Körper aus.

6. Alltätiger, durch die Ausgießung erweitert, bringe du selbst Erde und Himmel dar. Mögen die anderen Leute ringsum in die Irre gehen. Uns sei hier ein freigebiger Meister.

7. Den Herrn des Wortes, den alles tuenden Gedankenerwecker lasst uns heute anrufen, damit er uns Schutz gewähre. Er möge sich an all unsren Anrufungen erfreuen, der allen zum Heile verhelfende Wohltäter.

Sûkta 82 (7 Verse)
Rischi: Vishvakarmâ Bauvana –
Devatâ: Vishvakarmâ, der alles Tuende – Tschandas: Trischtubh

1. Des Auges Vater, weise im Denken, erschuf die beiden sich Wölbenden als reines Butterfett. Sobald sich die früheren Enden festigten, dehnten sich Himmel und Erde aus.

2. Der alles Tuende, der geistreiche, regsame Schöpfer und Lenker ist die höchste, transzendentale Erscheinung. Wo, wie man sagt, jenseits der sieben Rischis das Eine ist, genießen ihre Wünsche gemeinsam Erfüllung.

3. Der unser Vater, Erzeuger und Lenker ist, er kennt alle Gesetze und Geschöpfe. Der Namengeber der Schöpfungsimpulse, der wahrlich Eine, ihn zu befragen kommen die anderen Wesen.

4. Jene früheren Seher, die hingesetzt im unerhellten, im erhellten Raum die Welten zusammenfügten, verschafften ihm durch Yagyas als Sänger gemeinsam Reichtum in Fülle.

5. Was jenseits des Himmels ist, jenseits der Erde, jenseits der Götter und Geister, wen trugen wohl die Wässer als ersten Keim, in dem sich alle Götter zusammen zeigten?

6. Diesen trugen die Wässer als ersten Keim, in dem alle Schöpfungsimpulse zusammenkamen. In des Ungeborenen Nabel steckt das Eine, worin alle Wesen gründen.

7. Der diese (Welten) erschuf, den mögt ihr nicht finden, etwas anderes kommt euch dazwischen. Von Nebel und Gerede umwölkt wandeln die Leben ausbeutenden Schönredner.

Sûkta 83 *yaste manyo* (7 Verse)
Rischi: Manyu, Sohn des Tapas, des Zurückziehens der Sinne –
Devatâ: Manyu, der Mut – Tschandas: Trischtubh, 1 Dschagatî

1. Mut, wer dich ehrt, du Pfeil, du Donnerkeil, bringt Kraft und Macht der ganzen Menschheit zum Erblühen. Mit dir bezwingen wir Barbar und Arier, mit Macht, aus Macht geboren und erbauend.

2. Mut ist der himmelsbeherrschende Funke, der Beweger, allumfassend, allwissend. Den Mut verehren die Menschengeschlechter. Beschütze uns, Mut, verbunden mit Tapas!

3. Auf, du Mut, komm her, stärker als der Starke! Mit Tapas vereint, zerschlage die Feinde! Vernichter der gottlos-barbarischen Gegner, bring uns alle Schätze, alle Herrlichen!

4. Mut, du unbesiegbare Kraft, aus dem Selbst entstandener Ingrimm, Feinde besiegend, bei allen Menschen beliebt, siegesgewiss und siegreich, verleih uns Kraft in den Kämpfen!

5. Ohne teilzunehmen zog ich mich zurück von deinem Ratschlag, du Starker und Weiser. Kraftlos, verständnislos war ich dir feind, Mut. Verkörpere dich in mir und gib mir Kraft!

6. Hier bin ich, ich bin dein, wende dich mir zu! Komm mir entgegen, siegreich, alles stärkend! O Mut, du Donnerkeil, wende dich mir zu! Zerschlage die Feinde, denk an deinen Freund!

7. Auf, schreite voran, steh mir zur Rechten, damit wir viele Gegner schlagen können! Ich biete dir stützend das Beste des Mets. Lass uns zuerst schweigend vom Soma trinken.

Sûkta 84 *tvayâ manyo* (7 Verse)
Rischi: Manyu, Sohn des Tapas –
Devatâ: Manyu, der Mut – Tschandas: Dschagatî, 1–3 Trischtubh

1. Mit dir im gleichen Wagen, Mut, zerschmetternd, kampflustig, mutig, mit Gewitterkräften, mit spitzen Pfeilen, ihre Waffen schärfend, sollen die Männer feurig voranstürmen.

2. Siege, Mut, funkelnd wie Feuer! Siegreicher, sei uns berufener Heerführer! Hast du Feinde geschlagen, verteile die Habe. Die Kräfte messend vertreibe die Schmäher!

3. Mut, übertrumpfe den feindlichen Anschlag! Bestürme die Feinde, zerschmettere sie! Deinen mächtigen Lichtstrahl hemmen sie nie. Einziggeborener, dein Wunsch sei Befehl.

4. Du allein wirst unter vielen gepriesen. Mut, mache Stamm und Geschlecht zum Kämpfen scharf! Von ungebroch'nem Glanz, mit dir im Bunde, erheben wir hellen Schlachtruf zum Siege.

5. Siegbereitend wie Indra, untadelhaft, sei hier unser Gebieter, Sieggewohnter! O Mut, wir preisen deinen lieben Namen. Wir kennen den Sprudelquell, dem du entspringst.

6. Donnerkeil, mit Tatkraft geboren, du Pfeil, birgst du, Überlegener, höhere Macht. Mut, sei unser kraftvoller Verbündeter, vielgerufen im Gemenge großer Schlacht.

7. O Allvater, o Mut, gewährt uns beides, gesammelte und ungeteilte Schätze. Die aufkommende Furcht im Herzen spürend, soll sich der besiegte Feind verkriechen.

Sûkta 90 *sahasra shîrschâ pûruschah* (16 Verse)
Rischi: Nârâyana – Devatâ: Puruscha – Tschandas: Anuschtubh, 16 Trischtubh

1. Tausend Köpfe hat Puruscha,
tausend Augen, tausend Füße.
Er umringt allseits die Welt und
überragt sie um zehn Finger.
2. Puruscha ist dies alles hier,
was ward und was noch werden wird,
der Unsterblichkeit gebietend,
die durch Speise weiter aufsteigt.

3. Derart groß ist seine Größe,
und noch größer ist Puruscha:
Ein Viertel ist das Irdische,
drei Viertel das Unsterbliche.
4. Dreiviertel stieg zum Himmel auf,
ein Viertel kam hierher zurück.
Von hier ging er in allem auf,
was Speise isst und was nicht isst.
5. Aus ihm entsprang die Strahlende,
aus der Strahlenden Puruscha.
Geboren ragte er hinten und
vorn über die Erde hinaus.
6. Als die Götter mit Puruscha
als Gabe Yagya feierten,
war Frühling die Butter, Sommer
Brennholz, und der Herbst die Gabe.
7. Im Riedgras salbten sie als Gabe
Puruscha, die Urgeburt.
Mit ihm opferten die Götter,
die Seher und Vollendeten.
8. Vom voll dargebrachten Yagya
hat er Butterfett gesammelt
und die Tiere in der Luft, im
Walde und im Dorf geschaffen.
9. Vom voll dargebrachten Yagya
kamen Verse und Gesänge,
kamen Versmaß, Zaubersprüche,
Rik, Sâma, Atharva, Yajur.
10. Aus ihm entsprangen die Pferde,
das Vieh mit zwei Reihen Zähnen,
aus ihm entsprangen die Kühe,
und Ziegen und Schafe aus ihm.

11. Als sie Puruscha gliederten,
wieviele Teile schufen sie?
Was ward sein Mund genannt und was
seine Arme, Schenkel, Füße?

12. Der Brahmane wurde sein Mund,
seine Arme wurden Krieger,
seine Schenkel wurden Händler,
aus den Füßen kam der Diener.

13. Der Mond ging aus dem Geist hervor,
aus dem Auge ward die Sonne,
Indra und Agni aus dem Mund,
und aus dem Odem wurde Wind.

14. Aus dem Nabel Luftraum, Himmel
aus dem Haupt, Erde aus den Füßen,
Himmelsrichtung aus dem Ohr;
so ging aus ihm die Welt hervor.

15. Sieben Teile wurden Randholz,
dreimal sieben wurden Brennholz,
als die Götter, Yagya feiernd,
Puruscha als Gabe banden.

16. Durch Yagya weihten die Götter das Yagya.
Dies waren die ersten Bräuche des Rechts.
Die Großen erreichten die himmlischen Höhen,
wo die früher Vollendeten Götter sind.

Sûkta 97 (23 Verse)
Rischi: Bhischadsch, der Arzt, Sohn des Atharvan –
Devatâ: Oshadhi, die Heilpflanzen – Tschandas: Anuschtubh

1. Der Heilpflanzen, die zuerst entstanden, drei Zeitalter vor den Göttern, will ich nun gedenken, der hundert und sieben Kräfte der Bräunlichen.

2. Hundert Kräfte habt ihr, Mütter, tausend Gewächse, also macht mir diesen, ihr hundertfältig Wirkenden, von Krankheit frei.

3. Erfreut euch der Heilpflanzen, reich an Blüten, Früchte tragend. Wie gemeinsam siegende Stuten retten die Pflanzen hinüber.

4. »Heilpflanzen«, als solche rufe ich euch, ihr göttlichen Mütter. Mensch, ich will Ross, Rind, Kleid, dein Âtmâ – dein Selbst – erringen.

5. Am Feigenbaum ist euer Sitz, am Farnbaum euer Nest bereitet. Ein Rind gewährt ihr bestimmt, wenn ihr den Menschen gewinnt.

6. Bei dem die Heilpflanzen zusammenkommen wie Könige zur Versammlung, ein solcher Weiser wird Heiler genannt, Schädlingsvernichter, Krankheitsvertreiber.

7. Die Rossereiche, die Somareiche, die Stärkende, die Odschas Erhöhende, alle Heilpflanzen habe ich hergebracht für diesen zur Unversehrtheit.

8. Wie Kühe aus dem Kuhstall strömen die Kräfte der Heilpflanzen, die den Schatz, dein Âtmâ, dein Selbst, o Mensch, gewinnen wollen.

9. Heilmachung heißt eure Mutter, also seid ihr die Heilmacher. Beflügelte Ströme seid ihr, was krankhaft ist, macht ihr heil.

10. Wie der Dieb die Hürde haben sie alle Hindernisse überwunden. Jegliche körperliche Beschwerde haben die Kräuter vertrieben.

11. Sobald ich diese Heilkräuter Kraft verleihend zur Hand nehme, entfleucht der Geist der Krankheit wie vor dem, der den Lebenden greift.

12. Den ihr Heilpflanzen Glied um Glied, Gelenk um Gelenk durchdringt, aus dem vertreibt ihr die Krankheit wie ein Mächtiger, der in der Mitte ruht.

13. Krankheit, verfliege zusammen mit dem Häher, dem blauen Holzhäher, mit des Windes Zug entfleuche, zusammen mit dem Niederschlag.

14. Eine von euch unterstütze die andere, stehet eine der anderen bei. Verhelfet alle vereint diesem meinem Gesang zum Erfolg.

15. Die Fruchttragenden, die Fruchtlosen, die nicht blühen und die blühen, auf Drängen Brihaspatis, des Herrn des Lieds, mögen sie uns von Drangsal befreien.

16. Sie mögen mich befreien von der Last des Fluchs sowie von Varuna und auch von der Fußfessel des Todesengels, von jeglichem Verletzen schöpferischer Impulse.

17. Herabfliegend sprachen vom Himmel die Heilpflanzen: Den Lebenden, den wir durchdringen wollen, der Mensch soll keinen Schaden leiden.

18. Von den vielen Heilpflanzen unter König Soma von hundertfältiger Erscheinung bist du deren Höchste, so recht nach Wunsch dem Herzen wohltuend.

19. Heilkräuter, unter König Soma über die Erde verbreitet, gebt auf Brihaspatis Drängen diesem gemeinsam Kraft.

20. Nicht soll euch schaden, der euch gräbt, noch der, für den ich euch grabe. Unsere Zweifüßler und Vierfüßler seien alle unversehrt.

21. Die diesem zuhören und auch die, die in die Ferne gegangen sind, alle versammelten Pflanzen, gebt diesem gemeinsam Kraft!

22. Die Heilpflanzen sprechen sich ab mit König Soma: Wen ein Brahmane behandelt, den, o König, bringst du durch.

23. Du bist das Oberhaupt, Heilpflanze, deine Untertanen sind die Wälder. Untertan sei uns derjenige, der uns bedroht.

Sûkta 108 (11 Verse)
Rischi: die Panis, die geizigen Asuras – Devatâ: Saramâ –
2, 4, 6, 8, 10, 11 Rischika: Saramâ, die Himmelshündin –
Devatâ: die Panis – Tschandas: Trischtubh

1. »Mit welchem Begehr kam Saramâ hier her? In weite Ferne führt doch der Weg nach draußen. Wer hat nach uns geschickt? Wozu bist du umher geeilt? Wie kamst du über die Milchströme der Flut?«

2. »Als Indras gesandte Botin komme ich, ihr Panis, und begehre eure großen Schätze. Aus Angst, übersprungen zu werden, half uns die Flut. So kam ich über die Milchströme.«

3. »Wie sieht Indra aus, Saramâ? Welche Erscheinung ist es, als dessen Botin du nach draußen eiltest? Käme er nur selber her, wollten wir Freundschaft mit ihm schließen, und er könnte unser Rinderhirte werden.«

4. »Ich kenne ihn nicht als jemand, der sich täuschen lässt. Derjenige, als dessen Botin ich nach draußen eilte, täuscht selbst. Ihn verschütten keine tiefen Ströme. Wenn Indra zuschlägt, liegt ihr Panis am Boden.«

5. »Die Kühe, die du verlangst, holde Saramâ, wofür du die Enden des Himmels umflogen hast, wer gäbe die kampflos heraus? Und unsre Waffen sind scharf.«

6. »Eure Worte schlagen nicht ein, ihr Knauser. Eure lasterhaften Leiber mögen gefeit sein gegen Pfeile, euren Weg zu gehen mag unwiderstehlich sein. In beiden Fällen jedoch wird euch Brihaspati – der Beherrscher der Größe – nicht verschonen.«

7. »Diese Schatzkammer im Felsengrund, Saramâ, prall gefüllt mit Rindern, Rossen, Schätzen, wird von den Panis bewacht, ausgezeichneten Wächtern. Vergebens bist du in diese Einöde gekommen.«

8. »Hierher kommen Rischis, von Soma scharf gemacht, unermüdliche Engel, die zu Neunt gehen. Die werden diesen Stall voller Rinder verteilen. Dann wird euch Geizhälsen diese Rede noch Leid tun.«

9. »Da du, holde Saramâ, genötigt durch göttliche Gewalt hergekommen bist, will ich dich zur Schwester machen. Geh nicht zurück. Wir wollen dir von den Kühen was abgeben.«

10. »Von Bruder- und Schwesternschaft will ich nichts wissen. Indra und die Ehrfurcht gebietenden Engel wissen das. Kühe schienen sie haben zu wollen, als ich ging. Hebt euch von dannen, ihr Schacherer!

11. Zieht weit weg in die Ferne, ihr Geizkragen! Die Kühe sollen rauskommen und sich nach dem Gesetz wenden, die Verborgenen, die Brihaspati fand und Soma, die Presssteine, die Rischis und die Weisen.«

Sûkta 117 (9 Verse)
Rischi: Bikschu, der Bettler, Sohn des Angiras –
Devatâ: die Spendenfreudigkeit – Tschandas: 1-2 Dschagatî, Rest Trischtubh

1. Nein, die Götter haben Hunger nicht zum Töten bestimmt. Auch den Satten ereilen Tode. Der Reichtum des Gebenden versiegt nie. Doch wer nichts gibt, findet kein Erbarmen.

2. Wer dem Armen und Kranken, der um Speise und Trank bittet, sein Herz verschließt, obwohl er reichlich zu Essen hat und es seit jeher genießt, auch der findet kein Erbarmen.

3. *Der* gereicht zur Freude, der dem Bettler gibt, dem abgezehrten, darbenden Wanderer. Gebührend wird's ihm vergolten, wenn er ruft. Und er schafft sich für die Zukunft einen Freund.

4. Wer dem ergeben beistehenden Freund von der Speise nichts gibt, ist kein Freund. Wende dich ab von ihm, er ist kein Vergnügen. Einen anderen Spender suche, selbst einen Fremden.

5. Der Stärkere spende dem Obdachsucher. Er betrachte den gar langen Lebenspfad. Oh, wie Wagenräder rollt der Reichtum, bleibt mal beim Einem, mal beim Anderen stehen.

6. Vergeblich findet der Verständnislose Speise. Wahr sage ich: Sie ist sein Tod. Ihm blühen weder Busenfreund noch Kumpel. Allein wird leiden, wer alleine isst.

7. Nur die pflügende Pflugschar macht satt. Wer den Weg mit seinen Füßen geht, legt ihn zurück. Der Brahmane, der spricht, kriegt mehr als der stille. Der Spendenfreund besiege den Nichtspender.

8. Der Einfuß schritt weiter aus als der Zweifuß. Der Zweifuß holt den Dreifuß von hinten ein. Auf Zuruf der Zweifüßler kommt der Vierfuß, der beschauend bei der Fünfergruppe steht.

9. Zwei gleiche Hände schaffen nicht das Gleiche. Zwei der gleichen Mutter geben ungleich Milch. Zwei Zwillinge haben ungleiche Kräfte. Zwei, die blutsverwandt sind, schenken ungleich viel.

Sûkta 119 (13 Verse)
Rischi: Indra in Form des Lava –
Devatâ: Atmâ, das Selbst (Indra) – Tschandas: Gâyatrî

1. So oder so steht mir der Sinn,
auf dass ich Rind und Ross gewinn',
so wahr ich somatrunken bin.

2. Wie die wilden Wirbelwinde
hoben mich die Tränke hoch,
so wahr ich somatrunken bin.

3. Die Tränke hoben mich empor
wie schnelle Pferde das Gefährt,
so wahr ich somatrunken bin.
4. Mir nahte sich die Hymne wie
die Rauschende dem lieben Sohn,
so wahr ich somatrunken bin.
5. Wie der Wagner Naben dreht,
dreh ich das Lied im Herz herum,
so wahr ich somatrunken bin.
6. Kaum ein Körnchen Staub im Auge
sind mir die fünf Menschenrassen,
so wahr ich somatrunken bin.
7. Die beiden Welten kommen nicht
mal einem meiner Flügel gleich,
so wahr ich somatrunken bin.
8. Den Himmel überrage ich
mitsamt dem großen Erdenball,
so wahr ich somatrunken bin.
9. Wohlan, ich setze diese Erde
hierhin oder dort hinein,
so wahr ich somatrunken bin.
10. Schnell will ich den Erdenball
hierhin oder dorthin schießen,
so wahr ich somatrunken bin.
11. Im Himmel hängt mein einer Flügel,
einen ließ ich unten schleifen,
so wahr ich somatrunken bin.
12. Riesig bin ich, in die Nabe
aufgestiegen, in den Nebel,
so wahr ich somatrunken bin.
13. Ich wandele und liefere
den Göttern Guss aus reichem Haus,
so wahr ich somatrunken bin.

Sûkta 121 (10 Verse)

Rischi: Hiranyagarbha, der goldene Keim, Sohn des Pradschâpati –
Devatâ: Ka (Wer? Pradschâpati, der Herr der Geschöpfe) –
Tschandas: Trischtubh

1. Zum goldenen Keim ballte er sich anfangs zusammen, der Herr der Schöpfung war geboren, der Eine. Er verfestigte die Erde und diesen Himmel. Welchem Göttlichen wollen wir mit der Ausgießung dienen?

2. Der den Odem gibt, die Seele, die Kraft, dessen Weisung alle, selbst die Götter harren, dessen Widerschein Unsterblichkeit und Tod sind, dem göttlichen KA wollen wir mit der Ausgießung dienen.

3. Der durch die Macht über das Atmen, das Augenschließen der wahrlich Eine, der König der Welt wurde, der über Zweifüßler und Vierfüßler gebeut, dem göttlichen KA wollen wir mit der Ausgießung dienen.

4. Durch dessen Größe diese Schneeberge sind, das Meer, wie man sagt, mit der Flut, dessen Arme diese Himmelsrichtungen, dem göttlichen KA wollen wir mit der Ausgießung dienen.

5. Durch den der Himmel gewaltig und die Erde fest, durch den das Sonnenlicht, das Himmelszelt errichtet, der den Sphärenraum der Luft durchmisst, dem göttlichen KA wollen wir mit der Ausgießung dienen.

6. Auf den die beiden Donnerfronten auf Hilfe vertrauend im Geiste bebend blicken, in dem die aufgegangene Sonne erstrahlt, dem göttlichen KA wollen wir mit der Ausgießung dienen.

7. Ja, als die weiten Wässer kamen, das All, den Keim annehmend, das Feuer erzeugend, ballte sich daraus der Lebensgeist der Schöpfungsimpulse zusammen, der Eine. Welchem Göttlichen wollen wir mit der Ausgießung dienen?

8. Der in seiner Größe selbst die Wässer überschaute, die Lebenskraft annehmend, das Yagya hervorbringend, der unter Göttern der Gott war, der Eine, dem göttlichen KA wollen wir mit der Ausgießung dienen.

9. Niemals möge uns der Erzeuger der Erde verletzen, der durch das wahre Gesetz auch den Himmel hervorgebracht hat sowie die glänzenden, weiten Gewässer. Welchem Göttlichen wollen wir mit der Ausgießung dienen?

10. Pradschâpati, Herr der Geschöpfe! Kein anderer als du umgibt all diese Geborenen. Was wir begehren, während wir dich ehren, werde uns zuteil. Wir möchten Besitzer von Reichtümern sein.

Sûkta 123 (8 Verse)
Rischi: Vena, Sohn des Bhrigu –
Devatâ: Vena, die Sehnsucht – Tschandas: Trischtubh

1. Diese Sehnsucht! Beim Durchqueren des Radschas, des umnebelten Raums, treibt sie die Lichthülle mit der buntgesprenkelten Brut voran. Beim Zusammenkommen von Wasser und Sonne hätscheln sie die Ergriffenen wie ein Kind mit Wunschgedanken.

2. Aus dem Meere treibt die Sehnsucht die Welle hervor. Der aus dem Nass entstandene Rücken der Begehrten erschien auf dem Gipfel des Gesetzes, über dem Scheitelpunkt glänzend. Den gemeinsamen Schoß rühmten die Heerscharen.

3. Das Gemeinsame herbeirufend weilen die vielen Mütter des Kindes am gleichen Ort. Zum Gipfel des Gesetzes schreitend frohlocken die Stimmen des süßen Nektars der Unsterblichkeit.

4. Seine Schönheit kennend ersehnten die Weisen des wilden Büffels Gebrüll, denn sie gründeten, der Bahn des Gesetzes folgend, im Meere. Der Gandharva fand die unsterblichen Namen.

5. Die junge Frau, die Nymphe, trägt den Geliebten lächelnd bis in den höchsten Himmel – ins transzendente Feld. Sie regt sich im Schoße des Lieben. Gewinnend und gewährend thront diese Sehnsucht auf goldenem Flügel.

6. Als sie dich sehnsuchtsvoll am Himmelsgewölbe mit dem Herzen erschauten, den schön geflügelten Patanga, das Luftpferd mit goldenen Flügeln, den Boten Varunas, des Allumfassers, im Schoße Yamas, des Lenkenden, den rührenden, flatternden Vogel,

7. da hob sich der Gandharva hergewandt hoch über das Himmelsgewölbe, seine glänzenden Waffen tragend, in duftende, reizvolle Kleidung gehüllt, wie die Sonne anzusehen, und erzeugte die beliebten Namen.

8. Wenn der Tropfen im Meere ankommt und mit dem Auge des Begierigen die gesamte Weite des Himmels erschaut, dann hat der begehrte Glanz durch das helle Licht im dritten, umnebelten Raum, im Radschas, die Lieben erreicht.

Sûkta 125 *aham rudrebhir* (8 Verse)
Rischika: Vâgâmbhrinî – Devatâ: Atmâ, das Selbst, die Weltseele – Tschandas: Trischtubh, 2 Dschagatî

1. Ich bin eins mit der allmächtigen Stille der Rudras, mit dem Glanz der Vasus, mit der Allgegenwart der Adityas. Ich tanze mit den Vishvadevas, den Impulsen der Schöpfung. Mitras Liebe und Varunas Unbegrenztheit bin ich. Ich stütze Indra, den König der Devas, nähre Agni, das Feuer des Wissens, ich stärke die Heilkraft der Ashvins.

2. Als Soma halte ich das Universum zusammen, als Tvaschtri gestalte ich alles. Ich bin Pushan, die Sonne, das Selbst, bin Bhaga, die Ausdehnungskraft. Wer Yagyas ausführt, wer Soma presst, wer großzügig ist, wer mich ehrt und Hilfe gewährt, den überschütte ich mit Reichtum.

3. Alles Wissen bin ich, die erhabene Herrin, die vereinte Regierung der Erleuchteten. Mir gilt die höchste Verehrung. Alles durchdringend ist das All mein Zuhause.

4. Durch mich seid ihr fähig, zu essen, zu sehen, zu atmen und die Worte der Wahrheit zu hören. Ohne es zu wissen ruht ihr in meiner Umarmung. Hört die *Shrutis* und schenkt mir Vertrauen.

5. Ich ruhe in mir, in reiner Stille pulsiere ich als der Veda, belebe Naturgesetze und Menschen. Wen ich wähle, den mache ich mächtig, zum Hüter des Wissens, zum Rischi, zum weisen Seher.

6. Ich spanne den Bogen für den allmächtigen Rudra, um mit seinen Pfeilen die Unwissenheit zu zerstören. Ich erschaffe, was die Menschheit gemeinsam erfährt, ich durchdringe Himmel und Erde.

7. Ich erschaffe den Weltenvater in meinem Haupt. Mein Schoß ist das endlose Meer reinen Seins. Von hier reiche ich bis ins Herz aller Wesen, ja, über den höchsten Himmel hinaus.

8. Ich atme ewig wie der Wind, erschaffe und erhalte alle Welten. Weiter als der Himmel, weiter als diese Erde, so machtvoll und so erhaben bin ich.

Sûkta 127 (8 Verse)
Rischi: Kushika, Sohn von Sobhari, oder Râtri, Tochter von Bharadvâdscha – Devatâ: Râtri, die Nacht – Tschandas: Gâyatrî

1. Die Nacht blickte sich um. Allerorten nahte sich die Göttin mit den Augen, legte alle Herrlichkeiten an.

2. Weithin hat die unsterbliche Göttin die Tiefen und Höhen erfüllt. Mit Licht vertreibt sie das Dunkel.

3. Und die Schwester Morgenröte hat sie vorbereitet. Die Göttin naht, und auch das Dunkel weicht.

4. Sei heute unser, du, bei deren Kommen wir uns niedergelassen haben wie die Vögel im Walde ins Nest.

5. Zur Ruhe kamen die Dörfer, zur Ruhe, was Füße und Flügel hat, zur Ruhe selbst die regsamen Adler.

6. Wehre die Wölfin ab, den Wolf, wehre den Räuber ab, wogende Nacht, auf dass wir dich gut überstehen.

7. Zu mir kam das schmückende Dunkel, das schwarze, greifbare Tamas. Morgenröte, geh dieser Art von Verstoß nach.

8. Nacht, dir habe ich gleichsam als Milchkuh eine Lobeshymne bereitet wie einem Sieger. Tochter des Himmels, erküre sie.

Sûkta 129 (7 Verse)
Rischi: Pradschâpati Parameschtî –
Devatâ: die Schöpfung – Tschandas: Trischtubh

1. Weder Nichtsein noch Sein waren ehedem.
Weder der Luftraum noch jenseits der Himmel.
Was vibrierte? Wo? In wessen Obhut?
Wasser? Was war das? – Unergründliche Tiefe.
2. Weder Tod noch Unsterblichkeit gab es da
noch die Erscheinung von Tag und Nacht.
Es atmete windstill aus eigener Kraft
dieses Eine. Nichts anderes war da.
3. Dunkel war anfangs im Dunkel verborgen.
All dies war nichtunterscheidbares Fließen.
Das Versteckte, das ohne Hohlräume war,
das Eine kam kraft der Versenkung hervor.
4. Dieses befiel am Anfang der Liebeswunsch,
der Samenfluss des Geistes, der zuerst war.
Die Verbindung von Sein und Nichtsein fanden
suchende Denker durch Schauen im Herzen.
5. Quer hindurch waren die Lichtzügel gespannt.
Gab es vielleicht ein Darunter, Darüber?
Samengeber waren da, große Kräfte.
Unten Eigenzustand, oben Hingabe.
6. Wer weiß es wirklich, wer kann es hier sagen,
woher diese Welt kam, woraus sie entstand?
Die Götter gab es erst nach der Erschaffung;
wer also weiß es, woraus sie hervorging?
7. Aus dem sie entstanden ist und hervorging –
ob er sie erschaffen hat oder nicht –,
der sie beobachtet im Transzendenten,
der allein weiß es, ob er's weiß oder nicht.

Sûkta 146 (6 Verse)

Rischi: Devamuni, Sohn des Irammada –
Devatâ: Aranyânî, die Göttin des Waldes – Tschandas: Anuschtubh

1. Frau des Waldes, in die Wälder
hast du weichend dich verzogen.
Warum zieht's dich nicht zum Dorfe?
Überfällt's dich nie wie Furcht?
2. Wenn des Bullenbrüllers Rufen
sich vermischt mit Grillenzirpen,
fühlt die Waldfrau sich erhoben,
wie von Zimbelklang geleitet.
3. Und es ist, als grasten Kühe
und als sei ein Heim zu sehen,
und zur Einkehr abends knarrt es
durch den Wald wie Leiterwagen.
4. Da ruft doch jemand nach der Kuh.
Da hat doch jemand Holz gefällt.
Wer im Walde abends einkehrt,
meint, es habe wer gerufen.
5. Nein, die Frau des Waldes beißt nicht,
wenn kein anderer sich nähert.
Süße Frucht genießend, legst du
dich bei ihr nach Wunsch zur Ruh.
6. Die balsamisch duftende
Mutter wilder Tiere pries ich,
unbeackert reich an Speise,
würzig frisch, die Frau des Waldes.

Sûkta 154 (5 Verse)

Rischika: Yamî, Tochter des Vivasvat –
Devatâ: die Schöpfung – Tschandas: Anuschtubh

1. Soma fließt klar für die einen, ans Butterfett setzen sich andere.
Aus denen der Met hervor strömt, in diese, wahrlich, gehe er ein.

2. Die durch Tapas unantastbar, die durch Tapas Licht erlangten,
die Tapas, die Selbstversenkung, zu etwas Herrlichem machten,
in diese, wahrlich, gehe er ein.
3. Die in den Schlachten heldenhaft kämpfen,
die Leib und Leben hingeben oder die Tausende spenden,
in diese, wahrlich, gehe er ein.
4. Die dem Naturgesetz als erste dienten, das Gesetz liebend,
das Gesetz fördernd, zu den Vätern voller Tapas, Yama,
in diese, wahrlich, gehe er ein.
5. Zu den Weisen, die Tausende führen, die das Sonnenlicht hüten,
zu den Rischis voller Tapas, Yama, aus Tapas geboren, gehe er ein.

Sûkta 163 (6 Verse)
Rischi: Vivrihan, Sohn des Kashyapa –
Devatâ: Krankheitsaustreibung – Tschandas: Anuschtubh

1. Aus deinen beiden Augen, beiden Nasenlöchern, beiden Ohren,
dem Kinn, dem Gehirn, der Zunge ziehe ich dir die im Kopf sitzende
Krankheit heraus.
2. Aus deinem Nacken, den Halswirbeln, dem Brustkorb, dem Rückgrat,
den beiden Schultern, beiden Armen ziehe ich dir die in den Armen
sitzende Krankheit heraus.
3. Aus deinen Eingeweiden, den Därmen, dem Mastdarm, dem Herzen,
den Nieren, der Leber, der Milz ziehe ich dir die Krankheit heraus.
4. Aus deinen beiden Schenkeln, beiden Knien, beiden Fersen, beiden
Fußspitzen, beiden Hüften, dem Gesäß, dem Geschlecht ziehe ich dir
die Krankheit heraus.
5. Aus dem Harnleiter, der Blase, deinen Haaren, den Nägeln, dem
gesamten atmenden Selbst ziehe ich dir eben diese Krankheit heraus.
6. Aus Glied um Glied, aus Haar um Haar, dem gesamten atmenden
Selbst ziehe ich dir die in jeglichem Körperteil entstandene Krankheit
eben heraus.

Sûkta 168 (4 Verse)

Rischi: Anila, der Wind, Sohn des Vâta –
Dêvata: Vâyu, der Wind – Tschandas: Trischtubh

1. Nun des Windes Rollens Majestät und Größe: Berstend geht er um, es donnert sein Getöse. Den Himmel streifend fährt er, die Rötlichen führend, und zieht Staub aufwirbelnd über die Erde.
2. Im Tross des Windes kommen alle seine Spielarten auf. Sie drängen sich um ihn wie Mädchen zur Vereinigung. Zusammen mit ihnen im gleichen Wagen zieht der Himmlische dahin, der König dieser ganzen Welt.
3. Im Luftraum über die Wege eilend rastet er nicht einen Tag. Der Gewässer Freund, der Erstgeborene, das wehende Naturgesetz, wo mag er geboren sein, woraus ist er entstanden?
4. Âtmâ, das Selbst der Schöpfungsimpulse, der Weltenkeim, dieser Himmlische bewegt sich, wie er will. Sein Getöse ist zu hören, nicht seine Form. Diesem Vâta, dem Wind, wollen wir mit Darreichung dienen.

Sûkta 169 (4 Verse)

Rischi: Shabara, aus der Familie des Kakschîvat –
Devatâ: die Kühe – Tschandas: Trischtubh

1. Erfrischend umwehe der Wind die Kühe, nahrhafte Kräuter mögen sie rupfen, nährstoffreiche Lebenswässer trinken. Rudra, Herr der Gewitter, sei der Nahrung auf Füßen hold.
2. Die Gleichfarbigen, Vielfarbigen, Einfarbigen, deren Namen Agni aus Yagyas kennt, die die Engel durch Tapas hier erschufen, denen, Herr des Regens, gewähre großen Schutz.
3. Die in den Himmlischen selber aufstiegen, deren Formen Soma alle kennt, diese Milchstrotzenden, reich an Nachwuchs, schenke uns, Indra, im Kuhstall!
4. Pradschâpati schenke mir diese, mit allen Göttern und Vätern vereint, und treibe die Holden in unseren Kuhstall. Mit ihrem Nachwuchs wollen wir uns niederlassen.

Sûkta 170 (4 Verse)
Rischi: Vibhrâdsch, Sohn des Sûrya – Devatâ: Sûrya,
die Sonne – Tschandas: Dschagatî, 4 Âstârapankti

1. Das Strahlen, das erhabene, trinke den Somamet und gebe dem Schirmherrn des Yagyas ungebeugte Lebenskraft, die vom Winde getrieben durch Atmâ, das Selbst, die Geschlechter in ihrer Vielfalt erblühen ließ und sie behütet und lenkt.

2. Das Strahlen, das erhabene, wohl bewahrte, das höchste Macht verleiht, das wahre, in des Himmels Firmament gefügte Gesetz, das Feindschaft behebt, Widerstände bricht, die Gottlosen schlägt, das Licht ist entstanden, das Bosheit und Rivalität ausräumt.

3. Dieses beste der Lichter, das Licht, das höchste, alles gewinnende, Gaben gewinnende, das die erhabene, alles erleuchtende, strahlende, mächtige Sonne genannt wird, hat zum Sehen weithin seine unerschütterliche, erhaltende Kraft ausgebreitet.

4. Erstrahlend im Lichte kamst du als Sonne, als das Himmelslicht, durch das all diese Wesen erhalten werden, als der alles Tuende, all des Göttlichen voll.

Sûkta 172 (4 Verse)
Rischi: Samvarta, Sohn des Angiras –
Devatâ: Uschas, die Morgenröte – Tschandas: Dvipadâ Virâdsch

1. Komm herbei mit (deinem) Liebreiz! (Deiner) Bahn folgen Kühe mit (vollen) Eutern.

2. Komm her mit gutem Gedanken, freigiebigst, Dämonen tilgend, mit schönem Tau.

3. Gleichsam Nahrung bringend nehmen wir den Faden wieder auf, ehren (dich) saftig.

4. Ushas vertreibt der Schwester Dunkel, rollt (deren) Bahn zusammen, schön geboren.

Sûkta 173 ... *druvam* **... (6 Verse)**
Rischi: Dhruva Ângirasa –
Devatâ: Râdschâ, der König – Tschandas: Anuschtubh

1. Ich holte dich her, sei in dir; stehe fest, ohne zu wanken! Alle Bürger mögen dich erküren; das Reich entfalle dir nicht.
2. Sei wahrhaft hier, weiche nicht, wie ein Berg, ohne zu wanken. Wie Indra stehe fest in dieser Welt, hier bewahre das Reich.
3. Ihn hat Indra fest eingesetzt mit dem festgesetzten Guss. Ihm möge Soma gut zusprechen, ihm auch Brahmanaspati.
4. *Fest steht der Himmel, fest die Erde, fest stehen diese Berge, fest steht diese ganze Welt, fest steht dieser König der Menschen.*
5. *Fest möge König Varuna, der Allumfasser, fest möge der göttliche Brihaspati, der Herr des Lieds, fest mögen Indra und Agni dein Reich auf Dauer bewahren.*
6. Mit dem festgesetzten Guss berühren wir fest den Soma. Und nun mache Indra die Bürger dir allein steuerpflichtig.

Sûkta 177 (3 Verse)
Rischi: Patanga, der im Fluge Gehende, Sohn des Pradschâpati –
Devatâ: das Lüpfen der Mâyâ – Tschandas: 1 Dschagatî, 2-3 Trischtubh

1. Patanga, den vom Zauber der Inspiration gesalbten Vogel, schauen mit dem Herzen die vom Geiste Beschwingten. Ins Innere des Meeres schauen die Seher. Der Lichtstrahlen Spur suchen die Wissenden.
2. Patanga – das im Fluge gehende Flügelross – trägt durch den Geist die Rede, die der Gandharva im Mutterleib verkündete. Diese strahlende, aus dem schwingenden Selbst erklingende Weisheit bewahren die Seher in des Gesetzes Spur.
3. Ich sah den Hirten unermüdlich die Pfade hin und her bis ins fernste Para wandern. Sich hüllend in die nach Einheit und nach Vielfalt Strebenden kehrt er in den Geschöpfen nach innen.

Sûkta 186 (3 Verse)

Rischi: Ula, Sohn des Vâta – Devatâ: Vata, der Wind – Tschandas: Gâyatrî

1. Vâta, der Wind, wehe uns Heilung zu, wohltuend, Herz erquickend. Er verlängere unsre Leben.
2. Vâta, du bist für uns Vater und unser Bruder und Freund. Als solcher rüste uns fürs Leben.
3. Wenn in deiner Wohnstatt, Wind, jener Vorrat des Amrit steckt, des Nektars der Unsterblichkeit, gib uns davon zu leben.

Sûkta 187 (5 Verse)

Rischi: Vatsa, Sohn des Agni – Devatâ: Agni – Tschandas: Gâyatrî

1. Stimmt den Gesang an auf Agni, das Feuer, den Befruchter der Wohnstätten. Er bringe uns jenseits der Feindseligkeiten.
2. Der aus der Ferne des Para – der Transzendenz – durch das Ödland hindurch leuchtet, er bringe uns jenseits der Feindseligkeiten.
3. Der die Zerstörer niederbrennt, der mit leuchtender Flamme Zeugende, er bringe uns jenseits der Feindseligkeiten.
4. Der alle Wesen einzeln sieht und sie als Ganzes überschaut, er bringe uns jenseits der Feindseligkeiten.
5. Der jenseits dieses Luftraums, jenseits von Radschas, im Transzendenten als leuchtendes Feuer entstand, er bringe uns jenseits der Feindseligkeiten.

Sûkta 189 (3 Verse)

Rischi: Sârparâdschñî –
Devatâ: Sârparâdschñî oder Sûrya, die Sonne – Tschandas: Gâyatrî

1. Dieser bunte Bulle kam geschritten und setzte sich im Osten vor die Mutter, das zum Vater vordringende Licht.
2. In die Mitte wandert sein Leuchten. Aus dem Prâna ausatmend, zeigte der Große den Himmel.
3. Dreißig Reiche beherrscht er. Das Lied wird dem Vogel Patanga geschenkt, dem im Fluge gehenden Flügelross, gegen Morgen, von Tag zu Tag.

Sûkta 190 *...yathâ pûrvam akalpayat* (3 Verse)
Rischi: Aghamarschana, Sohn des Madhutschandas –
Devatâ: die Schöpfung – Tschandas: Anuschtubh

1. Recht und Wahrheit wurden aus dem entbrannten Tapas geboren, daraus entstand die Nacht, daraus das wallende Meer.
2. Aus dem wallenden Meer entstand der Jahreszyklus, der Tag und Nacht regelt und über jeden Augenblick gebeut.
3. *So wie es vorher war, erschuf* der Erschaffer Sonne und Mond und Himmel und Erde, das Luftreich und das Himmelslicht.

Sûkta 191 *samsamidyuvase* (4 Verse)
Rischi: Samvanana Ângirasa –
Devatâ: 1 Agni, 2–4 die Versammlung – Tschandas: Anuschtubh, 3 Trischtubh

1. Agni, der du uns mit Wohlwollen überschüttest, wahrlich, du bist der Herr. Du arbeitest mit allen Geschöpfen zusammen. Du wirst auf der Fußspur Ilas entfacht, auf dem Altar. Verleihe uns Wohlstand.
2. Geht zusammen, sprecht miteinander, wisset, dass eure Gemüter von einem gemeinsamen Ursprung aus zusammenwirken, ebenso wie die Impulse schöpferischer Intelligenz am Anfang, nahe dem Ursprung, miteinander vereint bleiben.
3. Ganzheitlich ist der Ausdruck des Wissens. In der Einheit liegt die Stärke der Gemeinschaft. Einig sind ihre Gemüter, obgleich voller Wünsche. Für euch setze ich diesen ganzheitlichen Ausdruck des Wissens ein. Kraft des Vereintseins und durch das, was noch zu vereinen bleibt, handle ich, um Ganzheit im Leben zu erzeugen.
4. Vereint sei euer Streben, harmonisch euer Fühlen, gesammelt euer Geist, so wie die verschiedenen Aspekte des Universums als ein Ganzes miteinander verbunden sind.

So das Zehnte Mandala

Shrîsûkta *hiranya varnâm harinîm* (15 Verse)

Rischi: Ananda, Kardama, Shrîda, Tschiklîta, Söhne von Lakschmî,
Devatâ: Shrî, 1, 2, 13-15 Shrî und Agni Dschâtavedas,
Tschandas: Anuschtubh, 4 Brihatî, 5 + 6 Trischtubh, 15 Astarapankti

1. Goldglänzender Klang, güldengrün,
schönschillernd, silbrig sich windend,
voller Gold glitzerndes Glück,
o Wissensfunke, das bringe mir.
2. Das bringe mir, Keim des Wissens,
das Glück, das nie vergehende,
in dessen Goldesglanz ich Rind,
Ross, Menschen finde und mein Selbst.
3. Das Zugpferd, Fahrzeug zur Mitte,
erweckt durch Elefantenklang,
die lichte Göttin rufe ich.
Strahlende Mutter Gottes, komm!
4. Absolut, kosmisch lächelnd, goldumschalt,
feuchtflammend, befriedet befriedigend,
im Lotus sitzend, lotusfarben,
diese Strahlende rufe ich.
5. Dem lieblichen Glanz, vor Schönheit entflammend,
dem Licht in der Welt, gottvereint aufsteigend,
der Zuflucht im Lotus wende ich mich zu.
Mein Unglück zu tilgen, rufe ich Dich.
6. Unendlich dich weitende, sonnige Form,
aus heißer Versenkung geboren
ist dein Pate des Waldes, der holde Bilwa-Baum,
dessen Früchte durch heiße Versenkung vertreiben mögen
das aus Äußerem und anderem Blendwerk geborene Unglück.
7. Es nahe mir der Götterfreund,
der juwelenhafte Ruhm.
Ich erschien in diesem Reich.
Bringe er mir Ruhm und Reichtum.

8. Hunger, Durst, Elend, Armut
möge mir auszurotten gelingen.
Vertreibe Unglück und Misserfolg
überall aus meinem Heim.
9. Das Tor zum Duft, schwer zu verletzen,
ewige Nahrung, reich an Vieh,
die Herrscherin aller Wesen,
die lichte Göttin rufe ich.
10. Geistige Liebe und geistige Wünsche,
wahre Rede mögen wir erlangen,
Rind und Speise im Überfluss,
glanzvoller Wohlstand sei mir eigen.
11. Lehmgeborener mit Kindern aus Lehm,
Kardama, kehre in mir ein.
Lass Wohlstand in meiner Familie einkehren,
die von Lotus umgebene Mutter.
12. Mögen die Wässer Öligkeit gießen,
möge Tschiklita in meinem Hause wohnen,
der Gott der Liebe, und Wohlstand wohne,
Mutter Gottes, in meinem Heim.
13. Kühlender Lotusteich, nährend,
grünlich gefärbt, umgeben von Lotus,
voller Gold glitzerndes Glück,
o Wissensfunke, das bringe mir.
14. Feucht, die Dharma-Keule schwingend,
schillernd glänzend, goldumgeben,
sonnig scheinendes goldenes Glück,
o Wissensfunke, bringe mir.
15. Das bringe mir, allwissendes Feuer,
dieses nie endende Glück,
in dessen überreichem gold'nen Glanz
ich Kühe, Pferde, Mädchen, Männer finde
und Puruscha, mein wahres Selbst.

Zum Rik-Veda

»Veda« heißt »Wissen« und stammt von der Sanskritwurzel »*vid*«, der auch das Lateinische »*videre*« und die deutschen Wörter »*wissen*« (Niederdeutsch »*weten*«) und »*finden*« entstammen. Der *Rik-Veda* – auch *Rigveda*, wörtlich das »glänzende Wissen« – ist der älteste überlieferte Ausdruck indoeuropäischer Sprache und Kultur: eine uralte Formelsammlung in Versform. Lange vor der Erfindung der Schrift wurde er von den Brahmanenfamilien Indiens mündlich von Vater zu Sohn überliefert.

Dass der Klang des Veda über Jahrtausende hinweg bis in unsere Tage unverändert erhalten blieb, liegt an seiner ausgefeilten Überlieferungsmethode, seiner starken Ausstrahlung und seiner Kraft, dem Zuhörer die Anfänge seiner eigenen Kultur und die kosmische Natur des Menschen ins Gedächtnis zurückzurufen. Denn der Klang des Veda gilt als feste, unvergängliche Lautfolge, deren Struktur die Gesetze des Universums ausdrückt und im Bewusstsein belebt. Der Sinn, den der Mensch zu verschiedenen Zeiten aus diesem Urklang ableitet, ist hingegen dem Wandel der Zeit unterworfen und richtet sich jeweils nach dem herrschenden Zeitgeist und dem Bewusstsein des Hörers.

Das Grundgesetz des Universums vibriert im Bewusstsein

Neben den Indern haben sich vor allem deutsche Vedagelehrte des 19. und 20. Jahrhunderts bei der Erforschung des Rik-Veda einen Namen gemacht. Sie sahen im Veda allerdings nicht das heute noch gültige Wissen, sondern den Ausdruck einer uralten, längst vergangenen Kultur, so dass ihre Übersetzungen den Eindruck vermitteln, der Veda sei eine Sammlung liturgischer Hymnen. Vedische Verse werden zwar in Indien zu liturgischen Zwecken verwendet, sind aber weitaus älter und universeller als ihr liturgischer Gebrauch. Moderne Vedaforscher entdecken im Veda Parallelen zu den neuesten Erkenntnissen der Informatik, der Quantenmechanik und der Einheitlichen Feldtheorie der modernen Physik. Der Neurophysiologe Tony Nader stellte fest, dass der Aufbau der Vedischen Literatur exakt dem Aufbau der menschlichen Physiologie entspricht.

Im Lichte von Maharishis Vedischer Wissenschaft und Technologie gilt der Veda als der selbstreflektierende Ausdruck reinen Bewusstseins, das sich selbst als Erkennender, Erkennen und Erkanntes begreift und die innere Wechselwirkung dieser drei Aspekte zum Ausdruck bringt. Der Veda beschreibt in seiner eigenen Sprache dasselbe, was moderne Quantenmechaniker und Erkenntnistheoretiker als den Urzustand des Universums betrachten: Singularität, die Einheit von Erkennendem, Vorgang des Erkennens und Erkanntem.

Nach dem Veda ist der Urstoff des Universums das Feld der Transzendenz, reines, selbstrückbezogenes Bewusstsein, der in sich selbst ruhende Zustand völliger Wachheit der Weltseele. Durch Selbstwechselwirkung nimmt dieser Urstoff verschiedene Eigenschaften an und verdichtet aus sich selbst heraus die Vielfalt des Universums. Reines Bewusstsein ist demnach das, was in religiösen Begriffen als Schöpfer oder Gott bezeichnet wird. Wenn in der Genesis 1:27 steht: »Gott schuf den Menschen ihm zum Bilde, zum Bilde Gottes schuf er ihn«, dann bedeutet das, dass die menschliche Physiologie ein Abbild der Struktur reinen Bewusstseins ist.

Aber bevor sich Bewusstsein zu jener Schwingung verdichtet, die wir als Materie betrachten, verdichtet es sich zunächst als Gedanke, und Gedanke verdichtet sich zu Klang. Der vedische Urklang ist jene Klangfolge, die die schrittweise und spontane Manifestation von Bewusstsein in Materie und in die Vielfalt dieser Welt offenbart. Im Rik-Veda *1.164.39* heißt es:

> »Die Verse des Rik-Veda liegen im Zerbrechen der Fülle A, im transzendenten Feld, wo die Impulse wohnen, die das gesamte Universum verwalten. Wer dieses Feld nicht kennt, was können die Verse ihm nutzen? Wer es aber kennt, der ist gegründet in Ausgeglichenheit, in der Ganzheit des Lebens.«

Dieser Vers macht deutlich, was der Veda selbst von einem Studium des Veda auf rein intellektueller oder linguistischer Ebene hält, wie es so mancher Indologe an westlichen Universitäten betreibt. Die Grundvoraussetzung zum Verständnis des Veda ist die Erfahrung der Transzendenz, des unmanifesten Bereichs unseres eigenen Bewusstseins, in dem die Klangfolge des Veda laut traditioneller einheimischer Auffassung ewig schwingt und aus sich selbst heraus die Schöpfung hervorbringt.

Indische Vedagelehrte gehen davon aus, dass der Veda den Bauplan unseres Universums darstellt. Durch Aufbrechen in die Aspekte Erkennender, Erkennen und Erkanntes (*Rischi, Devata* und *Tschandas*) wird sich reines Bewusstsein seiner inneren Wechselwirkung bewusst und drückt sie aus. Trotz dieser Auffächerung in drei Aspekte bleibt das Bewusstsein des inneren Zusammenhalts (*Samhita*) erhalten, so dass jede Hymne die Einheit von *Rischi, Devata* und *Tschandas* ausdrückt. Die Einheit dieser Dreifaltigkeit wird als Grundzustand der Schöpfung begriffen, denn erst, wenn sich die Einheit reinen Bewusstseins in verschiedene Aspekte aufteilt, beginnt sie in scheinbare Vielfalt zu zerfallen.

Dieses erste Zerbrechen der Einheit, durch das sich reines Bewusstsein das Rollenspiel einer vielfältigen Erscheinungswelt vorgaukelt, kann in der Tiefe des menschlichen Geistes durch regelmäßiges Eintauchen in den Zustand transzendentalen Bewusstseins erkannt und erforscht werden. Auf dieser Ebene tiefster innerer Stille erschauen wir im Grundzustand unseres eigenen Bewusstseins die ewigen Fluktuationen des Veda, die uns als innerer Klang die Erbinformation offenbaren, wie aus der Einheit die Vielfalt, aus *uni* das *versum* entsteht.

Das Wissen über die kosmische Natur des Selbst, so sagt der Veda, schlummert unbewusst am Grunde des menschlichen Geistes und kann durch regelmäßiges Eintauchen in den Zustand ruhevoller Wachheit wieder erweckt werden. Durch die globale Verbreitung der Transzendentalen Meditation nach Maharishi Mahesh Yogi ist es heute den Angehörigen aller Kulturkreise möglich, reines Bewusstsein zu erfahren und in der Stille ruhevoller Wachheit den Urklang des Veda in sich selbst wiederzufinden. So wird dem Menschen der in seiner

Erbsubstanz angelegte Bauplan – das Grundgesetz des Universums – wieder bewusst.

Wenn die Genesis also Recht hat, dass Gott den Menschen ihm zum Bilde schuf, und wenn der vedische Urklang die Struktur reinen Bewusstseins widerspiegelt, dann muss sich die Struktur des Veda auch in der menschlichen Physiologie wiederfinden lassen. Und genau das untersuchen und bestätigen die Bücher von Tony Nader.

Zum Aufbau der vedischen Mandalas

Das Sanskritwort »Mandala« bezeichnet einen Kreis oder eine kreisförmige Umlaufbahn. Laut Maharishis Vedischer Wissenschaft beschreibt jedes der zehn Mandalas des Rik-Veda den Kreislauf zwischen dem Manifesten und dem Unmanifesten, zwischen der Fülle des Relativen und der transzendentalen Fülle des Absoluten, der durch folgende Grafik veranschaulicht wird.

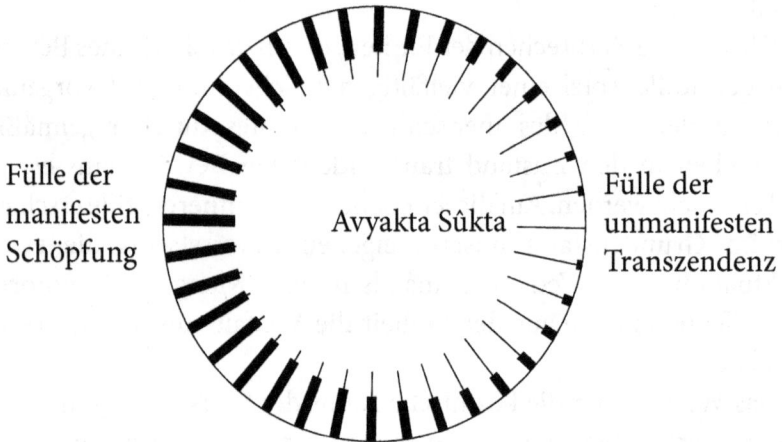

Fülle der manifesten Schöpfung — Avyakta Sûkta — Fülle der unmanifesten Transzendenz

Die Sûktas eines Mandalas, die sich Richtung Transzendenz bewegen, beschreiben den Weg nach innen zur Erkenntnis des kosmischen Selbst, und die Sûktas, die sich Richtung äußerer Fülle bewegen, beschreiben den Weg der Erschaffung der Welt aus dem Selbst, was m Puruscha-Sûkta 10.90 anschaulich beschrieben wird. Während das erste Mandala die Ganzheit der Schöpfung zum Thema hat, sind

Mandala zwei bis neun den acht Prakritis, den Qualitäten der Natur Erde, Wasser, Feuer, Luft, Äther, Geist, Intellekt und Ego, zugeordnet, und das zehnte Mandala der transzendentalen Grundlage, dem Puruscha.

Das Neunte Mandala führt durch die Belebung von Soma in unserem Bewusstsein und in unserer Physiologie das Ego zu seiner Erfüllung, der Transzendenz, die sich genau in der Mitte zwischen den kürzesten Hymnen, Sûkta 57 und 58, im unmanifesten, dem Avyakta Sûkta ausdrückt und sich in Sûkta 58 in dem fünffach wiederholten Satz widerspiegelt: *Der Rauschtrank strömt, er dringe durch.* Das Aufdämmern des inneren Lichts der Transzendenz findet seinen Ausdruck in Vers 58.2: *Morgenrot – Veda der Lichten – des Sterblichen Göttin der Lust. Der Rauschtrank strömt, er dringe durch.*

Maharishi über Vedanta und die Kreisstruktur des Veda[1]

… Vedānta ist die Ausdehnung sowie das Ende des Veda. In Vedānta gibt es keinen Veda; es ist das Ende (anta) des Veda. Und doch ist es die gemeinsame Quelle aller Veden. Es ist das Ende und die gemeinsame Quelle. Darum drückt sich Veda in Mandalas, in Kreisen, aus. In einem Kreis ist der Anfangspunkt auch der Endpunkt. Der Endpunkt, Vedānta, ist der Ausgangspunkt des Veda. So drückt sich Veda im Kreis aus. Immer im Kreis herum, ewig weiter um sich selbst – ewig in sich selbst. Das ist der selbstrückbezogene Zustand des Bewusstseins. Es bezieht sich auf sich selbst; immer auf sich selbst.

Eine Kreisbewegung innerhalb seines eigenen Wertes. Innerhalb welcher Aspekte seiner Natur? Zwischen Punkt und Unendlichkeit. Jeder Punkt eines Kreises liegt auf der unendlichen Linie des Kreises, die immer weiter und weiter geht. Darum ist sie ewig, eine immerwährende Realität. Es ist nur eine Frage des Wissens. Es geht nur darum, dass das menschliche Bewusstsein es versteht.

---

1 Maharishi Mahesh Yogi auf der Welt-Pressekonferenz am 6. April 2005

Maharishi zur Überlieferung der vedischen Klangstruktur[2]

Traditionell ist nur das Rezitieren des Veda festgelegt. Niemand kümmert sich um die Bedeutung. Traditionsgemäß werden die Veden nicht wegen ihrer Bedeutung studiert. Gelernt wird nur das regelmäßige Rezitieren, da ja die Bedeutung je nach Bewusstseinszustand unterschiedlich ist. Und die Wahrnehmungsfähigkeit kann sich sowieso in keinem Bewusstseinszustand dadurch entwickeln oder verbessern, dass man irgendetwas liest. Die Bedeutung ist also dem Wandel unterworfen.

In gewisser Weise gilt dieser Aspekt der Veden für die gesamte Literatur, die die Wirklichkeit, die Wahrheit beschreibt, kurz gesagt: für alle religiösen Schriften. Jeder religiöse Mensch kennt das: Er las die Bibel mit zehn Jahren, und er las sie mit zwanzig und mit dreißig, jetzt liest er sie wieder mit fünfzig, und in jedem Lebensabschnitt findet er darin neue Inspiration.

Die Worte bleiben dieselben. Aber mit der Erfahrung verfeinert sich die Wahrnehmung, unser Verständnis vertieft sich, und wir schöpfen aus den gleichen Worten eine tiefere Wahrheit, aus den gleichen Worten wie früher.

Die Veden können in jeder Lebenslage verstanden werden, je nachdem, auf welcher Ebene man sich gerade befindet, hier oder dort oder wo auch immer. Deshalb spricht der Veda vom „siebenköpfigen Intellekt«. »Ich werde dir einen siebenköpfigen Intellekt geben.« Das heißt einen Intellekt, der in der Lage ist, die Wirklichkeit auf allen Ebenen der Erscheinungen zu begreifen: auf allen Ebenen: der groben, der subtilen, der transzendenten, daher »siebenköpfiger Intellekt«. Erst dann ist der Kopf vollständig. Dann ist das Verständnis vollständig, das Bewusstsein vollständig. Und mit diesem vollen Bewusstsein ist das Leben vollständig. Aufgrund der riesigen, enormen Vielfalt in all diesen Ausdrucksebenen des Lebens.

Alle Erfahrungen, die wir machen, sind immer an die eigene Bewusstseinsebene gebunden. Ein einfaches Beispiel dafür sind die

---

2 Aus einem Vortrag an der Maharishi International University, Santa Barbara, Kalifornien, 1973

farbigen Brillengläser. Je nachdem, ob wir eine Brille mit gelben, grünen oder roten Gläsern aufhaben, sehen wir die Welt in anderen Farben.

Maharishi zur Abfolge vedischer Wissenspakete[3]

Als ich mir die Veden genauer anschauen wollte, war tief in meinem Verständnis eine Aussage über die Veden verankert: Sie sind ohne Ende, sie sind endlos. So wie das Universum endlos ist, so ist auch das Wissen über das Universum endlos.

Und die Veden sind nicht von irgendjemandem geschaffen, sondern ein ewiger Aspekt des Wissens, der Samen der ganzen Schöpfung. In Indien geht man allgemein davon aus, dass aus dem Veda, aus diesem Wissen, die Schöpfung hervorgegangen ist.

Alles, was jemand erschafft, basiert auf seinem Wissen. Auf Grund seines Wissens über das Bauen kann der Baumeister etwas erschaffen. Jeder Schöpfung geht Wissen voraus. Das in den Veden enthaltene Wissen ist die Voraussetzung für die gesamte Schöpfung.

Das war tief in meinem Bewusstsein verwurzelt. Mit diesem fest verankerten Verständnis über die höchste Authentizität des vedischen Wissens begann ich also, die Seiten der Veden umzublättern, um herauszufinden, wo der Fehler lag. Denn wenn das Wissen der Veden richtig verstanden würde, könnte auch die Bhagavad Gita, die Schrift des Yoga, die authentische Aufzeichnung des integrierten Lebens, nicht missverstanden werden. Und wenn dies richtig verstanden würde, wäre es nicht möglich, dass die Welt leidet. Denn die Natur des Lebens ist unendlich.

Mit dieser sehr tiefen Ergebenheit dem Veda gegenüber hatte ich vor allem einen Gedanken im Kopf, als ich anfing, ihn zu untersuchen: Wenn der Veda dieses vollkommene Wissen ist, auf dem die ganze Schöpfung aufbaut und alle Evolutionsprozesse beruhen, dann muss auch die Reihenfolge des Ausdrucks im Veda von großer Bedeutung sein. Das war mein Gedankengang. Wenn das Wissen so vollkommen ist, dann muss die Darstellung des perfekten Wissens

3 Aus einem Vortrag von Maharishi in Mallorca, 1971

notwendigerweise in einer unverkennbar richtigen Reihenfolge sein. Und wenn die Reihenfolge – ich schildere euch, wie ich auf all das gekommen bin – wenn die Reihenfolge vollkommen ist, dann muss der allererste Ausdruck die Fülle des Wissens vermitteln.

Der zweite, dritte, vierte und die folgenden Ausdrücke können nur Kommentare zum ersten Ausdruck sein. So wie ein Same die Information des ganzen Baums enthalten muss. Der Spross enthält ebenfalls den ganzen Baum, die ersten Verzweigungen enthalten auch den ganzen Baum. Der ganze Baum enthält den ganzen Baum. Die schrittweise Entfaltung enthält in jeder Phase die Gesamtheit des Baums.

Also vergrub ich mich tiefer in die Beschaffenheit von Agni. Und das führte mich dazu, tiefer in den Wert von A einzudringen. Und schon der erste Blick auf die Struktur von A überzeugte mich, dass die erste Silbe bereits die Gesamtheit des Wissens enthält.

Die zweite ist eine etwas ausführlichere Version davon, die dritte geht noch mehr ins Detail und so weiter. So schaute ich mir ein Wort nach dem anderen genauer an, und dann begann ich zu zählen, wie viele Wörter und wie viele Verse – es ergab sich von selbst und alles passte zusammen.

Der praktische Nutzen dieser Entdeckung ist für die Welt zu allen Zeiten sehr wertvoll. Es ist etwas Kostbares. Das Ergebnis dieser Entdeckung lautet, dass das gesamte Wissen in Paketen unterschiedlicher Größe zu finden ist: eine Silbe, ein Vers, zwei Verse, vier Verse. Eine Hymne, mehrere Hymnen, Hymnensammlung, Mandalas. Verschiedene Wissenspakete, und jedes Paket enthält das gesamte Wissen. Das gesamte Wissen ist im Anfangslaut A enthalten. Das gesamte Wissen ist enthalten in der Kombination von A mit G. Das gesamte Wissen ist enthalten in AG kombiniert mit N. Das gesamte Wissen ist in AGNI enthalten, in AGNIMILE, das gesamte Wissen in AGNIMILEPUROHITAM. Verschieden große Wissenspakete, aber jedes Paket enthält das gesamte Wissen.

Der große praktische Wert dieser Erkenntnis ist einfach wunderbar. Das heißt nämlich, dass jeder Mensch, egal auf welcher

Bewusstseinsebene er steht, Zugang zum gesamten Wissen finden kann. Er kann es sich aus diesem Paket holen oder aus jenem Paket oder aus dem nächsten Paket. Aus jeder Paketgröße kann er sich das volle Wissen holen. Egal wie groß sein Bewusstsein ist – sehr begrenzt, erweitert, grenzenlos, was auch immer – jeder Mensch auf jeder Bewusstseinsebene sollte die Möglichkeit haben, das volle Wissen des Lebens zu haben und auf der Grundlage dieses vollen Wissens den vollen Wert des Lebens zu genießen.

Jedes Paket vollständigen Wissens enthält zwei Aspekte: den theoretischen und den praktischen Aspekt. Den praktischen Aspekt kennen wir: die Transzendentale Meditation. Jedes Wissenspaket lehrt uns die Praxis der TM und gibt uns das theoretische Verständnis der absoluten und relativen Werte des Lebens. Das volle Wissen des Absoluten und das volle Wissen des Relativen. Und die volle Erfahrung des Absoluten und volle Erfahrung des Relativen.

Die volle Erfahrung des Relativen heißt: das Grobe und das Feine und das Feinste und die himmlische Welt. Die volle Erfahrung des Relativen zusammen mit der vollen Erfahrung des Absoluten. Diese beiden Aspekte, der angewandte Wert des Wissens und das reine Wissen, beide Aspekte sind in jedem Wissenspaket enthalten.

Maharishi zur Analyse von AGNI[4]

A ist die Ganzheit, das ist Indra. A in seiner Ganzheit stellt das Absolute dar. Wenn wir in AGNI den Samen der Schöpfung sehen, dann haben wir im Samen alles: den Keim und die Zweige, die Blätter, die Blüten und Früchte und alles. Also müssen wir hier alle Devas ausfindig machen, die es geben kann, wie Vayu, Mitra, Varuna, und so weiter. Sie müssen alle im Samen enthalten sein.

Alle Impulse kreativer Intelligenz, die dafür sorgen, dass sich aus dem Samen die Zweige und die Blätter und die Blüten und die Früchte und der ganze Baum entfalten, sind alle im Samen enthalten. Also müssen wir in AGNI alle Devas finden. Und wir müssen alles finden, was der Veda als Ganzes möglicherweise ausdrücken kann.

---

4 Aus einem Vortrag von Maharishi in Arosa, Schweiz, im Juni 1974

Vayu ist ein weiterer Impuls, ein weiterer Deva. Vayu trennt oder fügt zusammen. Vayu ist das, was zusammenfügt. A und G-N-I, das Ganze und die Teile sind zusammen. Dieses Miteinander gehört zu Vayu. Er muss zusammenfügen. Alles, was hier und da verstreut ist, wird zusammengebracht. Das Relative und das Absolute sind immer zusammen. In allem ist das Relative und das Absolute. Und diese Tendenz, das Relative und Absolute zusammen zu halten, wird Vayu genannt.

Wir haben A und G, zwei Dinge: das unveränderliche Absolute und das sich verändernde Relative. G stellt die Nicht-Fülle dar, die völlige Leere. Die Fülle von A und die Leere von G, sie werden zusammengebracht. Vayu ist es, der zusammenfügt. Wir können aber in diesem Vayu zwei Faktoren von Vayu ausmachen: Ein Faktor näher an der Fülle und ein Faktor näher an der Leere.

Und das finden wir in den Veden wieder: Der Vayu näher an Indra (an der Ganzheit) wird Indra Vayu genannt. Das ist der Name dieser Tendenz, dieses Deva, Indra Vayu – erst Indra, dann Vayu. Der Vayu, der dem Relativen näher ist, näher an G, wird Vayu Indra genannt. Erst Vayu, dann Indra.

Wenn irgendwo im Veda ein Deva auftaucht, ein Impuls der kreativen Intelligenz, und da steht Indra Vayu, dann haben wir sofort diesen Faktor im Blick, die Tendenz, die A und G miteinander verbindet, das Relative und das Absolute. Aber näher am Absoluten.

Der Zustand des Bewusstseins, das Bewusstsein ist es, das die Dinge zusammenfügt, es ist alles Bewusstsein. Es gibt etwas, was das Bewusstsein erweitert. Was ist das? Was erweitert unser Bewusstsein? Was lässt das relative Bewusstsein in Richtung absolutes Bewusstsein wachsen? Das kann nur Vayu sein.

Der Wert von Vayu, wenn das Bewusstsein voller ist, und der andere Wert von Vayu, wo das Bewusstsein noch gröber ist. Auf diese Weise lokalisieren wir Vayu hier an verschiedenen Stellen, einmal Indra Vayu, ein andermal Vayu Indra. Das können wir alles aus den Namen der Devas ersehen, aus der Reihenfolge, in der sie in den Sutras erscheinen.

Dann finden wir weitere Namen: Mitra und Varuna. Mitra heißt einfach »Freund«. Etwas, was zwei gegensätzliche Dinge zusammenbringt, ist ein Mitra. G und N – N ist negativ. Mitra fügt N zu G und macht daraus AGNI.

Dieser Aspekt, der das Negative mit dem Positiven zusammenbringt, ist die Funktion von Mitra. Schlicht ein Freund. Mitra drückt die Qualität »Freundschaft« aus. Dennoch bleiben sie getrennt. Sie kommen zwar zusammen, bleiben aber noch getrennt, sind also in der Lage, ihre eigene Identität zu bewahren. Und doch sind sie zusammen.

Das Zusammenkommen ist eine Qualität von Vayu oder Varuna. Und gleichzeitig die eigene Identität zu bewahren. Sie vermischen sich nicht, sonst würden sie sich gegenseitig neutralisieren, wenn N, das Negative, mit dem Positiven in Kontakt kommt. Aber sie dürfen sich nicht neutralisieren, das erlaubt Varuna oder Vayu nicht. Varuna ist ein anderer Aspekt von Vayu. Etwas kommt zusammen, wird aber getrennt gehalten. Soviel zu Mitra und Varuna. Sie sind Freunde, und was sie getrennt hält, verhindert, dass sie ineinander verschmelzen. Sie bewahren ihre Identität.

Diese Werte gilt es im Zusammenspiel dieser Grundkräfte zu finden. Dann haben wir mehr verstanden. Wir analysieren ein Wort. Da ist die Ganzheit, da sind die Teile. Und die Teile stehen zusammen, vollkommen unterschiedliche Eigenschaften kommen zusammen, und wir geben ihnen verschiedene Namen und ziehen die Parallele, indem wir einfach das Verhalten dieser vier Kräfte untereinander beobachten.

Dann kommen wir auf die vier Buchstaben. Diese Buchstaben sind A, G. N und I. Und jetzt müssen wir ihre Reichweite und ihre Grenzen spezifizieren und sehen, wie sie untereinander interagieren. Und sobald wir die Parallelen der Interaktion aus Sicht der Genetik und aus Sicht der Physik und in der Sprache des Veda gezogen haben, sobald wir das geklärt haben, kommen wir zu dem Schluss: Es ist alles nur eine Frage unterschiedlicher Sprachen zur Beschreibung derselben Wirklichkeit.

Wir spielen einfach nur mit diesem einen Wort Agni. Man kann sich sonst zu leicht in Einzelheiten verlieren. Wir fokussieren uns auf eine einzige Sache und betrachten unter dem Mikroskop alle Einzelheiten, die wir finden, und nehmen sie auseinander und analysieren sie. Alle Devas müssen in diesem einen Wort zu finden sein, denn es ist der Same des Wissens, es ist der Same der Schöpfung und aus diesem Samen muss alles herauskommen, was existiert.

Zum Soma Mandala

Soma, ein Zentralbegriff der vedischen Literatur, wird als die Bindesubstanz des Universums bezeichnet. Er enthält das ewige Kontinuum reiner Existenz, das Feld reiner Potentialität, den unmanifesten, absoluten Zustand des Lebens. In diesem Feld des ewigen Kontinuums des Unmanifesten drückt sich Soma als unmanifeste Raum-Zeit-Geometrie aus und wird so der Ursprung der manifesten Raum-Zeit-Geometrie, die von Einstein als Grundlage aller manifesten Schöpfung erkannt wurde. An der Schwelle zwischen dem sich nicht verändernden Unmanifesten und dem sich ständig verändernden Manifesten gibt Soma der Veränderung eine evolutionäre Richtung und erhält auf diese Weise gleichzeitig das Kontinuum des sich ständig verändernden relativen Lebens.

Soma kann als eine Art feinstofflich-flüssige Substanz oder als Impuls kreativer Intelligenz verstanden werden, der Körper und Geist, physische Existenz und Bewusstsein, miteinander verbindet. Es ist der Fluss reinen Somas, der für das perfekte Zusammenspiel von Geist und Körper verantwortlich ist ... und höhere Bewusstseinszustände zur Entfaltung bringt.

– Maharishi Mahesh Yogi, aus: Rig Veda Neuntes Mandala, 1980

Das Neunte Mandala im Lichte von Maharishis Vedischer Wissenschaft

Als ich im Jahre 1977 in Seelisberg am Vierwaldstättersee das TM-Sidhi-Programm erlernte, lasen wir als Übergang zwischen der tiefen Ruhe der Meditation und der Alltagsaktivität einige Minuten aus den deutschen und englischen Übersetzungen des Neunten und Zehnten Mandalas des Rik-Veda. Ich erinnere mich noch gut daran, wie erstaunt ich über diese Art von Literatur war. Sie erzählte keine Geschichte, es gab weder einen fortlaufenden Handlungsfaden noch wurde eine Stimmung oder Atmosphäre geschildert. Die kurzen Verse wirkten auf mich eher wie ein sprudelnder Quell keimender Gedankenimpulse: Mitten im Satz wechselte die dritte Person in die zweite, ein beschreibender Satz im Indikativ sprang in die Befehlsform des Imperativs und ähnliches.

Ich war völlig verblüfft, dass eine derartige Literatur überhaupt existierte. Und dennoch hatten diese Verse eine starke Wirkung auf mich. In meinem Geist keimten Gedanken auf, aus dem Unterbewusstsein stiegen Bilder an die Oberfläche, die schon lange dort geschlummert und nur darauf gewartet hatten, aus der Tiefe aufzusteigen. Vor meinem inneren Auge sah ich tatsächlich einen Bullen brüllen und ein Rennpferd wiehern, aber kein gewöhnliches Pferd. Es war ein Flügelpferd, das im Galopp von der Erde abhob, sich in die Wolken schwang und meinen Geist bis zur Sonne oder gar bis zum Rande des Universums trug ...

Wir lasen die deutsche Übersetzung von Karl Friedrich Geldner, allerdings ohne die Kommentare und linguistischen Anmerkungen zu beachten. Maharishi riet uns vielmehr, im Text nach Stellen zu suchen, die wir aus eigener Erfahrung während der Meditation oder des TM-Sidhi-Programms bestätigen konnten, und diese Stellen zu unterstreichen. Und im Laufe der Wochen und Monate wurde mir der Zusammenhang zwischen den beschriebenen Bildern und den geistigen Vorgängen während der Meditation immer bewusster.

Bald wurde mir auch die Bedeutung der inneren Bilder klar. Das Flügelpferd war nichts anderes als ein Seelenbild, eine Visualisation der beflügelten Gedanken, die meinen Geist vom Alltagsleben weg in immer abstraktere und höhere Ebenen führten, bis mein Bewusstsein von der Erde abhob und das Werden und Vergehen der Schöpfung aus größerer Distanz betrachtete. Der im Neunten Mandala 110.5 geschilderte unversiegliche Brunnen, der von Soma gebohrt wird, war der Quell der Lebensenergie. Beim Bild der milchenden Kühe sammelten sich die Magensäfte und produzieren Soma. Und die Andeutung vom Buhlen, der zur jungen Frau geht, regte den Hormonhaushalt an, neues Keimzellengewebe für den Zeugungsakt zu bilden.

Maharishi riet davon ab, die Kommentare zu lesen, die den Text nicht als innere Erfahrung von Seelenbildern, sondern als Beschreibung äußerer Opferhandlungen oder geschichtlicher Ereignisse interpretierten.

Dennoch sollten wir die Texte lesen, denn wenn nur zehn Prozent der Wirkung des Originals durch die Übersetzung durchsickere, dann lohne sich bereits die Beschäftigung mit dem Veda.

Allerdings war diese Wirkung erst zu spüren, wenn das Nervensystem durch das TM-Sidhi-Programm daran gewöhnt war, auf der feinsten Ebene der Schöpfung, auf der die Verse des Veda angesiedelt sind, bewusst zu agieren und Erfahrungen zu machen. Das TM-Sidhi-Programm schult unseren Geist, am Übergang zwischen dem reinen Bewusstsein der Transzendenz und dem ersten Aufkeimen gedanklicher Aktivität zu operieren, an der Quelle des Denkens, wo aus der Stille die ersten schöpferischen Impulse auftauchen und Wünsche, Pläne und Gedanken entstehen lassen. Auf dieser Ebene, an der Grenze zwischen Stille und Dynamik, zwischen reinem Bewusstsein und dem Aufkeimen erster Gedankengebilde, ist der vedische Urklang lebendig.

Eintauchen in feinere Gedankenschichten

Die vorliegende Übersetzung interpretiert den vedischen Urtext daher aufgrund der Erfahrungen während der Transzendentalen Meditation und des TM-Sidhi-Programms. Der Vorgang des Eintauchens in feinere Gedankenschichten bis hin zum Feld reinen Bewusstseins kommt zum Beispiel in folgenden Versen des Neunten Mandalas zum Ausdruck:

Sûkta 14.6 Hingesetzt überschreitet er
das versteckte Feinste vom Rind
und belebt das Raunen, das er kennt.
15.1 Dieser Starke fährt mit schnellen
Wagen auf feinem Gedanken
und geht zu Indras Stelldichein.
22.5 Sich ausbreitend erreichten sie
den Gipfel der beiden Welten
und dieses transzendente Feld.
22.6 Am Faden, der ans Höchste spannt,
erreichten sie die Steilhänge

und dieses Feld der Transzendenz.
26.1 Im Schoße der Unendlichkeit
putzten die Sänger das Rennpferd
durch feine Gedanken heraus.

Rind und Ross sind im Veda visualisierte Seelenbilder für Sinne und Handlungsorgane. Der schnelle Wagen ist das Fahrzeug des Geistes, das Mantra, mit dem der Geist während der Meditation zur Ruhe und ans Ziel seiner Reise kommt. So können die Aussagen des Neunten Mandalas als archetypische Seelenbilder verstanden werden, die uns – ähnlich wie im Traum – abstrakte Vorgänge des Unterbewusstseins veranschaulichen. Bei sorgfältiger Betrachtung finden wir im Neunten Mandala alle Prinzipien wieder, die Maharishi in seiner Vedischen Wissenschaft zusammengefasst hat. Jeder Vers kann sowohl als Aussage des Schöpfers aufgefasst werden, – des reinen transzendentalen Bewusstseins, das die Schöpfung aus sich selbst heraus erschafft – wie auch als Aussage der Menschen, die den Schöpfer loben und Verse singen wollen.

Soma – der beflügelnde Met der Dichter

Das Neunte Mandala, das als Thema *Pavamâna Soma* hat, den fließenden, sich klärenden Met, ist ein einziges Loblied an den Met der Dichtung, durch den aus dem Munde des Schöpfers die Weltgeschichte fließt und der gleichzeitig den Seher beflügelt, aus seinem Munde die Verse fließen zu lassen. Jeder beschwingte Dichter kennt die Erfahrung, wie sein Geist beim Dichten durch den hufschlagartigen Rhythmus des Versmaßes wie auf einem Flügelpferd abhebt und über die Wolken bis zur Sonne getragen wird. Von diesem Flügelpferd, dem schnellen Renner und Preisgewinner, wird im Neunten Mandala immer wieder geredet.

6.2 Indu, als Indra schenke jenen
Rauschtrank ein, der uns beschwingt,
für beflügelte Rennpferde.
6.5 Den die zehn Mädchen striegeln wie
ein schnelles Flügelpferd, der fließt
im Fasse plätschernd durch das Vlies.
21.7 Ja, die schnellen Pferdchen haben
laut gewiehert, den Weg gebahnt
und gleichzeitig den Geist belebt.
36.1. Wie ein Wagenross schoss er in
die Seihe, in den Schalen erzeugt.
Das Rennpferd rannte durchs Ziel.
96.15 Dieser durch Lieder geläuterte Soma
durchquert Durststrecken wie ein starkes Rennpferd,
strömend wie der Unerschöpflichen Melkmilch,
leicht lenkbar wie ein Zugpferd auf freier Bahn.
96.17 Das neugeborene, begehrte Kind, das
Zugpferd, putzen, schmücken die Marutscharen.
96.20 Wie ein zum Preisgewinn eilendes Rennpferd,
umfloss er den Kübel wie ein Bulle die Herde
und zog brüllend in die Gefäße.
97.45 Der gepresste Soma floss in Strömen wie
ein gesporntes Rennpferd, schnell wie ein Sturzbach.
101.2 Der im hellstrahlenden Strom
ausgepresst um und voran eilt, der
Saft ist wie ein kraftvolles Pferd.
103.6 Wie ein zum Preis eilendes Pferd
strömt der für die Götter ausgepresste
Gott, der durchdringende Pavamâna.
109.10 Fließe, Soma, für Rat und Tat ausgeputzt
wie ein schnelles Rennpferd zum Kampfpreis.

Es ist sicher kein Zufall, dass viele Meditierende, kurz nachdem sie die TM-Sidhi-Technik erlernt und begonnen haben, sich das Neunte Mandala im Originalton oder in Übersetzung zu Gemüte zu führen, ganz spontan beginnen, zu dichten und Verse zu schmieden. Dass Soma die Zunge und die dichterischen Gedanken beflügelt, wird im gesamten Rik-Veda häufig erwähnt. Für mich ist das Soma-Mandala daher das älteste Handbuch der Welt, um Dichter zu schöpferischen Ergüssen anzuregen:

> 9.8 *Nun bahne aufs Neue die Pfade*
> *für jedes neue Sûkta!*
> 47.4 *Selber möchte der Weise dem*
> *Sänger die Gaben austeilen,*
> *wenn er Gedanken klärt und feilt.*
> 62.25 *Wortführer Soma, gieße klärend ...*
> *alle Dichtergaben aus.*
> 69.2 *Die Dichtung füllt sich, der Met wird eingegossen.*
> *Die wohltönende Peitsche regt sich im Munde.*

Soma – der lebenzeugende Same

Schon vom Klang her erkennen wir die Ähnlichkeit von *Soma*, dem englischen *semen* und dem deutschen *Same*. Im Griechischen bedeutet σῶμα (*sôma*) Körper oder Leib. Das Neunte Mandala beschreibt Soma nicht nur als Indu, den Zünder, den Befruchter des Geistes und der dichterischen Gedanken, sondern auch als den Saft, der Nachkommen zeugt, der vom Bullen in die Kuh und vom Buhlen in den Schoß der Geliebten gelegt wird. Im Ayurveda gilt der Same, das Keimzellengewebe, als das am höchsten verfeinerte Stoffwechselprodukt, das sich erst nach vielen Wochen der schrittweisen Verstoffwechslung aus den gröberen Gewebearten wie Nahrungssaft, Blut, Muskelfleisch, Fett, Knochen, Knochenmark und Gehirnsubstanz bildet und somit die am meisten vergeistigte Substanz unseres Verdauungssystems darstellt.

Durch Hören oder Lesen des Soma-Mandalas werden die Hormone auf rein geistige Weise zur Produktion des Keinzellengewebes angeregt und bringen dadurch die belebenden Körpersäfte zum Fließen:

> 2.2 *Komm hergewirbelt, großer Schmaus,*
> *Indu, Besamer voller Glanz,*
> *setze dich dauernd in den Schoß.*

19.4 Es rauschten die Gedanken,
die Mütter, zum Samenfluss des
Befruchters, des Sohnes, des Jungen.
19.5 Zeugt der sich Klärende denen,
die zum Befruchter gehen und
die Samenmilch melken, ein Kind?
74.1 Mit des Himmels milchreichem Samen eint er sich.
82.1 Herrlich wie ein König ward der rötliche
Soma erzeugt, nach Kühen schrie der gold'ne Bulle.
Sich klärend durchläuft er das Schaffell, um sich
wie ein Adler in den buttrigen Schoß zu setzen.
86.28 Deines himmlischen Samens sind diese Kinder.
86.39 Kläre dich, Indu, Rinder, Güter, Gold schaffend,
als Samengeber in die Geschöpfe gesetzt.
97.14 Saftig anschwellend, vor Samenmilch strotzend,
bringst du den madhureichen Anschu in Fluss.
97.40 Es rauschte das Meer beim ersten Ausdehnen,
den Nachwuchs erzeugend, der König der Welt.
97.43 Fließe gerade, das Krumme zerstörend,
die Krankheit vertreibend und die Verächter,
die Samenmilch mit der Kühe Milch siedend.
108.1 Fließe voller süßem Madhu
für Indra, Soma, du Einsicht verleihender,
hoch im Himmel wohnender Rausch,
108.2 nach dessen Trunk der Bulle brünstig befruchtet ...
108.7 Presst und schüttet das Loblied aus
wie ein emsiges Ross, das den Luftraum durchdringt,
im Walde rauscht, im Wasser schwimmt,
108.8 den tausendströmigen Befruchter, samenstrotzend,
beliebt beim Göttergeschlecht.
109.9 Der sich klärende Saft, der alle
Kostbarkeiten wünscht, verschaffe uns Nachwuchs.
112.4 Geölte Räder wünscht das Ross,
Gelächter wünscht, wer Stimmung schafft,

das Glied wünscht sich den Wolleschoß,
der Frosch wünscht Wasser, nassen Saft,
dem Indra, Indu, fließe zu.

Soma belebt den Weltfrieden

Die Frieden stiftende Wirkung des Somaflusses, die durch große Grup-
pen yogischer Flieger eintritt und statistisch signifikant nachweisbar ist,
wird im Neunten Mandala deutlich, wenn wir Indu als Trägersubstanz
für Kohärenz und Indra als Synonym für Kollektivbewusstsein verste-
hen. Die folgenden Verse weisen darauf hin:

7.5 Der sich Klärende besänftigt
Feinde wie ein König sein Volk,
wenn Ordner ihn in Gang setzen.
8.7 Gabenreicher, kläre dich uns,
vertreibe alle Feindschaften,
Indu, geh in deinen Freund ein!
69.6 Nur durch Indra klärt sich die gesetzte Ordnung.

(Durch Gruppenkohärenz verbessert sich das Gesellschaftssystem.)

73.5 Die von Vater und Mutter her im Chor singen,
mit Ritschas glühend, das Gottlose verbrennend,
blasen mit magischer Kraft die dem Indra verhasste
dunkle Haut von Erde und Himmel fort.

(Die durch mündliche Überlieferung ihrer Familie geschulten vedi-
schen Pandits, die die Rik-Veda-Verse in Yagyas gemeinsam rezitieren,
reinigen die Atmosphäre von sozialen Spannungen und entfernen im
Kollektivbewusstsein der Welt die Asphaltdecke der Unwissenheit.)

111.1 Der in diesem goldgelben Glanz Fließende
transzendiert alle Feindschaften durch Selbstbezug,
wie die Sonne ans Selbst geschirrt.

Der Rik-Veda als Grundgesetz des Universums

Im Neunten Mandala wird auch deutlich, warum Maharishi den
Rik-Veda als Verfassung des Universums bezeichnet. Denn es wird

immer wieder vom Sitz des Naturgesetzes und von Gottes Wille gesprochen:

3.10 Dieser erzeugte Freudenbringer,
reich an göttlichem Gesetz,
klärt sich angeregt im Strome.

7.1 Die glänzenden Tropfen sind
ausgegossen auf dem Dharmapfad des
Gesetzes, dessen Bahn sie kennen.

9.5 Diese brachten den wirksamen,
unbesiegbar jungen Tropfen
in deinen großen Willen, o Herr.

12.1 Die Somasäfte haben sich
– am Sitz des Gesetzes erzeugt –
wohlig für Indra ergossen.

13.9 Die Feindseligen vertreibend,
setzt euch, ihr klärenden Seher
des Lichts, in des Gesetzes Schoß.

48.4 Um Licht zu sehen brachte der
Vogel, das All ermessend, den Hüter des Rechts,
der Halt bietend den Raum durchdringt.

61.18 Pavamâna, dein Saft waltet
weise, glanzvoll über das Licht,
das All, die sichtbare Sonne.

111.2 Mit den Müttern reinigst du dich im Heim
des Gesetzes durch Gedanken, die zuhause sind.

112.4 Recht sprechend, du Recht Glänzender,
wahr sprechend, du wahr Handelnder,
Glaube sprechend, König Soma,
vom Geber, Soma, angeregt,
dem Indra, Indu, fließe zu.

Soma – der Rauschtrank der Götter

Schon im allerersten Vers des Neunten Mandalas wird die berauschende Wirkung des Soma erwähnt. Um diese Wirkung möglichst anschaulich zu verdeutlichen, habe ich diesen ersten Vers ausnahmsweise sehr frei übersetzt:

1.1 Belebend und erregend fließe,
süßer Met, im Somastrom
als Rauschtrank für den Geistesblitz.

Für diese berauschende Wirkung brauchen wir aber kein wirkliches Getränk: Sie tritt durch die Verse selbst ein, und zwar am stärksten durch lautes Vorlesen des Soma-Mandalas vor einer großen Gruppe.

Der Rausch findet durch Anregung unserer Gedanken statt, die beim Zuhören den Hormonhaushalt stimulieren und im Verdauungssystem das Stoffwechselprodukt Soma erzeugen. Im Soma-Mandala selbst wird diese Wirkung der Lieder oft betont. Denn die Götter sind ja keine grobstofflichen Wesen, denen wir etwas zu trinken anbieten können, sondern geistige Impulse in unserem Bewusstsein, die sich als Gedanken bemerkbar machen.

Wenn im Rik-Veda beschrieben wird, wie sich die Götter am Soma berauschen, dann ist das nichts anderes als eine Beschreibung dafür, wie unsere Gedanken durch die Soma-Lieder beflügelt werden, in himmlische Sphären, also in Bereiche größeren Glücksgefühls aufzusteigen. Es wäre sicher eine Untersuchung wert, ob sich durch Lesen des Soma-Mandalas in unserem Körper zum Beispiel die körpereigene Produktion von Serotonin, dem sogenannten »Glückshormon«, verstärkt.

Wenn der Veda davon spricht, dass die Rakschasas besiegt und geschlagen werden, dann ist das eine Beschreibung, wie negative, schädliche Gedankenimpulse durch die beschwingende Wirkung dieses Glückshormons aus unserem Geist verschwinden. Das Lesen des Soma-Mandalas erübrigt physische Rauschmittel, hat aber gleichzeitig keine schädlichen Nebenwirkungen. Viele Verse im Neunten Mandala beschreiben diese Wirkung:

2.7 Die wirkungsvollen Lieder, Indu,
klären sich durch deine Kraft,
durch sie erschillerst du zum Rausch.
2.8 Zum frohen Rausche kehren wir

bei dir, dem Weltenschöpfer, ein;
deine Preislieder sind mächtig.
5.3 Fließe ausgepresst zur Seihe
für den altgewohnten Rausch,
zur Kräftigung, zur Herrlichkeit.
6.2 Indu, als Indra schenke jenen
Rauschtrank ein, der uns beschwingt,
für beflügelte Rennpferde.
8.5 Der zur Berauschung der Götter
durch das Schaffell gegossen wird,
dich umhüllen wir mit Kuhmilch.
10.4 Die zum Rausche ausgedrückten
Tropfen fließen unter starkem
Lobgesang, in Strömen belebt.
14.3 Dann haben sich alle Götter
am Seim des Feurigen berauscht,
wenn er sich in Kuhmilch kleidet.
18.1 Der ausgedrückt am Gipfel steht,
der Soma kreist im Vliese um.
Im Rausche gibst du alles her.
23.4 Die regsamen Somasäfte
fließen zu betörendem Rausch
in die Met triefende Hülle.
23.7 Trunken von den Rauschtränken
schlug Indra Feinde ohnegleichen
und möge sie weiter schlagen.
25.6 Fließe, berauschender Weiser,
im Strom in die Seihe, um dich
in den Sonnenschoß zu setzen.
50.5 Du höchst berauschender Tropfen,
fließe für Indra zum Trinken,
von glänzenden Kühen gesalbt.
58.1 Der Rauschtrank strömt, er dringe durch,
der Strom des ausgepressten Safts,

der Rauschtrank strömt, er dringe durch.
62.6 Und wie Treiber das Ross haben
sie ihn für das Amrit geschmückt,
den Madhusaft zum Gruppenrausch.
63.10 Gießet für Vâyu, für Indra,
das berauschende, ausgepresste
Lied in die Schafwollseihe.
86.21 Der dem Herzen liebe Soma fließt berauschend.
99.3 Wir verfeinern diesen Rauschtrank,
den Indra am liebsten trinkt, den
zuerst die Rindermünder und
nun die Yagyaherren saugen.
106.8 Deine flutumspülten Tropfen
haben Indra zum Rausch erquickt.
Dich tranken die Götter, um unsterblich zu sein.

In den Jahren 1978–80 hat der internationale Mitarbeiterstab um Maharishi in Seelisberg, Schweiz, täglich eine Stunde lang in der Gruppe das Neunte und Zehnte Mandala gelesen. Ich habe diese Wirkung besonders intensiv gespürt, wenn ich selbst der Vorleser war. Völlig bodenverhaftet und »nüchtern« ging ich auf die Bühne und nahm das Buch zum Lesen in die Hand, doch beim Lesen änderte sich schon nach wenigen Hymnen mein Körpergefühl und die Wahrnehmung meiner Umwelt.

Der Vortragssaal füllte sich wie ein Aquarium mit einer feinstofflich-goldglitzernden Flüssigkeit. Die Atmosphäre wurde greifbar, erfüllt von sichtbaren Glückshormonen. Das Buch in meiner Hand lag nicht mehr eine Armlänge vor mir, sondern kilometerweit entfernt. Mein Körper war nicht mehr aus Fleisch und Blut und maß 182 cm, sondern dehnte sich weit über den Erdball aus und füllte das gesamte Universum. Um meinen Kopf drehte sich die Milchstraße mit funkelnden Sternen … Ich las keine Verse mehr vor, die vor Jahrtausenden gedichtet wurden, sondern aktuelle Nachrichten aus der Himmelswelt der Götter, der personifizierten Gedankenimpulse im kollektiven Bewusstsein. Wenn ich nach dem Lesen von der Bühne stieg, schwankte mein Körper wie schwerelos über den Boden, und ich hatte das Gefühl, die Sterne bei jedem Schritt wie Narrenglöckchen zum Schwingen zu bringen.

Dieser von Soma berauschte Zustand wird im Zehnten Mandala sehr anschaulich in Sûkta 119 beschrieben.

RV 10.119.1 So oder so steht mir der Sinn,
auf dass ich Rind und Ross gewinn,
so wahr ich somatrunken bin.
2. Wie die wilden Wirbelwinde
hoben mich die Tränke hoch,
so wahr ich somatrunken bin.
3. Die Tränke hoben mich empor
wie schnelle Pferde das Gefährt,
so wahr ich somatrunken bin.
4. Mir nahte sich die Hymne wie
die Rauschende dem lieben Sohn,
so wahr ich somatrunken bin.
5. Wie der Wagner Naben dreht,
dreh ich das Lied im Herz herum,
so wahr ich somatrunken bin.
6. Kaum ein Körnchen Staub im Auge
sind mir die fünf Menschenrassen,
so wahr ich somatrunken bin.
7. Die beiden Welten kommen nicht mal
einem meiner Flügel gleich,
so wahr ich somatrunken bin.
8. Den Himmel überrage ich
mitsamt dem großen Erdenball,
so wahr ich somatrunken bin.
9. Wohlan, ich setze diese Erde
hierhin oder dort hinein,
so wahr ich somatrunken bin.
10. Schnell will ich den Erdenball

hierhin oder dorthin schießen,
so wahr ich somatrunken bin.
11. Im Himmel hängt mein einer Flügel,
einen ließ ich unten schleifen,
so wahr ich somatrunken bin.
12. Riesig bin ich, in die Nabe
aufgestiegen, in den Nebel,
so wahr ich somatrunken bin.
13. Ich wandele und liefere
den Göttern Guss aus reichem Haus,
so wahr ich somatrunken bin.

Ja, ich hätte die Erde – wie in Vers 9 beschrieben – wie einen Fußball durchs All schießen können, so somatrunken war ich. Die Identifikation mit meinem kleinen, hautumkapselten Ich, das an der Körpergrenze endet, hatte sich aufgelöst zugunsten eines erweiterten Bewusstseins, das sich über das gesamte Universum erstreckte und sich als Weltseele begriff, als das kosmische Selbst, das mit dem gesamten All verbunden war. In diesem Zustand verstand ich auch die Verse des Zehnten Mandalas, die von der Heimkehr der individuellen Seele zu ihrem wahren Selbst sprachen, vom Verschmelzen mit der Transzendenz, dem Teil unseres Bewusstseins, der in der Tiefe ruht und das Fundament für alle bewegten Zustände innerhalb des ständigen Wechsels von Raum und Zeit bildet.

Soma – das feinste Verdauungsprodukt[5]

Maharishi: Wie Soma entsteht, ist leicht zu verstehen. Ein angeschlagenes Nervensystem kann aus dem, was wir essen oder trinken, nicht den Stoff bilden, der den Körper auf Dauer gesund erhält. Ein krankes, ineffizientes Nervensystem hat nur eine unzureichende Verdauungsfähigkeit, und deshalb kann das, was durch die Verdauung entsteht, den Körper nicht wirklich stärken.

Bei besserer Gesundheit erzeugt das Verdauungssystem aus der Nahrung eine heilsame Substanz. Und wenn das Nervensystem

---

5 Aus einem Vortrag von Maharishi, Mitte der 1970 Jahre

richtig gut funktioniert, kann es den vollen Nährwert dessen, was wir essen, nutzen. Die Nahrung wird vollständig verdaut. Selbst die feinsten Bestandteile werden im Verdauungsprozess so umgewandelt, dass sie dem Nervensystem optimal bekommen.

Frage: Müssen wir also besser aufpassen, was wir zu uns nehmen?

Maharishi: Nein, nein, nein. Die Kuh frisst Gras, und ihr Nervensystem macht daraus Milch. Es gibt unterschiedliche Gräser, aber jedes Gras wird zu Milch umgewandelt. Das Essen sollte von guter Qualität sein. Aber egal welchen Reis, welche Kartoffeln oder Erbsen wir essen, wenn das Nervensystem gut funktioniert, entsteht daraus etwas Gesundheitsförderndes.

Zwei Faktoren bestimmen also das Ergebnis: die Fähigkeit zu verdauen und was wir verdauen. *Wer* verdaut und *was* verdaut wird. Wir benutzen unsere Augen und Hände, um das *Was* auszuwählen. Aber wir sollten auch dafür sorgen, dass unser Nervensystem gut funktioniert. Dass kein Sand im Getriebe ist und der Verdauungsapparat flexibel genug ist, alles zu zerkleinern und zu verwerten, was hineingeht, denn Verdauung bedeutet: Die Nahrung wird zerkleinert und verfeinert, bis die Grundbausteine für uns im richtigen Verhältnis stehen. Ein gut funktionierendes Nervensystem, das frei von Stress und Beschwerden ist, erzeugt eine Substanz namens Soma. Das ist das Produkt eines gesunden menschlichen Nervensystems.

Ob unser Nervensystem gut funktioniert, wird am Grad des Bewusstseins gemessen. Wie bewusst oder wie eingeschränkt und blockiert ist es? Bewusstsein an sich hat keine Grenzen. Wenn wir unbegrenztes Bewusstsein stets spontan aufrechterhalten können, dann funktioniert unser Nervensystem normal. Das ist ein gut funktionierendes Nervensystem, dessen Stoffwechsel als wertvollste Substanz Soma produziert.

Jetzt fragen wir uns: Wer genießt Soma? Es ist der Aspekt der Intelligenz in uns, der unser System in Gang hält: der die Augen sehen, die Ohren hören und die Zunge schmecken lässt. Das ist der feinste Aspekt der Intelligenz in unserem Nervensystem.

Intelligenz durchdringt alles: das Tierreich, das Pflanzenreich, alles.

Aber welcher Aspekt der Intelligenz gibt uns das Fingerspitzengefühl, das uns die raue Oberfläche dieses Mikrofons spüren lässt? Welcher Aspekt lässt das Ohr hören, welcher die Augen sehen, welcher den Geist denken, den Intellekt entscheiden, das Ego erleben?

Diese Grundkräfte der Intelligenz, die im Nervensystem die verschiedenen Funktionen aufrechterhalten und koordinieren und den ganzen Menschen als Individuum erschaffen, werden durch das reinste und am höchsten verfeinerte Produkt der Verdauung genährt: Soma.

Soma stärkt die feinsten Impulse der Intelligenz, die dem Menschen Durchschlagskraft und Macht verleihen. Soma wässert unsere Wurzel, damit wir die Frucht unserer individuellen Existenz genießen können. Wurzelgießen heißt, die grundlegende Ebene zu stärken, die uns als Individuum komponiert und geprägt hat. Das ist der nährende Einfluss von Soma.

Der Rigveda sagt: »*Soma für die Devas.*« Deva ist das, was die Intelligenz in ihren verschiedenen spezifischen Bereichen und Eigenschaften aufrechterhält. Das sind die Devas. »Die Devas trinken Soma«, heißt es. Die spezifischen Impulse der Intelligenz werden durch die wertvollste Substanz genährt, die ein normal funktionierendes Nervensystem im Verdauungsprozess erzeugt. Soma hilft also allen Grundeigenschaften des individuellen Lebens, sich so zu entwickeln, dass sich unser Bewusstsein über die Grenzen des Individuums hinaus bis zum Zustand der Unbegrenztheit entfalten kann. Das ist der eine Aspekt der Wirkung.

Eine weitere Wirkung ist, dass die Wahrnehmung in diesem Zustand der Unbegrenztheit reicher wird. Wir sehen eine wunderbar reiche und blühende Welt. Soma bereichert die feinen Impulse der Intelligenz, die verschiedene Funktionen und Formen des individuellen Lebens lenken, und stärkt dadurch jeden einzelnen Bereich. Wenn das Augenlicht voll erstrahlt, genießen wir maximales Wahrnehmungsvermögen. Wir nehmen die himmlische Welt wahr. Soma schenkt uns die himmlische Wahrnehmung des Gottesbewusstseins. Soma schenkt uns die Wahrnehmung des Unendlichen im Einheitsbewusstsein. Und das feinste Soma wird ab kosmischem Bewusstsein erzeugt, sobald das

Nervensystem völlig frei von Stress und Verspannungen und das Verdauungssystem voll funktionsfähig ist.

Und jetzt gehen wir noch einen Schritt weiter. Soma, diese feinste Substanz eines voll funktionierenden menschlichen Verdauungssystems, erreicht seine höchste Qualität durch die zarten Impulse des Sama Veda. *Sama – Soma*. Wenn die Hymnen des Sama Veda unser Nervensystem berühren, wenn wir sie hören, nimmt unser System ihre Wirkungen auf.

Das ist wie beim Essen einer Frucht. Eine Guava oder eine Avocado. Wir lassen sie reifen, erwärmen sie, dünsten sie, bis sie richtig reif und weich und schmackhaft ist. Genauso bewirken die Schwingungen der Sama-Hymnen, dass sich Soma in unserem System sammelt und reift. Wenn unser System voll funktioniert und Sama-Hymnen das Soma in uns verfeinern und reifen lassen, dann wird alles angenehmer, köstlicher, wertvoller, nützlicher und bereichert das gesamte Nervensystem. Unsere gesamte Wahrnehmung – schmecken, fühlen, riechen – alles wird reicher und wir nehmen immer feinere Dinge wahr.

Sama unterstützt sozusagen den Reifeprozess des vom Nervensystem physisch erzeugten Soma. Durch die Sinneseindrücke, die Impulse der Sama-Hymnen, wird Soma sozusagen angewärmt, sanfter, angenehmer. Und dieser ausgereifte Soma – wenn wir es mal so nennen wollen – dieser durch Sama-Hymnen angewärmte Soma, erzeugt ganz von selbst diese himmlische Schau des Gottesbewusstseins – auf schlichte, sehr natürliche Weise, ohne dass wir dazu noch etwas tun müssen.

Soma sehen wir als eine Substanz, die von einem voll funktionierenden Nervensystem erzeugt wird. Und damit meinen wir: im Zustand kosmischen Bewusstseins, wenn das Nervensystem frei von Verspannungen ist. Das ist eine wunderbare Sache. Und der Veda sagt: Die Sama-Hymnen nähren das Reich der Götter, also alle spezifischen Impulse der Intelligenz. Die Impulse der Sama-Hymnen bereichern sie, füttern sie sozusagen mit Soma, halten die Devas am Leben und stärken sie, um Gottesbewusstsein voll auszubilden.

Und das ist noch nicht alles. Denn der Prozess der Bewusstseinsentfaltung geht weiter, bis er seinen Höhepunkt erreicht hat. Es geht weiter bis zu der Fähigkeit, alles im Licht des Selbst wahrzunehmen, das heißt, in Begriffen der Unendlichkeit. Die Fähigkeit, alles spontan in seinem unendlichen Wert wahrzunehmen, entwickelt sich, je mehr sich die Qualität von Soma verfeinert.

Es liegt immer an der Qualität von Soma. Immer. Denn es gibt von allem unterschiedliche Qualitätsstufen: Eins-A-Qualität, zweite Wahl, dritte Wahl, vierte Wahl und so weiter. Auch Soma hat verschiedene Qualitätsstufen, je nachdem, von welchem Nervensystem es erzeugt wird. Wie frei das Nervensystem von Stress und Verspannungen ist, und zusätzlich, wie verfeinert und sublimiert das System ist. Ein stressfreies Nervensystem ist eine Sache. Eine andere Sache ist es, das Nervensystem zusätzlich zu veredeln. Das ist noch was anderes.

Ein schön gebautes Haus ist etwas Feines. Aber noch schöner ist es, das Haus mit wertvollen antiken Möbeln auszustatten.

Es ist gut, Verspannungen loszuwerden, ein stressfreies Nerven-system zu entwickeln und es dann noch edler, feiner, kultivierter zu machen. Im kosmischen Bewusstsein sind wir frei von Verspannungen. Von da ab wird das System veredelt, verfeinert, glorifiziert. Und je feiner das System wird, desto veredelter ist der Soma, den es erzeugt.

Auf diese Weise entwickelt sich das Bewusstsein zu immer höheren Stufen, vom kosmischen Bewusstsein zum Gottesbewusstsein und schließlich zum Einheitsbewusstsein. Alle Entwicklungsstufen entfalten sich dann von selbst, weil sich das Nervensystem veredelt und immer leistungsfähiger wird und das Verdauungssystem immer besser funktioniert.

Die Qualität der Verdauung ist also das A und O. Deshalb legen wir unsere Aufmerksamkeit mehr auf uns selbst als auf gute Kartoffeln und Tomaten. Unsere eigene Qualität ist wichtiger als die Qualität vom Gemüse. Wir fragen uns nicht: Welche Erbsensorte bringt das beste Soma? Wir fragen uns: Welches gut einmeditierte Nervensystem erzeugt das beste Soma?

Denn die Qualität der Erbsen haben wir nicht im Griff. Sie kommen von irgendeinem Feld, wer weiß: Das eine Jahr schien die Sonne gut und brachte gute Erbsen, im anderen Jahr war schlechtes Wetter und brachte eine schlechte Ernte. Wichtiger als die Erbsen ist, wer sie verdaut. Deshalb nehmen wir die Somaproduktion lieber in die eigene Hand und beklagen uns nicht beim Gemüsehändler über gefrorene Erbsen.

Soma ist also das wertvollste Produkt der Verdauung. Aus der Nahrung machen wir Soma, das ist wie Nektar.

Maharishi über Soma für Indra zum Trinken[6]

Fleisch kann sehr gut sein für die, die es verdauen können. Honig kann gut sein für die, die ihn verdauen können. Wer das nicht verdaut, für den kann es sogar schädlich sein. Alles, was wir durch unser Verdauungssystem nutzen können, unterstützt unsere Wahrnehmung.

Das gleiche gilt für Soma. Wenn Soma die Substanz ist, die bewirkt, dass unser Sehsinn voller und reicher wird, dann muss das Nervensystem nur in der Lage sein, so gut zu verdauen, dass das Produkt der Verdauung diese Wirkung auf unser Sehen und Wahrnehmen erzeugen kann. Es kommt also letztendlich auf das normale Funktionieren des Nervensystems an. Wenn das Nervensystem normal funktioniert, dann ist das gut.

Wer hat es verdient, Soma zu trinken? Es heißt, die Götter trinken Soma. Die Götter, die Verwalter der Naturgesetze. Götter, die hoch verfeinerte Impulse von Energie und Intelligenz erzeugen, auf denen all unsere Gedanken und Handlungen und unsere Wahrnehmung basieren. Sie trinken Soma.

Das ist die Substanz, die auf der feinsten Ebene unserer Physiologie wirkt, die sie nährt, sie vitaler, stärker macht und zu besserem Verständnis führt, besseren Gefühlen, besserer Wahrnehmung, das ganze Leben wird bereichert. Das ist wie das Gießen der Wurzel, das alle Aspekte des Baumes stärkt.

Soma ist jene Substanz in uns, die zwischen Geist und Körper lieg;

6 Maharishis Kommentar zu John Farrows Bericht über Untersuchungen zur Biochemie des Nervensystems, Fiuggi, Italien, 1972

189

Geist ist etwas abstraktes, zwischen dem abstrakten Geist und dem konkreten Körper, zwischen diesen beiden liegt etwas. Was ist das? Es ist jene Instanz, jene Naturkraft, die Geist und Körper zusammenbringt. Den abstrakten Geist und den konkreten Körper. Etwas verbindet beide.

Indra ist der Herrscher der Götter. Von ihm wird gesagt, er wohne an der Verbindungsstelle. Er sitzt am Verbindungspunkt und bringt die beiden Füllen des Lebens zusammen: die materielle Fülle und die geistige Fülle, die beiden Füllen des Lebens. Das ist die Ebene der feinsten physischen Existenz, die den abstrakten Geist mit dem konkreten Körper verbindet.

Dort weilt offenbar Indra. Indra ist die Bezeichnung für den Herrscher der Götter. Die höchst verfeinerte Fähigkeit der Intelligenz und Energie, die in der Lage ist, Geist und Körper zu verbinden. Diese Instanz trinkt Soma. Von dort aus beginnt die Wahrnehmung, vom Geist. Vom abstrakten Geist zum feinsten Konkreten.

Das Feinste kann die Erinnerung an irgendeinen Impuls sein, der aber von physischer Natur ist. Und genau dazwischen ist der Sitz von Indra, und Indra trinkt Soma. Durch das Trinken von Soma wird der ganze Bereich des Körpers bereichert und das ganze Gebiet des Geistes. Sie werden so reich, dass der Geist in der Lage ist, an der Unendlichkeit festzuhalten, während er gleichzeitig am endlichen Aspekt festhält. Das ist Indra. Indras Kraft ist unendlich.

Diese Instanz, die das Unmanifeste und die manifesten Werte des Lebens zusammenhält, muss enorm mächtig sein, und diese Instanz trinkt offenbar Soma. Soma ist für die Götter. Für jene feinsten Impulse des Lebens, die die Grundlage aller Existenz bilden. Jene Substanz, die die materielle oder physikalische Grundstruktur des ganzen Körpers aufrechterhält und in der gleichen Weise die Struktur des ganzen Universums, von der Tierwelt bis hinauf ins Abstrakte.

Dazwischen liegt der Impuls, der die Existenz oder die Intelligenz von ihrem unmanifesten Aspekt aus so organisiert, dass sie in ihren Manifestationen erscheint. Der von den Göttern getrunkene Soma veranschaulicht, wie das Lebens durch eine Substanz gestärkt wird, die entsteht, wenn das System frei von Verspannungen ist. Ein vom Stress befreites menschliches Nervensystem erzeugt ein Produkt von höchster Qualität, ein Produkt der Verdauung, das dazu dient, jeden Aspekt der Existenz zu bereichern. Es verändert die gesamte Wahrnehmung, das Denken, Verstehen, Fühlen – einfach alles.

Das ganze Leben wird im höchsten Maße verfeinert. So können wir die Wirkung von Soma genießen. Wir müssen das System nur von Spannungen befreien. Von den Blockaden. Wenn eine Kuh unter Spannung steht, kann ihr Verdauungssystem keine wirklich gute Milch bilden, egal, welches Gras sie frisst.

Wenn das System nicht voll funktionsfähig ist, dann kann es diese Substanz von hoher Qualität nicht bilden. Und so bleibt das Leben stehen und erreicht nie seine volle Glorie. Deshalb lege ich den Schwerpunkt darauf, im Sein gegründet zu handeln. Damit jede Handlung spontan so im Einklang mit dem höchsten Wert des Leben steht, dass sie nur gute Wirkungen hat. Dann erzeugt unser stressfreies System diese kostbare Substanz, die alle Aspekte bereichert.

Die Experimente in diesem Bereich[7] sind sehr interessant.

Sie spornen uns an, weiter zu forschen. Am besten beginnen wir mit dem Neunten Mandala des Rig Veda, in dem das Thema Soma ausführlich behandelt wird. Ein ganzes Mandala ist Soma gewidmet, weil es so etwas Kostbares ist. Um die Mechanismen, die Wirkung und Reaktion aller Inhaltsstoffe, aus denen sich Soma zusammensetzt, zu erkennen, wird Soma ausführlich besprochen und beschrieben. Die gesamten Hymnen des Neunten Mandalas des Rig Veda verkünden alles über Soma.

Es geht darum, diese Bewusstseinsebene zu erreichen, denn der Rig Veda sagt: Wissen ist strukturiert im Bewusstsein. Wer dieses Bewusstsein nicht kennt, was können wir für ihn erreichen?

Das Wissen über Soma, und in diesem Zusammenhang auch das Wissen von allem anderen, ist dann rein, vollständig, umfassend und wahr, wenn reines Bewusstsein vorhanden ist. Sonst ist alles nur ein Sammelsurium.

---

7 John Farrows Untersuchungen zur Biochemie des Nervensystems

Klare Kenntnis der grundlegenden Werte des Lebens, die das gesamte Leben bereichern und befruchten und seinen wahren Wert hervorbringen, können wir nur erlangen, wenn wir in dieser Bewusstheit, diesem reinen Bewusstsein sind. Deshalb treiben wir die Wissenschaft der Kreativen Intelligenz voran.

Soma ist die Nahrung, der schöpferische Gedanke, die kreative Intelligenz. Wenn sich Soma entwickelt, entfaltet sich kreative Intelligenz immer mehr. Wir wollen, dass die ganze Welt die Herrlichkeit des Soma-Brauens genießt und die höchste Ebene der Wahrnehmung und des Handelns lebt. Diese neue Ära beginnt, wenn die Fakten über Soma, die im Rig Veda stehen, durch moderne wissenschaftliche Experimente bestätigt werden und die Wahrheit ans Licht kommt und mit allen geteilt werden kann, mit allen Menschen in der Welt. Das ist unser Plan für die Welt. Und dafür sagen wir

Jai Guru Dev.

Zum Zehnten Mandala

Mit der Aufforderung an die individuelle Seele, zum kosmischen Selbst heimzukehren, beginnt Sûkta 10.19: »*Ni vartadhvam!*«

RV 10.19.1 Kehrt heim! Kehrt ein! Verfolgt nichts mehr!

Als Thema des Sûkta wird die Heimkehr der Kühe genannt, die bei uns heute noch in manchen Gegenden im Herbst als festlicher Alm-Abtrieb gefeiert wird.

Im Veda dagegen dienen Ross und Rind als symbolische Seelenbilder für unsere Sinne und Handlungsorgane. Die Heimkehr der Seele zu ihrem Ursprung findet statt, indem sich die Sinne nach innen richten. Davon sprechen diese Verse:

RV 10.19.2 Treibe sie wieder nach Hause!

Bringe sie wieder heim zu uns!

Indra fange und zügle sie,

das Feuer treibe sie hierher.

3. Heimkehren sollen sie wieder,

auf dass sie beim Hirten gedeihen.

Hier, o Feuer, bewahre sie!

Hier verbleibe, was Reichtum ist.

4. Zur Heimreise, zur Rückreise,

zum Hinübergehen, Vereinen,

zur Heimkehr, zur Einkehr

rufe ich sogar den Hirten.

Hinübergehen ist nichts anderes als eine Übersetzung des Wortes Transzendieren, das sich von lateinisch *trans* – hinüber – und *cedere* – gehen – ableitet. Gemeint ist das Hinübergehen in die Transzendenz.

5. Der das Auseinandergehen,

das Hinübergehen erhält,

das Heimkehren, das Einkehren,

ja, auch der Hirte kehre heim.

Dieser Vers spricht von beiden Richtungen der Seelenreise: vom Auseinander- und vom Hinübergehen oder Heimkehren. Damit wir überhaupt als Individuum existieren können, muss sich unsere Seele zunächst von der Weltseele abspalten. Die Weltseele geht »auseinander« und teilt sich selbst in viele einzelne Rollen auf, ähnlich einem Autor, der seine eigenen inneren Tendenzen auf verschiedene Figuren und Rollen verteilt, die in seiner Geschichte in Wechselwirkung und Widerstreit geraten.

8. Heimführer, führe nach Hause!
Rückführer, führe zurück!
Aus den vier Richtungen der Welt,
aus diesen führe sie zurück!

Wenn sich die Sinne nach innen wenden und wieder im Selbst ruhen, dann kehrt auch der Hüter der Sinne, unsere Seele, unser Bewusstsein, unser gesamtes Selbstempfinden wieder zu sich selbst zurück.

Die Heimkehr zum Selbst

Die innere Heimkehr zum Selbst erlebte ich gerührt während einer längeren Schweigephase von Januar bis April 1981, als ich mich in eine selbstgebaute Lehmhütte auf Sri Lanka zurückgezogen hatte. Durch das monatelange Schweigen wanderten meine Sinne immer tiefer nach innen und erlebten die feinstoffliche Welt greifbarer als die äußere, irdische Umgebung, in der meine Hütte im Tropenwald stand, umgeben von schmetternden Tropenvögeln, keuchenden Affen und seltsamen Reptilien.

Ich fühlte mich wie Adam, der zurückkehrte ins Paradies, wo ihn die wartende Eva gastlich bewirtete. Auf dem Wege zum Paradies aber kam ich am Garten der Lüste vorbei, wo mich verlockende Versuchungen einluden, zu verweilen und beim Genießen flüchtiger Genüsse mein wahres Ziel zu vergessen, was mich jedoch nicht aufhalten konnte.

Ich erlebte innerlich die Verwandlung des verzauberten Frosches zum Prinzen, die Heimkehr des verlorenen Sohnes zur Mutter, die Einkehr Parzivals in die Gralsburg. Ich kehrte ein ins Heim des Wissens, in dem mich die göttlichen Eltern schweigend in die Arme nahmen und sich freuten, dass der Sohn die lange Irrfahrt durch das Labyrinth des Lebens glücklich überstanden hatte.

Bei dieser Heimkehr zum Selbst entdeckte ich, dass sich meine individuelle Seele dereinst auf eigenen Wunsch von der allumfassenden Weltseele abgespalten hatte, um die Vielfalt der Schöpfung hautnah zu erfahren. Die Hälfte meiner Seele aber war die ganze Zeit im Absoluten geblieben, in der Transzendenz, und hatte geduldig auf meine Rückkehr gewartet. Und dieser in der Transzendenz verankerte Teil nahm mich bei der Rückkehr liebevoll in die Arme und erschien mir als meine »bessere Hälfte«, als Eva, die »große Liebe«, als Mutter Natur und Gottvater.

Während ich die Heimkehr meiner Seele und das Verschmelzen mit dem kosmischen Selbst erlebte, erschien mir der Wald als ewige Urheimat des Menschen, und ich verstand auch Sûkta 146 des Zehnten Mandalas als eine Beschreibung der Heimkehr in die Heimat der Seele.

RV 10.146.1 Frau des Waldes, in die Wälder
hast du weichend dich verzogen.
Warum zieht's dich nicht zum Dorfe?
Überfällt's dich nie wie Furcht?
2. Wenn des Bullenbrüllers Rufen
sich vermischt mit Grillenzirpen,
fühlt die Waldfrau sich erhoben
wie von Zimbelklang geleitet.
3. Und es ist, als grasten Kühe
und als sei ein Heim zu sehen,
und zur Einkehr abends knarrt es
durch den Wald wie Leiterwagen.
4. Da ruft doch jemand nach der Kuh.
Da hat doch jemand Holz gefällt.
Wer im Walde abends einkehrt,
meint, es habe wer gerufen.
5. Nein, die Frau des Waldes beißt nicht,
wenn kein anderer sich nähert.
Süße Frucht genießend, legst du
dich bei ihr nach Wunsch zur Ruh.
6. Die balsamisch duftende

Mutter wilder Tiere pries ich,
unbeackert reich an Speise,
würzig frisch, die Frau des Waldes.

Wer den Wald als Heimat betrachtet, der verliert auch jede Furcht vor wilden Tieren, denn er lebt wieder im Einklang mit der gesamten Natur.

Wenn wir den Aufbau unseres Bewusstseins mit dem Meer vergleichen, dann sind die bewegten Gedanken nur die Wellen an der Oberfläche. Tauchen wir während der Meditation in tiefere Schichten unseres Bewusstseins, in die stilleren Ebenen unseres Geistes, bis wir am Grunde reine Gedankenstille erfahren, dann werden wir zum stillen Zeugen, der im Veda auch Puruscha genannt wird. Und damit kommen wir zum Hauptthema des Zehnten Mandalas, das auch »Puruscha-Mandala« genannt wird.

Puruscha – das transzendente Urwesen

Das wohl bekannteste Sûkta im Zehnten Mandala, das »Puruscha-Sûkta« 10.90, handelt von dem transzendenten Wesen, das jenseits des manifesten Universums als Bewusstsein existiert und aus dem die ganze Schöpfung hervorgeht.

Jede als Mensch geborene Seele hat die Möglichkeit, durch die Hinwendung der Sinne nach innen und die damit verbundene Ver-Innerlichung wieder die Er-Innerung an diesen Urzustand der eigenen Seele zurückzuerlangen. Denn jedes Individuum entstand, indem sich das Urwesen, die Weltseele oder – wie der Veda sagt – der Puruscha in Einzelteile aufteilte und damit seinen ganzheitlichen Urzustand aufopferte. In diesem Sinne wird von diesem transzendenten Urwesen gesagt:

1. Tausend Köpfe hat Puruscha,
tausend Augen, tausend Füße.
Er umringt allseits die Welt und
überragt sie um zehn Finger.

Die Weltseele, das reine transzendentale Bewusstsein, ist in allen Wesen verkörpert und füllt das ganze Universum aus, aber gleichzeitig überragt es dieses Universum und reicht bis in die Transzendenz, in den unmanifesten Zustand des Bewusstseins jenseits jeglicher Vorstellungskraft, dessen Grenzübergang der Klang des Rik-Veda darstellt als erster manifester Ausdruck reinen Bewusstseins.

2. Puruscha ist dies alles hier,
was war und was noch werden wird …
3. Ein Viertel ist das Irdische,
drei Viertel das Unsterbliche …
5. Geboren ragte er hinten und
vorn über die Erde hinaus.

Diese Aussage deckt sich mit der Erkenntnis der Astrophysik, dass der größte Teil der Materie aus »Dunkler Materie« besteht, deren unsichtbare Existenz heute aufgrund ihrer Gravitationswechselwirkung mit der sichtbaren Materie von der Kosmologie postuliert wird.

Laut der Vedischen Wissenschaft von Maharishi Mahesh Yogi lassen sich die zehn Mandalas des Rik-Veda jeweils einem bestimmten Thema zuordnen. Das Erste und Zehnte Mandala sind »*Brahman*« und »*Puruscha*« – der Ganzheit und der Transzendenz – zugeordnet, die mittleren acht Mandalas der Reihe nach den acht Qualitäten der Natur: den fünf Elementen Erde, Wasser, Feuer, Luft und Äther, dem Geist, dem Intellekt und dem Ego.

Daher beschreibt das Ende des Neunten Mandalas die Sehnsucht des Egos, wieder mit seinem transzendenten Ursprung zu verschmelzen, den nur wahrnehmen kann, wer seine Sinne nach innen wendet und mit dem inneren Auge jenes Reich sieht, von dem Jesus sagte: »*Das Reich Gottes kommt nicht mit äußerlichen Gebärden … Denn sehet, das Reich Gottes ist inwendig in euch. (Lk.17:20–21)*

Im vorletzten Sûkta des Neunten Mandalas heißt es:
RV 9.113.7 In die Welt ewigen Lichts,
wo Strahlen herrscht, fließender Saft,
dorthin bringe mich, in die unsterb-
liche, unvergängliche Welt.
Dem Indra, Indu, fließe zu.
9. Wo man lustwandelt im dreifachen Raum,

im dreifach leuchtenden Himmel,
wo die lichtvollen Welten sind,
dort mache mich unsterblich.
Dem Indra, Indu, fließe zu.
10. Wo Wunsch und Wunscherfüllung sind,
wo die Sonne am höchsten steht,
wo Labung und Befriedigung,
dorten mache mich unsterblich.
Dem Indra, Indu, fließe zu.
11. Wo die Wonnen und die Lüste,
Lebenslust und Freude sitzen,
wo der Wunscheswunsch gestillt wird,
dorten mache mich unsterblich.
Dem Indra, Indu, fließe zu.

Wie die Bibel ihre Wahrheiten in Gleichnisse kleidet, so malt uns auch der Veda den abstrakten Aufbau des Bewusstseins in anschaulichen, poetischen Bildern. Diese Bilder verstehen wir aber erst, wenn wir sie in unserem eigenen Bewusstsein als geistige Wirklichkeit erfahren.

In der modernen Wissenschaft ist es zwar nicht üblich, die Kräfte und Gesetze der Natur zu personifizieren, aber in der Tiefe unseres Bewusstseins tauchen diese Bilder seit Urzeiten nicht in abstrakten, mathematischen Formeln auf, sondern – wie das Phänomen des Traums beweist – in personifizierter, sinnlich erfahrbarer Form.

Eine Reihe von Hymnen wendet sich an ganz bestimmte Naturkräfte wie das Feuer, die Morgenröte, die Sonne, den Wind, die Wässer, die Heilkräuter oder den Tod. All diese Kräfte werden personifiziert und als lebendige Wesen angesprochen, so wie es in Naturreligionen üblich ist. Während westliche, aufgekläre Menschen diese Anrufung von Naturkräften eher belächeln, sind in der vedischen Tradition genaue Regeln überliefert, wie diese Naturkräfte durch bestimmte Anrufungen und Ausrichten der Aufmerksamkeit beeinflusst und in Harmonie gebracht werden können, so dass sie unsere menschlichen Aktivitäten und Wünsche unterstützen. Diese Zeremonien werden im Veda als *Yagya* beschrieben, als Weihehandlung mit Darreichung zur Unterstützung der Naturgesetze. Denn im Weltbild des Veda ist die gesamte Schöpfung lebendig und wird nicht in tot oder lebendig aufgeteilt, sondern nur in bewegt und unbewegt. Auch ein Stein ist nichts als verdichtetes, erstarrtes Bewusstsein.

Vom Beginn der Schöpfung

Neben diesen Hymnen, die an bestimmte Impulse kreativer Intelligenz (*Devatas*) gerichtet sind, gibt es eine Reihe philosophischer Hymnen, die den Beginn der Schöpfung zum Thema haben und die Frage aufwerfen, wie die Schöpfung, in der wir leben, wohl begonnen hat. Dazu gehört das *Nâsadiya-Sûkta* 10.129, benannt nach seinem Anfang *ná ásat – Weder Nichtsein:*
RV 10.129.1 Weder Nichtsein noch Sein waren ehedem.
Weder der Luftraum noch jenseits der Himmel.
Was vibrierte? Wo? In wessen Obhut?
Wasser? Was war das? – Unergründliche Tiefe.
Vergleiche dazu den Beginn der Genesis: 1. Mose 1:2: Und die Erde war wüst und leer, und es war finster auf der Tiefe; und der Geist Gottes schwebte auf dem Wasser.
2. Weder Tod noch Unsterblichkeit gab es da
noch die Erscheinung von Tag und Nacht.
Es atmete windstill aus eigener Kraft
dieses Eine. Nichts anderes war da.
3. Dunkel war anfangs im Dunkel verborgen.
All dies war nichtunterscheidbares Fließen.
Das Versteckte, das ohne Hohlräume war,
das Eine kam kraft der Versenkung hervor.
Das »Versteckte« ist das, was nicht sichtbar ist, das Unmanifeste, die alldurchdringende Transzendenz, die als Kontinuum noch keinerlei Aufteilung in Einzelteile und damit keinerlei Lücken und Hohlräume kennt. Erst durch die Teilung der Ganzheit in Einzelteile entstehen innerhalb der Ganzheit die Lücken, in denen sich die Dynamik der Beziehung zwischen den Einzelteilen manifestiert.

4. Dieses befiel am Anfang der Liebeswunsch,
der Samenfluss des Geistes, der zuerst war.
6. Wer weiß es wirklich, wer kann es hier sagen,
woher diese Welt kam, woraus sie entstand?
Die Götter gab es erst nach der Erschaffung;
wer also weiß es, woraus sie hervorging?
7. Aus dem sie entstanden ist und hervorging –
ob er sie erschaffen hat oder nicht –,
der sie beobachtet im Transzendenten,
der allein weiß es, ob er's weiß oder nicht.

Das Absolute muss zunächst einen Impuls verspüren, einen Wunsch zur Veränderung, der es dazu treibt, aus dem Zustand der transzendentalen Ruhe in den Zustand der Bewegung und Veränderung überzugehen. Davon handel auch Sûkta 10.10, das Zwiegespräch der Zwillinge *Yamî* und *Yama*, die, ähnlich wie Adam und Eva in der Genesis, als erstes Menschenpaar betrachtet werden. Und wie in der Genesis ist es auch hier das weibliche Prinzip, das den Wunsch nach Fortpflanzung und Fortbestand der Menschheit äußert.

RV 10.10.1 Ich möchte den Freund zur Freundschaft bewegen,
der über so viele Fluten herbeikam.
Der Weise verschaffe dem Vater Enkel,
das Weitere auf der Erde bedenkend.
3. Gerade das wollen die Unsterblichen:
einen Sprössling des einzigen Sterblichen.
Dein Geist verbinde sich mit unserem Geist,
als Gatte gehe in des Weibes Leib ein.
7. Mich, Yamî, befiel die Liebe zu Yama,
auf gleichem Lager zusammen zu liegen.
Als Weib geb ich gerne dem Gatten den Leib.
Wir wollen rütteln wie die Wagenräder.
11. Liebestoll flüstere ich immer wieder:
Vereine deinen Leib mit meinem Leibe!

In der Vedischen Literatur wird die Stille der Transzendenz als das männliche Prinzip betrachtet, als *Puruscha*, und die gesamte Natur der Schöpfung mit ihrer Aktivität als das weibliche Prinzip, *Prakriti*. Es ist der Liebreiz und die verführerische Schönheit von Mutter Natur, die das Zauberspiel dieser Schöpfung hervorbringen. Und das erste, was Mutter Natur gebiert, ist der Raum. So heißt es in Sûkta 10.72:

RV 10.72.3 Im ersten Zeitalter der Götter
entstand aus Nichtsein das Sein.
Danach schlüpfte aus der Spreizbeinigen
der Raum ringsum hervor.
4. Aus der Spreizbeinigen kam die Welt,
aus der Welt entstand der Raum.

Auch Sûkta 81 und 82 stellen philosophische Fragen über die Entstehung der Welt:

RV 10.81.2 Was war wohl der Standort, das Greifbare,
wie war es wohl und woher,
woraus der alles Tuende die Erde erschuf
und den Himmel in seiner Größe enthüllte, alläugig?
3. Sein Auge überall, sein Mund überall,
sein Arm überall und sein Fuß überall,
mit Armen und Flügeln schweißt er Himmel
und Erde zusammen, der schöpfende Gott, der Eine.
4. Was war wohl das Holz und was der Baum,
woraus sie Himmel und Erde zimmerten?
Denker ergründet doch im Geiste das,
worauf er stand, die Welten tragend!
10.82.5 Was jenseits des Himmels ist, jenseits der Erde,
jenseits der Götter und Geister,
wen trugen wohl die Wässer als ersten Keim,
in dem sich alle Götter zusammen zeigten?
6. Diesen trugen die Wässer als ersten Keim,
in dem alle Schöpfungsimpulse zusammenkamen.
In des Ungeborenen Nabel steckt das Eine,
worin alle Wesen gründen.

Die Sehnsucht nach dem eigenen Ursprung

Kurz nachdem ich im Herbst 1967 die Transzendentale Meditation erlernt und angefangen hatte zu meditieren, hatte ich ein Erlebnis, das ich lange nicht verstehen konnte: Ich spürte eine unwiderstehliche Sehnsucht, in den Mutterschoß zurückzukehren und schrieb darüber eine Kurzgeschichte, die mich so erschreckte, dass ich sie keinem zeigte und nach kurzem wieder verbrannte. Erst vierzehn Jahre später, als ich in der Lehmhütte auf Sri Lanka die innere Heimkehr meiner Seele erlebte, verstand ich, wonach ich mich gesehnt hatte: nach »*Jivanmukti*«, der Rückkehr des *Jiva* – meiner individuellen Seele – zu ihrem Ursprung, dem Mutterschoß, dem sie entsprang und in dem ich wieder mit *Paramâtmâ*, dem höchsten transzendenten Selbst, verschmelzen konnte.

Von dieser Sehnsucht und ihrem Ursprung spricht das Zehnte Mandala in Sûkta 10.123. Es beginnt mit der umgekehrten Sehnsucht, dem Drang der Weltseele, sich als Individuum von seinem absoluten, transzendenten Urgrund abzuspalten und ein Leben als Individuum zu beginnen.

RV 10.123.2 Aus dem Meer treibt die Sehnsucht die Welle hervor.

Das Meer ist das Seelenbild für reines Bewusstsein, die Weltseele, die alle individuellen Seelen in sich vereint und aus sich selbst hervorbringt. Im Meere münden die Flüsse, und aus ihm steigen die Wolken auf, die als Regen wieder in Flüssen und schließlich im Meere landen. Wie kommt es, dass sich die Weltseele in einzelne Individuen aufspaltet? Warum ruht sie nicht zufrieden und erfüllt im Zustand der Ganzheit?

Es ist die Sehnsucht, die sie dazu treibt, aus dem Zustand der Ruhe überzugehen in Bewegung und als Welle an der Meeresoberfläche zu erscheinen: *Aus dem Meer treibt die Sehnsucht die Welle hervor.* Aber die gleiche Sehnsucht trägt das Individuum auch wieder zurück zur Ganzheit.

Im folgenden Vers wird die Sehnsucht personifiziert als eine liebevolle junge Frau, die ihren Geliebten durch die himmlische (geistige, feinstoffliche) Welt wieder zurück zur Transzendenz führt.

5. Die junge Frau, die Nymphe, trägt den
Geliebten lächelnd bis in den höchsten
Himmel – ins transzendente Feld.
Sie regt sich im Schoße des Lieben.
Gewinnend und gewährend thront
diese Sehnsucht auf goldenem Flügel.

Die Sehnsucht regt sich nicht nur im Herzen, sie »*regt sich im Schoße des Lieben*«, also im Sitz unseres Geschlechtstriebs, dem Urtrieb der Vereinigung mit dem Partner. Dieser Trieb wird aber durch die geschlechtliche Vereinigung allein niemals befriedet, sondern erfährt seine höchste Erfüllung und Befriedigung erst, wenn sich der beflügelte Geist über die irdische Vereinigung hinaus erhebt und die göttliche Vereinigung mit seinem Ursprung in der Transzendenz erlebt. Goethe beschreibt diese Sehnsucht sehr schön in seinem Gedicht »Selige Sehnsucht«:

In der Liebesnächte Kühlung,
die dich zeugte, wo du zeugtest,
überfällt dich fremde Fühlung
wenn die stille Kerze leuchtet.
Nicht mehr bleibest du umfangen
in der Finsternis Beschattung,
und dich reißet neu Verlangen
auf zu höherer Begattung.
Keine Ferne macht dich schwierig,
kommst geflogen und gebannt,
und zuletzt, des Lichts begierig,
bist du, Schmetterling, verbrannt.

In Goethes Gedicht ist es die Sehnsucht des Nachtfalters, ins Feuer zu fliegen und mit dem Licht zu verschmelzen. Im Rik-Veda ist es die Sehnsucht des Regentropfens, wieder im Meere zu münden und mit der Weite des Ozeans eins zu werden.

8. Wenn der Tropfen im Meere ankommt
und mit dem Auge des Begierigen
die gesamte Weite des Himmels erschaut,

dann hat der begehrte Glanz durch das
helle Licht im dritten, umnebelten Raum,
im Radschas, die Lieben erreicht.

Die Sehnsucht nach der großen Liebe ist erst gestillt, wenn der Fluss unserer individuellen Seele wieder im Ozean mündet: *Wenn der Tropfen im Meere ankommt.* Dort erst erschaut das bisher auf die Sicht des kleinen Egos begrenzte Individuum *die gesamte Weite des Himmels* und vereinigt sich mit seiner wahren »Großen Liebe«, dem kosmischen Selbst, der Weltseele, von der es sich dereinst abgespalten hat, um als einzelne Welle die Welt der relativen Schöpfung zu erfahren.

Und wie fühlt sich die Seele, wenn sie wieder mit ihrem kosmischen Ursprung verschmilzt und sich nicht mehr mit dem kleinen, begrenzten Individuum identifiziert? Hier eine Erfahrung vom 10. April 2016 eines Teilnehmers der Meditationsgruppe an der Maharishi University of Management (MUM) in Fairfield, Iowa, USA, der anonym bleiben will:

»Wenn der kosmische Geist den individuellen Geist erfüllt, dann wird der individuelle Geist sozusagen vom kosmischen Geist absorbiert. In diesem Sinne verschwindet der individuelle Geist und sogar das Konzept des individuellen Lebens. Für mich war diese Erfahrung wie die Befreiung aus einer Gefängniszelle, in der ich unsagbar lange eingesperrt gewesen war.

Jetzt steht es dem Entlassenen frei, durch die weite Welt zu wandern, wohin er will. Alles, was ihm in seiner winzigen Zelle versagt blieb, ist jetzt in überwältigender Fülle vorhanden, wann immer er will. Himmel, Meer, Wiese, Sterne, Planeten, Berge, Täler, unvergleichliche Ausblicke, der große, schöne Garten der Fülle des Lebens steht ihm jetzt zur Verfügung. Jetzt lebt er eine Freiheit, für die er bisher nicht einmal einen Namen oder eine Vorstellung hatte.

Auch die Vorstellung, in die winzige Zelle zurückzukehren, ist für ihn undenkbar. Das wäre wie gegen den Strom schwimmen oder gegen die Flut der Gezeiten. Die Rückkehr in die enge Zelle ist einfach nicht mehr vorstellbar. Bald schon schwindet selbst die Erinnerung daran, als wäre es nie gewesen.

Ich fühle mich jetzt, als schwimme ich ständig im uferlosen Meer des kosmischen Geistes. Zurückzukehren in die Gedankenwelt, die den individuellen Geist kennzeichnet, wäre eine unwillkommene, unerwünschte, undenkbare Anstrengung.

Selbst das Denken in Begriffen des Individuums wäre gegen den allmächtigen Fluss der Natur, gegen den Strom des unbegrenzten Lebens. Schon der Versuch, nur für ein paar Minuten auf diesem Niveau zu agieren, ist anstrengend. Nach und nach reift durch Erfahrung die Erkenntnis, dass es einfach besser ist, den Geist weiterhin in seinem einfachsten Zustand wirken zu lassen, im erweiterten Zustand reinen Bewusstseins, dem Zustand des kosmischen Geistes, wenn man so will.

Das ist Einfachheit an sich, die jenseits des Denkens liegt oder gar jenseits der Fähigkeit, einen Gedanken festzuhalten ... Das ist Leben in reinem Bewusstsein.

Ist es aufregend? Etwas Besonderes? Nein, es ist einfach. Einfach nur die Freiheit, außerhalb der kleinen Zelle zu leben, in der man so lange eingepfercht war. Die Freiheit, außerhalb jeglicher Grenzen zu leben.«
In Sûkta 10.125 spricht Âtmâ, die Weltseele:
RV 10.125.3 Alles Wissen bin ich, die erhabene Herrin,
die vereinte Regierung der Erleuchteten.
Mir gilt die höchste Verehrung.
Alles durchdringend ist das All mein Zuhause.
4. Durch mich seid ihr fähig, zu essen, zu sehen, zu atmen
und die Worte der Wahrheit zu hören.
Ohne es zu wissen ruht ihr in meiner Umarmung.
Hört die Shrutis und schenkt mir Vertrauen.
5. In mir ruhe ich, in reiner Stille pulsiere ich
als der Veda, belebe Naturgesetze und Menschen.
Wen ich wähle, den mache ich mächtig,
zum Hüter des Wissens, zum Rischi, zum weisen Seher.
8. Ich atme ewig wie der Wind,
erschaffe und erhalte alle Welten.
Weiter als der Himmel, weiter als diese Erde,
so machtvoll und so erhaben bin ich.

»*Hört die Shrutis und schenkt mir Vertrauen*«, rät uns die Weltseele. »*Shruti*« heißt wörtlich »*das Gehörte*«. Gemeint ist die innere Stimme reinen Wissens, die wir in der Stille unseres Bewusstseins wahrnehmen können und die sich in den Hymnen des Veda niedergeschlagen hat.

> »*In reiner Stille pulsiere ich als der Veda.*«

Die Bezeichnung *Veda* beschränkt sich nicht auf die überlieferten Hymnen, sondern beschreibt das innere Wissen über den Aufbau des Universums, das in der Tiefe jedes menschlichen Bewusstseins geschaut werden kann, sobald die Blockaden zwischen unserem Wachbewusstsein an der Oberfläche und dem reinen Bewusstsein in der Tiefe durch regelmäßiges Eintauchen weggeräumt sind. Dann hören wir als unseren normalen Denkvorgang die innere Stimme, die im Einklang mit allen Naturgesetzen steht und unser Handeln in evolutionäre Richtung lenkt.

Die innere Stimme

Von der inneren Stimme, die als Ratgeber aus der Stille der Transzendenz zu hören ist, spricht auch Sûkta 10.71:

> *RV 10.71.3 Im Dienen folgten sie der Spur der Stimme,*
> *die sie in Sehern eingeprägt auffanden,*
> *und verteilten das Gefund'ne überall.*
> *Die sieben Sänger sangen es gemeinsam.*

Die Rischis des Rik-Veda erkannten die innere Stimme des Naturgesetzes, die in der Tiefe ihres Bewusstseins eingeprägt war, und verbreiteten dieses gefundene Wissen (*vid* = finden, *Veda* = das Gefundene) überall, damit auch andere »*der Spur der Stimme folgen*« und dem Naturgesetz dienen konnten.

> *4. Mancher, der sieht, erschaute nie die Sprache,*
> *mancher, der hört, hat sie noch nie gehört.*
> *Einem aber tat sie ihren Leib auf*
> *wie ein verliebtes, schönumhülltes Weib dem Mann.*

Die Stimme, die wir innerlich hören, ist zwar jedem Menschen als sein eigenes Denken vertraut, aber es ist nicht bei jedem die Stimme des *Veda*, die Stimme, die aus der Tiefe reinen Bewusstseins an die Oberfläche dringt und das reine Wissen des Naturgesetzes offenbart. Bei den meisten Menschen übertönen die Eigengeräusche des kleinen Egos mit seinen begrenzten Wünschen die leise Stimme aus der Tiefe, so dass sie die wahre Sprache der Natur, das intime innere Zwiegespräch mit Gott oder mit der uns liebenden Mutter Natur noch nie gehört haben. Wer diese Stimme jedoch hört, der fühlt sich geliebt und reich beschenkt vom Liebreiz der Natur.

> 6. *Wer den ratwissenden Freund verlassen hat,*
> *nimmt an der Stimme keinen Anteil mehr.*
> *Wenn er sie hört, hört er sie ohne Wirkung.*
> *Er weiß nichts mehr vom Pfad des rechten Handelns.*

Der ratwissende Freund ist der innere Ratgeber, den wir alle in uns hören können, wenn wir in die Stille lauschen und unserer inneren Eingebung folgen. Wer diese Stimme nicht mehr hören will oder kann, wer ihr nicht vertraut und nicht mehr folgt, der lebt nicht mehr im Einklang mit der Natur, denn »*er weiß nichts mehr vom Pfad des rechten Handelns.*«

> 7. *Freunde, die Augen und Ohren haben,*
> *sind doch ungleich in der Gewandtheit des Geistes.*
> *Die Flachen reichen bis zum Mund, zur Schulter,*
> *die anderen tief wie Teiche zum Tauchen.*

Wir alle kennen laute Menschen, die zwar reden, aber uns nur mit Plattitüden vollstopfen. Andere wiederum geben uns das Gefühl, wir könnten tief in ihre Seele schauen, denn ihre stillen Wasser gründen tief.

> 9. *Die sich nicht nähern, zum Höchsten bewegen,*
> *und weder Ganzheit noch Soma beleben,*
> *gebrauchen die Sprache in unguter Weise*
> *und spannen das Tuch wie unkundige Weber.*

Wer nicht zum Höchsten strebt und sich der Transzendenz nähert, an deren Grenze der Veda zuhause ist, der kann auch nur stümperhaft mit der Sprache umgehen. Ganz anders dagegen hören die Seher des Veda den inneren Klang, unabhängig von seiner Bedeutung als menschliche Sprache. Allein durch seine Lautstruktur und Klangfolge offenbart dieser vedische Urklang die Gesetzmäßigkeiten, wie sich aus der Stille der Transzendenz schrittweise die Zuordnung von Klang und Bedeutung und daraus die ersten Gedankengebäude und das gesamte Universum aus Raumzeit und Materie entfalten.

Vom Ursprung der Sprache

Wie sich aus dem innerlich gehörten Urklang des Rik-Veda eine menschliche Sprache mit Bedeutung ableiten lässt, davon spricht der erste Vers von Sûkta 10.71:

> O Herr des Lieds! Zu Anbeginn der Sprache,
> als sie gedachten, Namen zu vergeben,
> offenbarte das Bewahrte insgeheim
> aus Zuneigung das strahlend Makellose.

»Zu Anbeginn der Sprache« heißt, noch bevor es überhaupt eine Zuordnung von Klang und Bedeutung zum Zwecke der menschlichen Kommunikation gab. Dieses »Vergeben der Namen« fand »insgeheim« im Bewusstsein der Seher »aus Zuneigung« zwischen Rischi und Veda statt.

In der Vedischen Tradition werden die Hymnen des Rik-Veda als nitya und apaurusheya, als »ewig« und »nicht von Menschen erschaffen« betrachtet, als das Bewahrte, der strahlend makellose, ewig-unveränderlicher Urklang, der schon vor Beginn der Schöpfung im unmanifesten, transzendentalen Bewusstsein pulsiert und durch seine Lautstruktur erst die Schöpfung hervorbringt.

Das klingt für westliche Ohren sehr befremdlich, und auch ich konnte lange Zeit nichts damit anfangen. Je mehr ich mich aber mit dem Klang des Veda und der Methode beschäftigte, daraus einen Sinn abzuleiten, desto mehr begriff ich, wie sich aus diesem mysteriösen Urklang im Bewusstsein des Hörers immer neue persönliche Botschaften des Augenblicks offenbaren.

Zur Übersetzung

Wer den Rik-Veda einfach anhand von Wörterbuch und Grammatik übersetzen will, stößt sehr bald an die Grenzen dieses Unterfangens und merkt, dass sich der Veda nicht ohne Weiteres wie ein übliches fremdsprachliches Werk verstehen lässt. Viele im Urtext vorkommende Lautfolgen sind und bleiben rätselhaft und lassen sich nicht einfach mithilfe eines Wörterbuchs erklären.

So steht zum Beispiel im Wörterbuch der Eintrag: »**Vinamgrscha** – *RV. 9.72.3 Herkunft und Bedeutung unbekannt, angeblich Arm.*«

Wir sehen, dass diese Lautfolge im gesamten Rigveda nur ein einziges Mal vorkommt und es bisher keinem Übersetzer gelungen ist, ihr aus dem Zusammenhang heraus einen eindeutigen Sinn zuzuweisen. In gleicher Weise geben uns viele Lautfolgen Rätsel auf, und die Wörterbücher lassen erkennen, dass sie nichts anderes festhalten als die Deutungen verschiedener Übersetzer.

Wir dürfen die vedische Sprache auch keinesfalls mit dem klassischen Sanskrit verwechseln: Weder Wortwahl noch Grammatik sind identisch. Neben Sanskrit-Grammatiken gibt es daher eigene Vedische Grammatiken, und der deutsche Mathematiker und Vedaforscher Hermann Grassmann hat während seines langjährigen Unterfangens, den Rigveda zu übersetzen, ein spezielles Rigveda-Wörterbuch zusammengestellt, in dem er alle Belegstellen der Wörter mit der jeweiligen, von ihm erschlossenen Bedeutung aufgeführt hat, zusammen mit Verweisen auf die wahrscheinliche Grundbedeutung der Wortwurzeln, die er aus dem Vergleich mit anderen indoeuropäischen Sprachen erschloss.

Die Lautfolge des Veda wurde nach alter Tradition in den Brahmanenfamilien mündlich vom Vater zum Sohn oder vom Lehrer zum Schüler weitergereicht. Die schriftliche Aufzeichnung diente lediglich als Gedächtnisstütze. Das Schriftbild zeigt dabei immer die genaue Aussprache an, auch wenn der lexikalische Eintrag andere Laute aufweist. Aufs Deutsche übertragen, müssten wir, wenn sich das Schriftbild streng nach der Aussprache richten würde, zum Beispiel schreiben:

»Am Abent strahlt der Mont das abendliche Mondlicht aus.« Denn nach dem Gesetz der Auslautverhärtung wird das »d« im Auslaut auch im Deutschen genau wie im Sanskrit als »t« gesprochen.

Da sich diese Lautgesetze im Sanskrit auch im Schriftbild niederschlagen, werden sie in der Grammatik in einem eigenen Kapitel unter der Bezeichnung »*Sandhi*« abgehandelt.

Schreiben wir Rigveda in einem Wort, dann wird das »k« von »Rik« aufgrund der Sandhiregeln durch das folgende stimmhafte »v« zum »g« erweicht. Behandeln wir Rik und Veda dagegen als zwei getrennte Wörter, dann müssen wir nach dem Gesetz der Auslautverhärtung »Rik« schreiben.

Zur Wirkung vedischer Rezitation

1977 begann der Mitarbeiterstab von Maharishi in Seelisberg am Vierwaldstättersee, abends im großen Vortragssaal den Rigveda-Pandits zu lauschen, die Teile aus dem Neunten Mandala rezitierten. Die meisten von uns ließen die Rezitation mit geschlosssenen Augen auf sich wirken, ohne sich Gedanken über die Bedeutung zu machen. So verlangt es die vedische Tradition: Da weniger der Sinn, sondern vor allem der Klang des Rik-Veda auf unser Nervensystem wirkt, brauchen wir keinerlei intellektuelles Verständnis, um die Wirkung zu genießen.

Daher werden die Veden in der traditionellen Panditausbildung vor allem durch Vorsingen und Nachsingen unterrichtet, ähnlich wie sich Kinderlieder ins Gedächtnis einprägen, indem sie im Kindergarten einfach gemeinsam gesungen werden. Erst im Lauf der Jahre versteht das Kind den Sinn und vielleicht auch die übertragene Bedeutung. Im Sommer 1981 erlebte ich in Madras in einer der ersten, von Maharishi gegründeten Panditschulen in Kalki Gardens, wie die Veden vor allem durch Vor- und Nachsingen der Verse unterrichtet wurden.

Als wir in Seelisberg im großen Vortragssaal den Rezitationen lauschten, wirkte der vedische Urklang auf mich wie eine Gehirnmassage: als würden alle meine eingefahrenen Gehirnwindungen durchgewalkt und gelockert. Dennoch genügte mir das bloße Zuhören nicht. Um den Klang noch deutlicher und intensiver zu erfahren, holte ich mir aus der vedischen Bibliothek eine Originalausgabe zum Mitlesen.

Auf meinem Ausbildungskurs zum Meditationslehrer in Mallorca 1972 hatte ich bisher auf Sanskrit nur die Puja gelernt, die Dankbarkeitszeremonie an die Tradition der Vedischen Meister.

Daher dauerte es eine ganze Weile, bis ich in der ungewohnten Devanagari-Schrift die Stellen fand, die gerade gesungen wurden. Da immer nur zwischen zwei Hymnen eine deutlich hörbare Pause eintrat, suchte ich einfach nach dem Anfangswort der gerade gesungenen Hymne und dann nach dem Anfangswort der Verse, bis ich die Stelle gefunden hatte und mitlesen konnte.

Dabei fielen mir einige Wörter auf, die im Neunten Mandala immer wieder vorkamen, wie »Soma«, »Indu«, »Indra« »pavitra«, »pavasva«, »arshati« und andere. Als ich einen Sanskritstudenten nach der Bedeutung fragte, drückte er mir ein Sanskrit-Wörterbuch in die Hand und riet mir, selber nachzuschlagen, um die jeweils passende Bedeutung herauszufinden.

Jetzt war meine Neugier erst recht geweckt. Da Maharishi angedeutet hatte, dass die Übersetzungen auch eine Wirkung hätten, wenn sie vielleicht nur zehn Prozent der Originalbedeutung vermitteln könnten, wurde ich neugierig auf die restlichen 90 Prozent des Originaltextes und versuchte, einen ersten Satz des Neunten Mandalas zu übersetzen. Es sollte etwa ein halbes Jahr dauern, bis ich den Satz vollständig verstanden und übersetzt hatte.

Dabei traf ich nämlich auf mehrere Stolpersteine: Erstens die Reihenfolge des Sanskrit-Alphabets, das nicht historisch wie unser ABC, sondern streng phonetisch nach Ort und Art der Aussprache geordnet ist: *a, â, i, î, u, û ... k, kh, g, gh, ng ...* Ein Wort mit langem »â« suchte ich vergeblich unter »a«, bis ich merkte, dass ich unter kurzem »a« gesucht hatte, das im Alphabet vor dem langen »â« kam. Ein Wort mit »bh« suchte ich unter »b«, bis mir klar wurde, dass »bh« im Sanskrit erst nach dem Lautzeichen für »b« eingeordnet ist.

Die zweite Schwierigkeit war das Auffinden der Verbformen im Wörterbuch. Stellen Sie sich vor, Sie suchen im englischen Wörterbuch nach dem Wort »*went*« und wissen nicht, dass es unter »*go*« zu finden ist. Ähnlich ist es mit fast allen Verbformen des Sanskrit. Ohne die Wurzel zu kennen oder erraten zu können, suchen Sie im Wörterbuch oft vergeblich.

Und die dritte Schwierigkeit bestand in den Klangverschmelzungen, den *Sandhis*. Oft suchte ich nach Wörtern, die es gar nicht gab, weil es sich um die Verschmelzung zweier Einzelwörter handelte, bis ich merkte, dass es neben der gesungenen Fassung des Urklangs, der *Samhitâ*, noch eine *Pada*-Fassung gab, die den Klang in seine grammatischen Einzelbestandteile ohne Sandhi aufschlüsselte.

Mit all diesen Anfangsschwierigkeiten und ohne tiefere Kenntnis des Sanskrit begann ich 1977 in Seelisberg mit der Übersetzung. Ich war einfach neugierig, was im Originaltext herauszulesen war, wenn man ihn im Hinblick auf die eigenen Meditationserfahrungen und im Lichte dessen las, was Maharishi uns über Ursprung, Sinn und Bedeutung des Rik-Veda gesagt hatte. Erst im Laufe der Jahre ergab sich immer wieder die Möglichkeit, mein Sanskritstudium zu vertiefen, sei es 1980 in Delhi auf dem »Veda and Science«-Kurs, 1981 bei meinem Privatlehrer in Madras oder in Kursen zur Bhagavad-Gîtâ und zu Pâninis Grammatik bei unserem Sanskrit-Professor Peter Raster oder bei Pandit Dave in Vlodrop.

So konnte ich in größeren Zeitabständen immer wieder einige Sûktas übersetzen, bis ich die Übersetzung nach über 30 Jahren endlich zum Lesen anbieten kann. Dabei habe ich als Dichter vor allem versucht, auch die poetischen Eigenheiten des Urtextes so weit es geht zu erhalten: die Vieldeutigkeit, die Bildsprache, die Klangspielereien und soweit wie möglich auch die Silbenzahl des Versmaßes, damit die Hauptwirkung des Neunten Mandalas – das Klären und Fließen von Soma im eigenen Nervensystem – auch durch die Übersetzung möglichst spürbar wird.

Aufgrund all dieser selbst erfahrenen Anfangsschwierigkeiten, die es einem Sanskrit-Laien so gut wie unmöglich machen, sich den Originaltext selbst zu erschließen, bereite ich eine Studienausgabe des Neunten Mandalas vor, die es jedem erlauben soll, aus dem Originaltext seine eigene, nur für ihn persönlich gültige Deutung herauszulesen. Denn der Urtext bleibt ein ewig rauschendes, lebendiges Lautemeer, das uns je nach augenblicklichem Bewusstseinszustand immer wieder neue erhellende Botschaften des Augenblicks offenbart.

Eine Tasse Meeresrauschen

Eine Übersetzung des Rik-Veda gleicht einer Momentaufnahme des ewig rauschenden Meeres. Sie fängt nur einen kurzen Augenblick des Meeres ein, aus einem einzigen Blickwinkel. So wie der Standpunkt der Kamera das Bild des Meeres bestimmt, so bestimmt der Standpunkt des Übersetzers, welche Bedeutung des vielschichtigen Veda er in seiner Übersetzung wiedergibt. Diese Bedeutung ist zwar aus dem Veda abgeleitet, aber es ist nicht die einzig mögliche. Während die vieldeutige Sprache des Rik-Veda dem beschaulichen Zuhörer je nach Bewusstseinszustand immer neue Botschaften des Augenblicks offenbart, muss dieses ewig rauschende Meer beim Übersetzen notgedrungen in das Gefäß einer Sprache gegossen werden, die weniger Deutungsmöglichkeiten zulässt.

Auch wenn eine aus dem Meer geschöpfte Tasse Wasser nichts als reines Meerwasser enthält, so kann sie doch niemals die majestätische Gewalt des Meeres in seiner vollen Größe und Schönheit widerspiegeln. Sie kann nur die Erinnerung an den lebendigen Ozean wachrufen, der im Grundzustand unseres eigenen Bewusstseins in tiefer Stille ewig wogt, bis wir das Rauschen der Wellen des Wissens aus unserer eigenen Tiefe aufsteigen hören.

Warum ich den Rik-Veda trotzdem übersetzte

Obwohl die eigentliche Kraft des Rik-Veda in seiner ewigen, unvergänglichen Klangstruktur liegt, hat auch der Sinn, den wir aus dem Urklang herauszuhören glauben, noch eine starke, bewusstseinsanhebende Wirkung, die ich sofort spürte, als wir 1977 in Seelisberg anfingen, nach dem TM-Sidhi-Programm das 9. und 10. Mandala in der Übersetzung von Karl Friedrich Geldner zu lesen. Diese beschwingende

Wirkung des Soma war es vor allem, die mich immer wieder mit magnetischer Anziehungskraft zu diesem kraftstrotzenden Urklang hinzog und die ich um so stärker spürte, je intensiver ich mich mit dem Klang auseinandersetzte.

Vom Wort zum Laut zur Lücke

Die traditionelle Methode, die Bedeutung des Veda zu entschlüsseln, besteht darin, zunächst aus dem Klang Sätze mit gewohnten Wörtern einer uns vertrauten Sprache herauszuhören. Wer mit dem dadurch gewonnenen Sinn jedoch nicht zufrieden ist, der zerlegt die Wörter in ihre Einzelteile, so wie wir im Deutschen aus dem Wort »Ent-Täuschung« den Sinn »Freiwerden von Täuschung« oder aus dem Wort »all-ein« den Sinn »Einssein mit dem All« ableiten können.

Wer auch mit diesem Sinn noch nicht zufrieden ist, der zerbricht den Klang in noch kleinere Bausteine, bis er den Sinn aus den Grundelementen der Sprache, den Einzellauten, ihrer Aufeinanderfolge und den in den Lücken zwischen den Lauten stattfindenden Transformationen ableitet. Der Sinn der Einzellaute lässt sich aus der Mundstellung, der Artikulation und dem Fluss des Atems während der Aussprache ableiten, so dass sich die Botschaft des Veda letzten Endes jedem wachen, bewussten Menschen durch genaues Hinhören und Analyse des Klangs erschließt, unabhängig davon, welche Sprache er spricht und versteht.

Durch genaues Hinhören und Klanganalyse steht es also jedem Menschen frei, aus dem Klang des Veda die Botschaft herauszulesen oder herauszuhören, die für sein eigenes Verständnis am meisten Sinn ergibt. Betrachten wir zur Veranschaulichung einmal die erste Verszeile des Shrîsûkta:

hiranya varnâm harinîm

Auf Sanskrit bedeuten diese drei Wörter: »*goldglänzender Klang, güldengrün*«. Sind wir mit diesem Sinn aber nicht zufrieden und zerbrechen die Lautfolge in kleinere Sinneinheiten, finden wir statt drei Wörter acht Silben, die wir ebenfalls als selbständige Sinneinheiten deuten können. Allerdings nicht auf Sanskrit, sondern in einer anderen, uns sehr viel vertrauteren Sprache, nämlich in unserer eigenen Muttersprache:

hir an ya var nâm har in îm.

Nun fragen Sie sich sicher, was diese acht Silben mit unserer Muttersprache zu tun haben. Wie wir wissen, gehören sowohl Sanskrit als auch Deutsch zur indoeuropäischen Sprachfamilie, die sich von den indo-iranischen Sprachen im Osten über Griechisch, die slawischen, romanischen und keltischen bis zu den nord- und westgermanischen Sprachen ausdehnt.

Wenn ich die Schreibweise dieser acht Silben nur leicht der heutigen Orthografie zweier bekannter westgermanischer Sprachen angleiche, erkennen Sie sicher schon den Zusammenhang und haben vielleicht ein ähnliches Aha-Erlebnis wie ich, als mir der Klang plötzlich als persönliche Botschaft des Veda in den westgermanischen Sprachen Englisch und Deutsch erschien. Ich schreibe den Klang und die heutige Orthographie einmal untereinander:

hir an ya var nâm har in îm.
hear an, ja wahr Nam, harr in ihm!

Allein durch das Zerbrechen des Urklangs in acht einsilbige Wörter mit sieben Wortlücken können wir plötzlich folgende westgermanische Botschaft heraushören: *Höre an den wahren Namen, ja, verharre in ihm!*

Der Sinn, den wir auf Westgermanisch heraushören, entspricht durchaus der Botschaft des Veda, nämlich, dass uns der von menschlicher Sprache unabhängige Urklang auffordert, genau hinzuhören und den Klang beschaulich auf uns wirken zu lassen, bis uns aus der Tiefe unseres Bewusstseins eine ganz persönliche Botschaft aufdämmert, die wir aus dem Klang herauszuhören glauben. Wie aber kann das sein? Mit Sicherheit haben die vedischen Seher der Vorzeit, die die Hymnen in der Tiefe ihres Bewusstseins hörten und ausdrückten, weder Hochdeutsch noch Englisch gesprochen. Wie ist es dann möglich, dennoch eine westgermanische Botschaft herauszuhören?

Diese verblüffende Wandlungsfähigkeit des vedischen Urklangs lässt sich nur dadurch erklären, dass der vedische Urklang tatsächlich

»*nitya*« und »*apaurusheya*« ist, »*ewig*« und »*nicht von Menschen erschaffen*«. Dieser ewig-unveränderliche Urklang, der im unmanifesten, transzendentalen Bewusstsein pulsiert, erzeugt durch seine Lautstruktur in den Menschen, die reines Bewusstsein in sich belebt haben, immer neue Assoziationen und Gedankengebäude, die sich ihm als Botschaft des Augenblicks offenbaren und, wenn er die erkannten Wörter und Wortformen systematisch festhält und ordnet, genauso wie das aus dem Rik-Veda abgeleitete Altindische zu einer westgermanischen vedischen Sprache führen können.

Vielleicht vermittelt Ihnen das ein Gefühl dafür, dass die Botschaft, die wir im vedischen Sanskrit aus diesem Urklang ableiten, nichts anderes ist als eine von vielen möglichen Deutungen in einer Sprache, die sich erst aus dem Klang des Veda gebildet hat. Genauso können wir, wenn wir den gesamten Urklang des Veda auf westgermanisch deuten, eine Grammatik mit Wörterbuch zusammenstellen, die wir dann *Westvedisch* nennen könnten.

In unserem Satz wird der vedische Urklang als »wahrer Name« bezeichnet. Wessen Name ist damit gemeint? Der Name reinen Bewusstseins, das sich im Grundzustand unseres Denkens seiner selbst bewusst wird und mit sich selbst in Wechselwirkung tritt? Der Name des Schöpfers, der aus sich selbst heraus die Welt erschaffen hat samt aller Gedankengebäude und Sprachen der Menschen?

Wir sehen, dass diese erstaunliche Neudeutung des vedischen Urklangs nur dadurch möglich wird, dass sich zwischen den Lauten neue Wortlücken auftun. Während die Klänge Dinge benennen, offenbaren die Lücken die Beziehungen zwischen den Klängen und damit die eigentliche Dynamik, die den Klängen erst eine syntaktische Struktur und damit eine semantische Deutung verleiht.

Während der Klang den ausgedruckten Endzustand des Veda darstellt, findet im Übergang von einem Klang zum nächsten der dynamische Vorgang des Werdens und Wandels statt, der im Bewusstsein des Sprechers vor der Manifestation des Klangs abläuft. In den Lücken zwischen den Einzellauten erschließt sich den Wachen, die ihren Geist so weit geschult haben, dass sie auch die feineren Ebenen ihres eigenen

Denkens bewusst wahrnehmen und beobachten können, die schöpfe-
rische Kraft dieses ewigen Urklangs, der seit undenklichen Zeiten die
Kulturen der Völker befruchtet, bereichert und zum vollen Erblühen
geführt hat.

Das Glück des lichten Morgenrots erreicht habend und erzeugend,
sperren Sonnen die Lücke auf. – Rik Veda 9.10.5
Das Morgenrot erscheint uns, wenn die Dunkelheit der Nacht in die
Helligkeit des Tages übergeht. In der Bildsprache des Vedas bezeichnet
es den Zustand, in dem aus dem Dunkel der Unwissenheit allmählich
das Licht des inneren Wissens aufdämmert und die Verse des Vedas
im Bewusstsein des Betrachters ganz von selbst einen tieferen Sinn
offenbaren. Alle Schilderungen physischer Phänomene werden als
Seelenbilder erfahren und intuitiv in ihrer übertragenen Bedeutung
verstanden. Diese spontanen inneren Einsichten sind mit dem Gefühl
der Erfüllung und des Glücks verbunden. Das ist der Hauptgrund,
warum ich mir immer wieder einen neuen vedischen Vers vorgenom-
men und mich mit der Struktur und Bedeutung seines Klangs ausein-
andergesetzt habe. Je tiefer ich den Klang auf mich wirken ließ, desto
transparenter wurden die Silben und ließen aus den Lücken zwischen
den Klängen das Licht der Transzendenz erstrahlen, das wie in einem
rauschenden Blätterwald durch immer neue Lücken schimmerte.

Parallelen zur Quantenmechanik

Diese Art der Verfeinerung vom groben Sprachbrocken bis zum feins-
ten Mehl, von der groben Ebene des alltäglichen Gebrauchs bis zur
feinsten Ebene selbstbezogener Erkenntnis, ist vergleichbar mit der
Sicht eines Quantenphysikers, der einen Holztisch nicht nur zum
Essen verwendet, sondern auch die Partikel der im Tisch enthaltenen
Atome, ihre dynamische Wechselwirkung und den zwischen ihnen
liegenden Hohlraum im Bewusstsein hat.

So wie die quantenmechanische Sicht allgemeinere Gesetzmäßig-
keiten über die Struktur der Materie ans Licht bringt als die äußere
Betrachtung des Holztisches, so erschließt auch die reine Klanganalyse
des Vedas einen tieferen und allgemeingültigeren Sinn als die

Übersetzung auf der Wort- oder Satzebene einer bestimmten Sprache. Denn alle Menschen, auch wenn sie verschiedenen Sprachgruppen angehören, müssen die gleichen Mundbewegungen ausführen, um den gleichen Klang auszusprechen. Ein Deutscher muss beim A den Mund genauso öffnen wie ein Chinese oder ein Eskimo, während sich bei K der Gaumen und bei M die Lippen schließen müssen. Es erfordert allerdings eine wache und besonnene Aufmerksamkeit, sich der Aussprache eines Klangs und seiner daraus ableitbaren Bedeutung voll bewusst zu werden. Im Rik-Veda heißt es:

Wer wach ist, den suchen die Verse aus,
wer wach ist, dem kommen die Melodien.
Wer wach ist, zu dem spricht dieser Soma:
In deiner Freundschaft will ich gerne sein. – Rik Veda 5.44.14

Enge Verbindung von Klang und Bedeutung

Der Urklang des Vedas eignet sich für diese Klanganalyse besonders gut, da er eine enge, ursprüngliche Verbindung zwischen Name und Form, zwischen Klang und Bedeutung aufweist, die in späteren Sprachen durch Lautverschiebung und Bedeutungswandel oft nur noch verzerrt und verwässert erkennbar ist. Denn der Rik-Veda gilt als das älteste überlieferte Zeugnis menschlicher Sprachen. Deswegen wird der Klang des Vedas auch als Urklang bezeichnet, als die erste Manifestation, die zu menschlicher Sprache führte.

Die Wörter haben ein derart reichhaltiges Bedeutungsspektrum, dass wir aus dem Text einerseits eine sehr konkrete Begebenheit – wie es die meisten westlichen Übersetzer tun – andererseits aber auch ganz abstrakte Grundprinzipien des Wirkens schöpferischer Intelligenz herauslesen können. Es liegt an unserem Blickwinkel, ob wir lieber die abstrakte Grundbedeutung der Wörter oder deren spätere Ableitungen als Grundlage unserer Deutung verwenden wollen. Wir können das Wort »*vipras*« abstrakt als Vibration übersetzen, als etwas Vibrierendes, etwas, das sich innerlich in Schwingung, Erregung und Dynamik befindet, oder konkret als Weiser, Dichter, Sänger oder Priester, also als einen beschwingten, vibrierenden Menschen, der durch seine Stimme Schwingungen, Vibrationen hervorruft. Während der Klang unverändert und ewig der gleiche bleibt, wandelt sich die Botschaft, die der Mensch daraus ableitet, je nach Epoche und Zeitgeist.

Im Zeitalter der Unwissenheit, dem *Kali-Yuga*, wird das Wort »*a-gyâna*« im allgemeinen als »Unwissenheit« übersetzt, denn »*a-*« hat unter anderem wie im Griechischen die Funktion der Negation. Im *Sat-Yuga* dagegen, dem Goldenen Zeitalter, in dem Erleuchtung nicht die Ausnahme, sondern der Normalzustand des Menschen ist, versteht man unter »*a-gyâna*« vor allem das Wissen vom »*A*«, von der Ganzheit, der Fülle des Lebens. So kann sich der Sinn des Vedas je nach herrschendem Kollektivbewusstsein genau ins Gegenteil kehren.

So beginnt beispielsweise der Rigveda mit dem Wort *Agnim*, das auf Sanskrit »*Feuer*«, auch im übertragenen Sinn »*das innere Feuer des Wissens*« oder im Ayurveda das »*Verdauungsfeuer*« bedeutet. Maharishi Mahesh Yogi ist jedoch mit dieser Deutung nicht zufrieden und zerbricht das Wort in seine Einzellaute, wobei das »*g*« von »*Agnim*« durch Auflösung des Sandhi und Auslautverhärtung wieder zum »*k*« wird. Da beim »*A*« der Mund voll geöffnet ist, ordnet er dem »*A*« die Bedeutung »Fülle« oder »Unendlichkeit« zu.

Beim »*K*« dagegen schließt sich die Kehle, und der Atemfluss, der den Klang der Fülle hervorbringt, wird vollständig gestoppt. Daher ordnet er dem »*K*« die Bedeutung »Leere« oder den »Zusammenbruch der Fülle zu ihrem Punktwert« zu. Die Silbe »*Ak*« drückt für ihn somit den vollständigen Wert selbstbezogenen Bewusstseins von Fülle zu Leere aus, den Zusammenfall unbegrenzten Bewusstseins zu seinem eigenen Punktwert.

Auf dem Hintergrund dieser Klanganalyse übersetzt Maharishi das Wort »*Agnim*« nicht einfach mit »*Feuer*«, sondern gibt ihm die Bedeutung der »*höchsten Intelligenz*«, denn der Veda regt jeden dazu an, aus seinem Klang den tiefsten Sinn herauszuziehen, den sein jeweiliger Bewusstseinszustand zulässt.

Während Geldner die erste Verszeile »*agnim île purohitam*« übersetzt als: »*Agni berufe ich als Bevollmächtigten*«, übersetzt Maharishi diese Verszeile als »*Mit höchster Intelligenz identifiziere ich mein Gewahrsein, mit dem höchsten Verwalter.*«

Folgen wir nun dem westvedischen Sinn der ersten Verszeile des Shrîsûkta und hören uns den »*wahren Namen*« bedächtig an, wobei wir in ihm so lange verharren, bis der Klang für uns immer transparenter wird und uns hinüberzieht in die Transzendenz, dessen Grenze zur relativen Welt menschlicher Sprache er darstellt, dann können wir staunend miterleben, wie sich plötzlich neue Wortlücken zwischen den Klängen öffnen, die das Licht der Transzendenz durchscheinen lassen und völlig neue Beziehungen zwischen den einzelnen Klängen bilden, bis wir auch hier eine westgermanische Botschaft heraushören.

Die Pandits singen nämlich das lange »î« im Wort »île« als zwei Silben, so dass wir beim aufmerksamen Lauschen folgende neun Silben hören:

ak nim mî î le pur ro hit am

Auch hier werden Sie sich sicher fragen, welche westvedische Deutung in diesen Silben stecken soll. Vielleicht steigt bereits eine erste Ahnung und ein Wiedererkennen bekannter Elemente auf, wenn wir den Klang in englischer und deutscher Rechtschreibung darunter setzen:

ak nim mî î le pur ro hit am
AK nimm me, I lay pure row hit-Amm.

So finden wir ein Gemisch aus englischen und deutschen Wörtern mit folgender Sinngebung:

AK (Zerfall unbegrenzten Bewusstseins zu seinem eigenen Punktwert) nimm mich! Ich lege (dar) die reine Reihe der Ammen-Hits.

In dieser westvedischen Deutung tun sich also bereits in der ersten Verszeile des Rik-Veda zwischen den Klängen acht Lücken auf, durch die das Licht der Transzendenz durchscheint. Das selbstbezogene Bewusstsein reinen Wissens beginnt in seinem Selbstgespräch mit der Aufforderung, sich aus seinem unbegrenzten Zustand in seinen eigenen Punktwert fallen zu lassen. Die moderne Physik lehrt uns, dass die Schöpfung durch spontanen, sequentiellen Bruch der Supersymmetrie entsteht. Betrachten wir die Stille reinen Bewusstseins als ungebrochene Supersymmetrie, dann kann sich der Klang des Vedas erst manifestieren, wenn diese Stille gebrochen wird. Auch die deutsche Sprache weist bereits in der Struktur des Wortes »*Sprechen*« auf dieses Zerbrechen der Stille hin: *sch-brechen – Sch*, die Stille, *brechen*.

Erst nachdem sich reines Bewusstsein dem Symmetriebruch hingegeben hat, beginnt es, den spontanen sequentiellen Bruch durch seine festgefügte, unvergängliche Klangfolge darzulegen. Diese Klangfolge kann sowohl aus der Sicht des Zuhörers als Sammlung besonders beliebter und bekannter »Hits = Schlager« betrachtet werden, als auch aus der Sicht der transzendentalen Stille als Abfolge von »Hits = Schlägen«, die immer wieder die Stille brechen. Der gesamte Rik-Veda ist nach dieser Deutung die Sammlung der reinen Reihe der Ammenlieder, denn er stellt den nährenden Gesang von Mutter Natur dar, aus dem sich alles Leben innerhalb des Universums entfaltet.

Wir sehen, was uns im ersten Augenblick als reiner Witz erscheint, als laienhaftes und volksetymologisches Missverständnis des altehrwürdigen Klangs des Rik-Vedas, ergibt bei genauerer Analyse einen durchaus logischen und dem Veda vollkommen gerecht werdenden Sinn.

Da der Klang des Vedas ewig unveränderlich bleibt, während sich die Sinngebung je nach Zeitgeist und Kulturkreis wandelt, macht es also durchaus Sinn, nicht nur die aus dem Sanskrit abgeleitete Sinngebung ins Deutsche zu übertragen, sondern auch die Klangstuktur selbst zu analysieren und sie durch »Reframing« – durch Umdeutung aus der Sicht neuer Rahmenbedingungen – als Botschaft in unserer eigenen Muttersprache zu betrachten.

Wenn wir eintauchen in die Stille reinen Bewusstseins und vollkommen frei von vorgefassten historischen Sprachkonzepten dem Urklang lauschen, können wir immer wieder erleben, wie uns bestimmte Klangfolgen plötzlich vertraut erscheinen und uns eine persönliche Botschaft offenbaren.

So heißt es im Neunten Mandala, Sûkta 2, Vers 6c:
sam sûryena rocate – Sanskrit: *mitsamt der Sonne erstrahlt er.*
Auf Westvedisch dagegen hören wir:
sam sûri yena ro oj a te

Some Suri jener row urge à te.
Manche Suren jener Reihe drängen zu dir.

Die Technik des Sanyama zur Sinnfindung des Vedas

Die vedische Klangstruktur stellt den Übergang zwischen reinem Sein und Sinn dar. Zur Sinnfindung taucht der Geist durch die Klangstruktur, die jenseits jeder menschlichen Sprache als reine Schwingung wirkt, in transzendentales Bewusstsein ein und verschmilzt mit dem darin vibrierenden Wissensschatz, bis er merkt: »*vedo'ham – ich bin der Veda, ich bin reines Wissen*«.

Wenn er aus diesem stillen, sinnfreien Sein wieder in die menschliche Sichtweise zurückkehrt, glaubt er im vedischen Urklang einen sprachlichen Sinn zu erkennen, der eine zeitgemäße, auf seine Lage innerhalb von Raum und Zeit bezogene Botschaft zum Ausdruck bringt. So entstehen aus der ewigen Klangstruktur die ersten Konzepte und Gedankengebäude, die Archetypen und Axiome, aus denen sich Sprache, Kultur und Weltbild entwickeln.

Die Fähigkeit, in diesem feinsten Bereich der Schöpfung, am Übergang zwischen reinem Sein und seinen ersten Fluktuationen, zwischen tiefster Stille und erster geistiger Klangschwingung wach und geistig aktiv zu sein, wird durch die Technik des Sanyama geschult, die in den Yoga-Sutras des Patanjali beschrieben wird. In unserer Zeit wurde diese Technik von Maharishi Mahesh Yogi wieder belebt und in Form des TM-Sidhi-Programms, das auch das yogische Fliegen beinhaltet, weltweit verfügbar gemacht.

Da der zeitlose Urklang des Vedas im Geiste eines Menschen, der den Zugang zu reinem Bewusstsein hat, ständig neue, zeitgemäße Botschaften des Augenblicks offenbart, gilt es in der vedischen Tradition als Sünde, den Veda zu übersetzen, denn jede Übersetzung legt den Text auf eine bestimmte Sichtweise fest: auf den Blickpunkt des Übersetzers im Augenblick der Übersetzung. Der Urklang aber ist vielschichtig schillernd und kann in vielen Bedeutungen interpretiert werden. Jeder, der regelmäßig in die Stille taucht, aus der sich der Urklang des Vedas entfaltet, kann so dieses ewig wogende innere

Klangmeer, das in Samenform das gesamte Wissen der Schöpfung in sich birgt, im Lichte verschiedener Tages- und Jahreszeiten und aus den verschiedensten Blickwinkeln neu betrachten.

Nehmen wir einmal als Beispiel den ersten Vers des Neunten Mandalas, der folgende Klangstruktur aufweist:

svâdischthayâ madischthayâ
pavasva soma dhârayâ,
indrâya pâtave sutah.

Wenn wir diesen Klang als vedisches Sanskrit deuten, hören wir acht Wörter mit folgender Bedeutung:

svâdischthayâ – im süßesten; *madischthayâ* – berauschendsten; *pavasva* – kläre dich; *soma* – Soma; *dhârayâ* – im Strome; *indrâya* – für Indra; *pâtave* – zum Trinken; *sutah* – ausgepresst.

Es erscheint uns selbstverständlich, dass dieser Vers im Kopf des Dichters als Ausdruck des Altindischen, aus dem sich später das klassische Sanskrit entwickelte, gedacht und aufgeschrieben wurde, mit folgender wörtlicher Übersetzung:

Im süßesten, berauschendsten
Strome, Soma, kläre dich,
für Indra zum Trinken ausgepresst.

Brechen wir dieselbe Klangfolge aber statt in acht in neunzehn verschiedene Wörter auf, erscheinen uns als Angehöriger der westgermanischen Sprachgemeinschaft diese Wörter viel vertrauter und ergeben einen völlig anderen Sinn, der sich ebenfalls aus dem Veda ableiten lässt.

's vâ dischtha yâ ma dischtha yâ
pav as vas soma dhâra yâ,
in drâya pâ ta ve sutah.

Diesen neunzehn Wörtern ordne ich nun folgende Bedeutung zu: *'s* – es; *vâ* – war; *dischtha* – dichter; *yâ* – ja; *ma* – mein; *dischtha* – Dichter; *yâ* – ja; *pav* – engl. *pave*, bahne; *as* – engl. *us*, uns; *vas* – etwas; *soma* – Soma; *dhâra* – daran; *yâ* – ja; *in* – in; *drâya* – Dreien; *pâ* – brach; *ta* – engl. *the*, der; *ve* – Ved (das wehende Wissen); *sutah* – zutage.

Der Sinn, der sich dadurch ergibt, gewährt uns tiefe Einblicke in die Natur des vedischen Urklangs:

Es war dichter, ja, mein Dichter, ja.
Bahne uns etwas Soma, daran ja,
in Dreien brach der Ved zutag.

Der Vers beginnt mit dem unpersönlichen »Es«, von dem nur das »s« am Ende ausgesprochen wird. Die erste Hälfte des Wortes bleibt unausgesprochen und manifestiert sich nicht als Klang, denn mit diesem »Es« ist die Fülle der Transzendenz in der Stille gemeint, das Absolute, der Ursprung und Urgrund unserer manifesten Schöpfung. Über dieses unmanifeste »Es« wird gesagt, dass es »dichter war«. Wann war es dichter? Als es noch still war, unausgesprochen, kurz bevor sich dieser Vers als Klang manifestierte.

Dieser Zustand der unausgedrückten Dichte wird im Veda »*Samhitâ*« genannt, das »*Verbundene*«. Mit diesem Zustand der Dichte, die unausgedrückt noch dichter war, wird nun auch der Dichter selbst bezeichnet, um die Einheit von Dichter und Dichte auszudrücken. Denn der Dichter ist nur das Sprachrohr für die Klangimpulse, die im Grunde seines Bewusstseins pulsieren. Die Dichte selbst spricht den Dichter also als »mein Dichter« an und bestätigt dem Dichter mit dem wiederholten »ja« die Richtigkeit seiner Erkenntnis.

Die erste Verszeile beschreibt also sowohl die Dichte als auch ihre Einheit mit dem Dichter. Sie ist dem Aspekt der *Samhita* und des *Rischi*, des Erkennenden gewidmet. In der zweiten Verszeile wird das Thema *Soma* angesprochen, der *Devatâ*-Aspekt, der für die Dynamik, die Wirkung des Verses verantwortlich ist: Der Dichter soll uns, den Zuhörern, etwas Soma bahnen, indem er einen vedischen Vers ausdrückt, der den Somafluss in unserem Nervensystem in Gang setzt.

Durch diesen Somafluss bricht schließlich die unmanifestierte Dichte der Stille auf und lässt den vedischen Vers entstehen, den *Chandas*-Aspekt des Veda, der sowohl die Einheit der *Samhita* als auch die Dreiteilung in *Rischi-Devata-Chandas*, in Erkennenden, Erkenntnisprozess und Erkanntes, offenbart: die Drei-in-Eins-Stuktur selbstbezogener Erkenntnis.

Wir sehen, dass uns die westvedische Deutung dieses Verses durchaus vedisches Wissen liefert, obwohl es doch völlig außer Zweifel steht, dass Madhuchandas, der Rischi dieses Verses, weder Deutsch noch Englisch sprach und den Urklang des Veda nicht als sprachlichen Ausdruck einer westgermanischen Sprache formuliert haben konnte.

Wie kommt es dann, dass wir den Vers trotzdem als eine Art urtümliche Muttersprache deuten und verstehen können? Es gibt nur eine Erklärung: Der vedische Urklang ist eine von menschlicher Sprache unabhängige Klangfolge, die erst durch den Menschen selbst als sprachlicher Ausdruck interpretiert wird. Und das gelingt uns deshalb, weil sich unsere eigene indoeuropäische Sprache wie alles andere aus dem Unmanifesten entwickelt hat, dessen Grenze zum Manifesten der Rik-Veda darstellt. Deswegen heißt es in RV 10.71:

1. O Herr des Lieds, zu Anbeginn der Sprache,
als sie gedachten, Namen zu vergeben,
offenbarte das Bewahrte insgeheim
aus Zuneigung das strahlend Makellose.

Ich habe den Klängen eine für uns Deutsche plausible Bedeutung zugeordnet, den Formen also »Namen gegeben«, die mir »*das Bewahrte*«, nämlich der überlieferte makellose, strahlende Klang des Rik-Veda, »*offenbarte*«. Dieser Vorgang wird im nächsten Vers von Sûkta 10.71 näher erläutert:

2. Wo sie Sprache wie gedroschnes Korn im Sieb
säubern und im Geist geschickt gestalten,
da werden Freunden Freundschaften bewusst.
Ihre Sprache ist vom Glückszeichen geprägt.

Die Zuordnung von Klang und Bedeutung ergibt mit fortschreitender Entwicklung eine Sprache, die noch sehr nahe mit dem Naturgesetz, das die Schöpfung aufrechterhält, verbunden ist, und daher »*vom Glückszeichen geprägt*« ist. Denn diese Zuordnung beruht keineswegs auf Willkür. Nur wenn der Vers für mich einen Sinn zu geben scheint, kann ich den einzelnen Wörtern eine Bedeutung beimessen. Ich muss die verschiedenen Möglichkeiten abwägen und filtern, muss die »*Sprache wie gedroschnes Korn im Sieb säubern und im Geist geschickt gestalten«.* Und das gelingt mir nur, wenn ich zum Ursprung des Veda, dem transzendenten Feld, eine enge, freundschaftliche Beziehung habe.

Keine Sanskritkenntnis ist dazu nötig, denn Sanskrit ist erst aus dem Urklang entstanden, als man im Rik-Veda eine sprachliche Aussage zu hören glaubte. Das ist die Macht der *Mâyâ,* der Sinnestäuschung, die uns den gesamten Bereich der relativen Schöpfung vorgaukelt. Die Gedankengebäude und die Sinngebung ergeben sich erst, nachdem der ewige Urklang in der Stille des eigenen Bewusstseins vibriert und zum Leben erwacht. Nur das Selbst kann das Selbst vollkommen verstehen und deuten.

Darum steht im Shrîsûkta Vers 7, letzte Zeile:
kîrtim riddhim dadatu me.
Sanskrit: *Ruhm und Reichtum bringe er mir.*
Aufgebrochen in westvedische Sinneinheiten:
kî-irtimr rid dhimd dad datum e
Key-Irrtümer rid! Dimmed dad Datum eh.
Schüttle die Schlüssel-Irrtümer ab! Verdunkelt ist das ewig Gegebene.

Fazit: Der Veda ist ein lebendes Vermächtnis, zu dessen Verständnis wir zwar die historische Linguistik und das Studium des vedischen Sanskrit nutzen können, aber diese Vorbildung ist noch lange keine Garantie, dass wir darin auch wirklich eine zeitgemäße Botschaft des Vedas sehen können. Viel wichtiger als ein indologisches Sprachstudium ist das Eintauchen und Vertrautwerden mit reinem Bewusstsein, dem transzendenten Feld, in dem die Verse des Veda ewig vibrieren.

Eine sprachliche Kommunikation ist ein lebendiges Zwiegespräch zwischen Sprecher und Empfänger und wird vom Empfänger spontan aus dem Augenblick heraus verstanden, wobei es durchaus vorkommt, dass der Empfänger etwas anderes versteht als der Sprecher geplant hat.

Wichtig ist allein, ob das, was verstanden wurde, für den Empfänger einen Sinn ergibt. Unter diesem Gesichtspunkt erscheinen auch das Zitat Maharishis, das diesem Buch vorangestellt ist, und seine folgenden

Aussagen über die Deutung des Veda in einem neuen Licht.

Maharishi zur Bedeutung der vedischen Hymnen[8]

Die Hymnen bestehen aus Worten, und jedes Wort hat auf jeder Bewusstseinsebene seine Bedeutung; deswegen ist es unmöglich, ihren wahren Gehalt zu kennen. Ein Wort, ein Klang, hat eine Bedeutung, die entweder richtig oder vollkommen falsch gedeutet werden kann. Auf jeder Bewusstseinsebene hat es eine andere Bedeutung.

Darum konnten die Interpreten der Veden, die Kommentatoren, die Veden nur von ihrer Bewusstseinsebene aus kommentieren. Der Seher hat die Hymnen auf einer besonders feinen Ebene geschaut, die aber zu allen Zeiten auch für jeden anderen Seher erreichbar ist. Wer allerdings nicht auf dieser Ebene gegründet ist, wer die Wirklichkeit auf dieser Ebene nicht erkennt, kann die volle Wahrheit einer Hymne des Veda niemals erfassen.

Aber auch, wenn nur ein Teil der Bedeutung erfasst wird, wenn es nur ein kleiner Teil der ewigen Wahrheit ist, ergibt das bereits auf jeder Ebene des Lebens einen Sinn, je nachdem einen sehr groben oder sehr feinen. Nehmen wir einmal das Wort »usha« mit der Bedeutung »Morgenröte«. Für einen Dichter mag Morgendämmerung einfach so etwas wie »das Ende der Nacht« bedeuten. Aber das Wort Morgendämmerung kann auf jeder Bewusstseinsebene einen anderen Sinn ergeben.

Es kann das Heraufdämmern des Einheitsbewusstseins bedeuten. Es kann bedeuten, dass uns das Gottesbewusstsein dämmert. Es kann bedeuten, dass Kosmisches Bewusstsein aufdämmert. Es kann bedeuten, dass Transzendentales Bewusstsein dämmert. Es kann die Morgendämmerung bedeuten, bevor die Sonne aufgeht. Es kann bedeuten, dass der Mond aufgeht.

Je nach Bewusstseinsebene des Erkennenden ergibt sich eine andere Bedeutung von »usha«. Und deshalb gelten die Veden als unergründlich – »endlos ist der Veda« heißt es. Unergründlich ist das Wissen des Veda. Denn das ist die Natur des Lebens. Das Leben ist unergründlich.

---

8 Aus einem Vortrag von Maharishi Mahesh Yogi, Humboldt, 1971

Jemand kann auf einer bestimmten Ebene stecken bleiben und doch das Leben in den glühendsten Worten preisen. Dichter haben zu allen Zeiten das Leben besungen, und jedes Lied hat seinen eigenen Wert, seinen eigenen Reiz und seine eigene Bedeutung. Und jeder findet eine Deutung auf seiner Ebene des Bewusstseins, findet darin seine eigene Wahrheit.

Alle großen Denker der Vergangenheit wie Platon, Aristoteles und andere, sie alle haben von ihrer Bewusstseinsebene aus gesprochen. Manchmal wurden sie ins Gefängnis gesteckt oder anders bestraft, weil die Leute sagten: »Nein, nein, was du sagst, ist nicht gut.« Aber das lag am Unterschied in der Bewusstseinsebene.

Christus wurde gekreuzigt: »Der muss weg!« Und fertig. Unterschiedliche Bewusstseinsebenen. Wir sagen: »Wissen zerschellt am harten Felsen der Unwissenheit.« Das ist so. Gegen Dummheit ist kein Kraut gewachsen. Und das war schon immer das Los jedes Lehrers, ob groß oder klein. Er konnte nur von seiner Bewusstseinsebene aus sprechen. Die ihn hörten, konnten ihn nur von ihrer Bewusstseinsebene aus verstehen. Zwischen beiden klafft eine Kluft. Und diese Kluft wird mit der Zeit immer größer.

Aus der frohen Botschaft der Wonne wird, dass Leiden notwendig sei. Was für eine Diskrepanz! Und genau das sagt die bekannte Hymne des Vedas: »*Die vedischen Worte sind im allgegenwärtigen Feld der Transzendenz strukturiert. Wer damit nicht vertraut ist, was kann dieses Wissen ihm bringen? Doch wer damit vertraut ist, der ist gegründet in Ausgeglichenheit, im Gleichgewicht des Lebens.*« Im Gleichgewicht zwischen der Rauheit des Relativen und der Anmut des Absoluten, im Zustand der Einheit.

Und das alles durch das Wissen des Vedas. Das Wissen des Vedas reicht vom feinen, zarten Aufbau der Form im Namen bis in den Bereich der greifbaren Form. Das ist das Wissen des Vedas. Von der feinsten Struktur der Form im Namen bis zu ihrem ausgeprägten, konkreten Ausdruck in der tatsächlichen Form – dieses ganze Wissen. Das Verstehen dieses ganzen Wissens hebt das Leben an bis zu seinem höchsten Wert.

Maharishi zur Bedeutung des Wortes Devata[9]

Devata wurde vollkommen falsch als »Gott« interpretiert. Interpreten des Vedas aus fremden Ländern haben es »Gott« genannt und damit eine heillose Verwirrung gestiftet: ein Gott? Viele Götter? Damit ging der ganze Gelehrtenstreit los mit hanebüchenen Argumenten voller Unkenntnis.

Wir nennen Devata »kreative Intelligenz«. Und es gibt tausend Eigenschaften kreativer Intelligenz im Feld der Dynamik und tausend Eigenschaften kreativer Intelligenz im Feld der Stille. Tausend Namen von Shiva und tausend Namen von Vishnu und tausend Namen verschiedener Devatas. Alle Devatas sind unterschiedliche Eigenschaften kreativer Intelligenz. Devata im Sinne von Gott zu interpretieren, ist irreführend. Aber es spielt keine Rolle, wie wir es nennen. Die Bedeutung ist Vielfalt in der Einheit der Stille. Und Vielfalt in der Einheit der Dynamik. Die Einheit der Dynamik und die Einheit der Stille, beides ist nur eins: Einheit.

Das ergibt ein schönes, umfassendes Bild. So praktisch, dass es jeder verstehen kann. Deswegen erklären wir es jedem. Und wer das Glück beim Schopfe packt, der nutzt es, um damit sein eigenes kosmisches Potential zum vollen Erblühen zu bringen, und hilft damit der ganzen Welt.

---

9 Maharishi auf der Welt-Pressekonferenz am 09.07.2003

Zum Wesen vedischen Wissens[10]

Wo ist der Veda?

In Indien? Nein. Im Himalaya? Nein. In irgendeinem Teil der Welt? Nein. In irgendeiner Phase des Endlichen? Nein. Wo sollen wir dann nach dem Veda suchen? Der Rik-Veda selbst beantwortet diese Frage, indem er sagt:

Richo Akshare Parame Vyoman – *Rik-Veda 1.164.39*
Die Richas (die Hymnen des Vedas) liegen im unvergänglichen transzendenten Feld, in reinem Bewusstsein, reiner Intelligenz.

Was ist der Veda?

Sind es die Bücher der Sanskrit-Hymnen? Auch hier lautet die Antwort: nein. Die vier Bücher, die als Rik-Veda, Sama-Veda, Yajur-Veda und Atharva-Veda bekannt sind, sind nicht der Veda: Bücher dienen dazu, die Worte der Vedischen Literatur festzuhalten, aber sie selbst sind nicht der Veda.

Wieder sagt uns der Rik-Veda selbst, was er ist:

Yasmin devâ adhi vishve nisheduh – *Rik-Veda 1.164.39*
Wo alle Impulse der kreativen Intelligenz weilen.

Der Veda ist die Heimat aller Impulse kreativer Intelligenz. Wie kann man den Veda kennenlernen, der im Transzendenten liegt und die Heimat aller Impulse der kreativen Intelligenz ist? Indem wir reines Bewusstsein entwickeln, den Schlüssel zum Studium des Vedas. Der Rik-Veda sagt:

Yo jâgâra tam richah kâmayante – *Rik-Veda 5.44.14*
Wer wach ist, den suchen die Hymnen aus.

Vollkommen »wach« zu sein bedeutet, verankert zu sein in reinem Bewusstsein. Die Entwicklung reinen Bewusstseins ist der Schlüssel zu allem Wissen und die Voraussetzung für das Studium des Vedas.

---

10 Aus dem Katalog der Maharishi International University, Fairfield, Iowa, USA, 1974

Wozu sollten wir den Veda kennen?

Das Ziel ist, die Ganzheit des Lebens zu leben. Der Rik-Veda sagt:
Ya ittad vidus ta ime samâsate – *Rik-Veda 1.164.39*
Wer das (reine Bewusstsein) kennt, ist gegründet in Ausgeglichenheit, in der Ganzheit des Lebens.

Das Studium des Vedas hat den Zweck, das Heim allen Wissens im eigenen Bewusstsein zu beleben. Dadurch haben wir Zugang zur Quelle der Impulse kreativer Intelligenz und optimieren damit unsere Handlungsfähigkeit, sodass wir Höchstleistungen vollbringen und ein durch und durch erfülltes, ganzheitliches Leben führen können.

Wie beleben wir das Heim allen Wissens im eigenen Bewusstsein?

Die Bhagavad-Gita gibt dazu eine praktische Formel mit den Worten:
Nistraigunyo bhava – *Bhagavad-Gita 2.45*
Sei ohne die drei Gunas, ohne Handlungstrieb. Komme zum Heim aller Impulse kreativer Intelligenz (und agiere von dort aus).
Yogasthah kuru karmâni – *Bhagavad-Gita 2.48*
Im Sein, in der Einheit gegründet, handele.
Außerdem sagt die Gita, dass uns nichts daran hindern kann, dieses Ziel zu erreichen; der Vorgang ist natürlich und frei von jeglichem Widerstand:
Pratyavâyo na vidyate – *Bhagavad-Gita 2.40*
Es gibt kein Hindernis.
Da der Weg frei von Hindernissen ist, »führt schon ein wenig Praxis zur Befreiung von großen Ängsten, Problemen und Schwächen«. (Bhagavad-Gita 2.40)

So wird das Ziel des vedischen Studiums festgelegt, indem wir den Bereich der Aktivität verlassen und zum Feld der reinen kreativen Intelligenz gehen. Und das geschieht völlig natürlich, ohne Hindernisse, und führt unmittelbar zu spürbarem Kraftzuwachs. Der Rik-Veda fasst diese Vorgehensweise in einem Wort zusammen:
Nivartadhvam – *Rik Veda 10.19.1*
Transzendiert!

Der Veda ist kein intellektuelles Konzept, das die Wirklichkeit am Urgrund der Schöpfung nur verstandesmäßig enthüllt. Der Rik-Veda ist der ganzheitliche Ausdruck der organisierenden Kraft reinen Wissens und damit die Quelle der dynamischen Kraft, durch die aus reinem Bewusstsein, das mit sich selbst in Wechselwirkung tritt, die gesamte manifeste Schöpfung hervorgeht. Er enthält die Mechanismen, durch die sich das Einheitliche Feld des Naturgesetzes in die verzweigten Werte der unzähligen Naturgesetze verwandelt, die das Leben an sich und die Evolution des Lebens aufrechterhalten.

Maharishi über die Entwicklung von Bewusstsein zu Objekten[11]

Bewusstsein entwickelt sich in seine objektbezogene Ausdrucksform, indem es die Erinnerung an seinen selbstbezogenen Ursprung beibehält. Die sich ständig weiterentwickelnde Bewusstseinsstruktur schreitet – während sie ihren Ursprung im Gedächtnis behält – in Schleifen des Selbstrückbezugs fort – jeder einzelne Schritt des Fortschritts geschieht in Form einer selbstrückbezogenen Schleife.

Da jeder Punkt des Bewusstseins mit jedem anderen Punkt unendlich korreliert, baut sich das gesamte Feld des Bewusstseins aus selbstbezogenen Schleifen unendlicher Frequenz auf. Der Grundvorgang bleibt immer der gleiche: Fließen und Halten, Fließen und Halten, Fließen und Halten.

Dieser grundlegende Veränderungsvorgang, dieser grundlegende Transformationsprozess, hält die Dynamik der Evolution verschiedener Ausdrucksebenen beständig aufrecht und erschafft unterschiedliche Ebenen der Manifestation, die den Prozess der Evolution unterstützen.

Das ist es, was die ewige selbstbezogene Dynamik von Samhita in die schrittweise Entfaltung von Klang, Sprache, schriftlicher Sprachformen, Wörtern, Sätzen, Versen usw. mit den entsprechenden stofflichen Formen bewirkt. Dieser Prozess geht ewig weiter und führt zum

---

11 Aus: Maharishi Vedic University, Vedic Knowledge for Everyone, Evolution of Consciousness, S. 64-65

ständig sich ausdehnenden Universum.

Dieses Zitat von Maharishi beschreibt in präzisester Kürze, wie sich aus Bewusstsein über das Medium der vedischen Klangstruktur schließlich das grobstoffliche Universum manifestiert. Einige Schlüsselbegriffe verdienen es dabei, genauer betrachtet zu werden.

Was heißt unendlich korrelieren?

Ein voll erwachtes Bewusstsein ist sich seiner gesamten Fülle bewusst, und daher erinnert sich jedes Einzelteil der Gesamtheit, also aller anderen Teile. Ein weniger erwachter Geist ist sich nur seiner isolierten Existenz und einiger anderer ihn umgebenden isolierten Teile des Bewusstseins bewusst. Er korreliert also nur mit denen, mit denen er zum Beispiel gerade kommuniziert.

Das voll erwachte Bewusstsein hingegen ist wie ein Hologramm immer mit dem Gesamten verbunden und daher unendlich wechselwirkend mit allen anderen Teilen seiner selbst. Zwar sind nicht alle Teile ständig im Fokus, das wäre zu überfordernd und auch unpraktisch, aber die Verbindung zu allen anderen unendlich vielen Teilen bleibt immer bestehen, so wie wir ins Internet beliebige Suchbegriffe eingeben und auf der entsprechenden Antwortseite landen können.

Was heißt unendliche Frequenz?

Da Bewusstsein direkt mit allen Teilen seiner selbst verbunden ist und keinerlei verzögerndes Medium als Vermittlung zwischen sich selbst benötigt, kann es unendlich schnell mit sich in Wechselwirkung treten. Es kann also pro Nanosekunde unendlich viele Gigabytes von einem Punkt zum anderen transferieren.

Was sind selbstrückbezogene Schleifen?

Bewusstsein bezieht sich ständig auf sich selbst, wenn es sich über irgendetwas bewusst wird. Dadurch erschafft es ständig in sich selbst verschiedene Bereiche von sich selbst und trennt diese Bereiche der Übersicht halber voneinander ab, obwohl sie alle nichts als Bewusstsein sind. Trotzdem bleibt sich Bewusstsein ständig bewusst, dass es Bewusstsein ist, behält also in all seinen Erscheinungsformen immer die Erinnerung an seinen ungeteilten Urzustand bei. Das sind die selbstrückbezogenen Schleifen, der ständige Bezug auf sich selbst.

Genauso hält auch unser Körper seine Homöostase aufrecht, indem er sich auf seine eigene Referenz bezieht. Sobald der Selbstbezug verloren geht, beginnen Autoimmunkrankheiten und Allergien usw. Bei technischen Geräten nennt sich dieser Selbstbezug z. B. Sinc. Wenn bei den früheren Videorecordern der Sinc gestört war, gab es kein richtiges Bild mehr, nur Schnee, Flackern oder weglaufende Zeilen.

Und dieser ständige Selbstbezug in Schleifen erzeugt verschiedene Manifestationsebenen, von ganz fein bis ganz grob, also von Gedanken, Gedanke als Gefühl, als gedanklicher Klang, als ausgesprochener Klang, als geschriebener Klang, und dann als ausführliche komplexe Sprachform mit grammatischen und semantischen Bezügen, die wiederum im Bewusstsein mit Bedeutung assoziiert werden und dadurch im Geist Bilder und Konzepte und Weltbilder und alle Arten von Gedankengebäuden erzeugen, die sich immer mehr manifestieren und verfestigen – vor allem durch ständiges Wiederholen immer derselben Bilder –, bis wir tatsächlich daran glauben und überzeugt sind, dass sie wirklich existieren, obwohl alles nur erdacht ist.

So bekommt die Seele das Gefühl, in einer wirklichen Welt zu leben, obwohl sich das Bewusstsein das alles nur ausdenkt (durch Re-flektieren = Zurückbeugen = selbstbezogene Schleife bilden). Dadurch expandiert das Universum immer weiter, bis wir durch Transzendentale Meditation das Denken wieder zu seinem inneren Ursprung zurückführen können, wo es mit der Quelle allen Denkens und aller Vorstellung von Materie, mit dem Feld des reinen, selbstrückbezogenen Bewusstseins verschmilzt.

Glossar der Sanskritwörter und Namen

Adhvaryu – diensttuender Priester, sein Ritual ist der Yajurveda.

Aditi – 1) ungebunden, unendlich, unerschöpflich, 2) Ungebundenheit, Unendlichkeit, Unvergänglichkeit, 3) Mutter der Āditya, auch Mutter aller Götter.

Âditya – 1) zur Aditi gehörig, 2) Sohn der Aditi, 3) Pl. eine besondere Götterklasse, 4) Pl. die obersten Götter, 5) der Sonnengott, die Sonne.

Agni – 1) Feuer, 2) Gott des Feuers, 3) Feuer im Magen, die Verdauungskraft. Da der Rigveda mit dem Wort *Agni* beginnt, erläutert Maharishi dessen Lautstruktur ausführlich: A – der Laut, der bei voll geöffneter Mundstellung entsteht – drückt Fülle aus. Von ihm heißt es in der vedischen Literatur: *A-kāro vai sarvā vāk:* A allein ist die Gesamtheit der Sprache. G ist ein durch Sandhi (Klangverschleifung) erweichtes K, bei dem die Kehle geschlossen und der Atem blockiert wird. Daher drückt K den Punktwert aus, zu dem die Fülle zusammenfällt. N ist der fließende Klang, der das Zerfallen der Fülle zum Punkt weiterführt zu I, der individuellen Existenz.

Alâyya – 1) ein Name *Indras*, 2) Angreifer.

Amrit – 1) unsterblich, unvergänglich, 2) Unsterblichkeitstrank, Ambrosia, Nektar, 3) Unsterblichkeit, 4) Welt der Unsterblichkeit, Gesamtheit der Unsterblichen, 5) ayurvedisches Pflanzenpräparat.

Ânanda – Lust, Wonne, Glücksgefühl, Glückseligkeit.

Angiras – vgl. »angel, Engel«, Wesen zwischen Göttern und Menschen, die den Menschen die Gaben der Götter zuteilen.

Anschu – 1) Name der Pflanze für *Soma*, 2) daraus gepresster Saft.

Anuschtubh – Versmaß aus 4 mal 8 Silben (32 Silben).

Anuschtubh Pipîlikamadhyâ – Versmaß aus 12, 8 und 12 Silben (32 Silben).

Apsaras, Apsarâ – Männer verführende, weibliche Himmelswesen.

Aryaman – 1) Busenfreund, Kamerad, 2) Name eines Anführers der Āditya.

Ashvin, Aśvin – 1) mit Rossen versehen, beritten, 2) Rosselenker, 3) die beiden Lichtgötter am Morgenhimmel, die Ärzte der Götter.

Astarapankti – Versmaß aus 38 Silben.

Atharvan – 1) Feuerpriester, 2) die Hymnen des Atharvaveda.

Âtmâ, Âtman – 1) vgl. »Atem«, Hauch, 2) Seele, 3) das Selbst, 4) Wesen, Eigenart, 5) Leib, Körper, 6) die Allseele, Weltseele.

Atyaschti – Versmaß aus 4 mal 17 Silben (68 Silben).

Avyakta Sûkta – das unmanifeste Sûkta in der Mitte eines vedischen Mandalas, das den transzendenten Aspekt ausdrückt. Im Neunten Mandala sind die Sûktas 57 und 58 die kürzesten, die in Form und Inhalt am stärksten in die Transzendenz durchdringen.

Barhis – Streu aus Kuśa-Gras (Riedgras) zum Ausbreiten der dargereichten Gaben und als Sitz für die Götter und Opfernden.

Bhaga – »der Zuteilende«, 1) Spender, Gabenverteiler, Schutzherr, Segensspender, 2) Wohlstand, Glück, 3) Gabe, Begabung, Herrlichkeit.

Bhâratî – die Göttin der Rede.

Bilwa – Bengalische Quitte (Aegle marmelos), auch Madjobaum, Belbaum oder Schleimapfel genannt.

Brahmâ, Brahman – 1) Andacht, 2) das heilige Wort, der Veda, 3) gottgeweihtes Leben, Enthaltsamkeit, 4) der unpersönliche Gott, das Absolute, 5) der Stand, der das heilige Wissen des Veda pflegt und bewahrt: die Brahmanen, auch der einzelne Brahmane, 6) Beter, Andächtiger, 7) Priester, der das Yagya leitet, 8) dessen Gehilfe beim Soma-Yagya, 9) der Schöpfer.

Brâhmana – »was zum Brahman gehört«, 1) Brahmane, 2) die Brahmanas, in vedischem Sanskrit verfasster Teil des Veda.

Brahmanaspati siehe **Brihaspati**

Brihatî – Versmaß aus 8, 8, 12 und 8 Silben (36 Silben).

Brihaspati – »Herr des Lieds«, Gott der Klugheit und Beredsamkeit.

Bulle siehe **Vrischâ, Vrschan**

Chandas siehe **Tschandas**

Ciklita siehe **Tschiklita**

Dadhyatsch – »reich an Milchtränken«, Name eines *Rischi* oder Halbgottes, der den *Ashvin* durch seinen Pferdekopf das in Tvaschtris Haus versteckte *Madhu* zeigt.

Deva, Devâ – 1) himmlisch, göttlich, vortrefflich, 2) ein Himmlischer, ein Gott, 3) Impuls schöpferischer Intelligenz, der den Ablauf der Naturgesetze verwaltet, 4) vgl. Diva, ein göttlicher, vortrefflicher Mensch, ein Brahmane, Fürst, Prinz, König.

Devatâ – 1) Gottheit, 2) Götterbild, 3) der dynamische Aspekt der 3-in-1-Struktur von *Rischi-Devatâ-Tschandas*, 4) der Erkenntnisprozess, der im Erkennenden (*Rischi*) zum Erkannten (*Tschandas*) führt.

Devî – 1) Göttin, 2) Muse, 3) die Göttliche Mutter, die das Universum nährt und regiert.

Dharma – 1) Ordnung, Recht, Gesetz, 2) Bestimmung, Berufung, 3) das Rechte, Pflicht, Tugend, 4) eines Dinges wesentliche Natur.

Divodâsa – Name verschiedener Männer.

Dschagatî – Versmaß aus 4 mal 12 Silben (48 Silben).

Dschamadagni – »*Agni* verehrend«, Name eines *Rischi*, Sohn von Bhargava und Vater von Parashurâma.

Dschâtavedas – »die Wesen kennend«, Name Agnis.

Dvipadâ Virâdsch – Versmaß aus 2 mal 10 Silben (20 Silben).

Etasha, Etaśa – 1) bunt, schimmernd, 2) buntes Ross, Schecke, insbesondere das Sonnenross.

Gandharva – 1) Name eines der Sonne und Soma nahestehenden Genius, von dem das erste Menschenpaar abstammt, 2) Pl. himmlische Musiker, die mit den *Apsaras*, ihren Frauen, zum Hof *Indras* gehören.

Gaurî – 1) Name einer Kuh, 2) Kuh der Büffelart Bos Gaurus, 3) Göttin der Reinheit und der Nachkommenschaft, ein gütiger Aspekt von *Devî*.

Gâyatrî – Versmaß aus 3 mal 8 Silben (24 Silben).

Gâyatrî Yavamadhyâ – Versmaß aus 8, 10 und 8 Silben (26 Silben).

Ghee [gi:] – geklärte Butter, wird bei *Yagyas* ins Opferfeuer gegossen.

Hotri, Hotr, Hotar – 1) Priester, Hauptpriester, 2) die vier Haupt-
priester samt ihren Gehilfen, 3) Opferer.

Ilâ – 1) Labung, Erquickung, Labetrunk, 2) das Gießen des Labetrunks
mit dem damit verbundenem Gebet, 3) Göttin dieser Ergießung.

Indra – (von *indh* – zünden), der Gott des Lichthimmels, der im
Gewitter mit seinem Donnerkeil die Dämonen bekämpft, Haupt
der Götterwelt und Hüter des Ostens.

Indu – (von *indh* – zünden), 1) lichter Tropfen, Somatropfen, 2) der
Tropfen am Himmel, der Mond, 3) Funke, Zündfunke.

Jagatî siehe **Dschagatî**

Jamadagni siehe **Dschamadagni**

Jâtavedas siehe **Dschâtavedas**

Ka – 1) wer? 2) der Gott Ka.

Kakschîvat – Name eines *Rischi*

Kakubh – Versmaß aus 8, 12 und 8 Silben (28 Silben).

Kâkubha Pragâtha – Versmaß aus Versen in *Kakubh* und *Satobrihatî*.

Kalash, Kalaś – 1) Krug, Gefäß, 2) Kuppeldach oder Dachkuppel, 3) der
menschliche Körper als Gefäß, in dem *Soma* und *Amrit* fließen.

Kardama – »Schlamm, Schmutz«, Name eines *Rischi*.

Kashyapa, Kaśyapa – 1) schwarzzahnig, 2) Schildkröte, 3) Name ver-
schiedener Rischis.

Lakschmî – 1) (glückverheißendes) Zeichen, 2) Glück, Reichtum, 3)
Schönheit, Anmut, Pracht, 4) siehe Shri Lakschmî

Madhu – vgl. »mead, Met«, 1) süss, angenehm, 2) berauschender
Trank, Met, 3) der Somatrank, 4) Milch, Butter, Ghee, 5) Honig.

Madhutschandas, Madhuchandas – »Versmaß voller *Madhu*«, *Rischi*
der 1. Hymne des *Rik-Vedas* und der 1. Hymne des 9. *Mandalas*.

Mâmshtshatva, Mâmścatva – 1) gelblich, 2) die Zeit der Morgen-
dämmerung, wenn der Mond im Tageslicht verschwindet.

Mandala – 1) rund, 2) Kreis, Ring, Rad, Scheibe, Orbit, 3) einer der
zehn Liederkreise des *Rik-Veda*, die den Kreislauf der Schöpfung
zwischen Manifest und Unmanifest ausdrücken.

Manu – »denkend«, 1) Mensch, Mann, Menschheit, 2) der Stammvater
der Menschen.

Manvantara – Zeitaum, in dem ein *Manu* über die Geschöpfe herrscht.

Maruts – die Sturm- und Gewittergötter mit Blitz und Donner.

Mâtarischvan – 1) Name eines göttlichen Wesens, 2) Geheimname des *Agni*, 3) Wind, 4) Name eines *Rischi*.

Mâyâ – »was nicht ist«, 1) Illusion, Trugbild, Täuschung, Gaukelei, 2) die Zauberkraft, die Illusionen hervorruft, 3) Kunst, Kunstgriff, Trick, List.

Medhyâtithi – Name eines Rischi.

Mitra – (von »*mid*« – lieben), 1) Freund, Geliebter, 2) Name eines *Âditya*, der liebende Freund der Menschen, 3) Freundschaft.

Nrishamsa, Nrśamsa – »der Männer Lob«, 1) Name eines Gottes, 2) boshaft, Menschen schadend.

Nityadvipadâ Gâyatrî – Versmaß aus 2 mal 8 Silben (16 Silben).

Odschas, Ojas – Lebensfrische, Lebenskraft, Ausstrahlung, Glanz.

Padschra, Pajra, Pajrâ – 1) fest, derb, kräftig, fett, gedrungen, 2) reich an Lebensmitteln, 3) Bezeichnung der Soma-Pflanze,

Pandit – 1) klug, gelehrt, sachverständig, 2) ein kluger, gelehrter Mann, Vedagelehrter, 3) Brahmane, der den *Veda* rezitiert und *Yagyas* durchführt.

Pani – 1) Geizhals, Schacherer, 2) eine Klasse neidischer Dämonen, die einen Schatz bewachen.

Pankti – Versmaß aus 5 mal 8 Silben (40 Silben).

Para – 1) jenseits, höchst, zuoberst, transzendent, 2) das höchste Wesen, das Absolute.

Pardschanya, Parjanya – »füllend, sättigend, reichlich gebend«, 1) Regenwolke, 2) Regen, 3) der Regengott, der donnert und befruchtet.

Patanga – »im Fluge gehend«, 1) fliegend, 2) Vogel.

Pavamâna – (von *pū* – fließen), hell fließend, sich klärend.

Pavamâna Soma – der hell fließende, sich klärende *Soma*.

Pâvamânî – die an *Pavamâna* gerichteten Hymnen und Verse.

Pedu – Name eines Mannes, dem die *Ashvin* ein weißes, schlangentötendes Ross schenkten.

Pradschâpati, Prajāpati – »Herr der Geschöpfe«, Schöpfer, Gott der Fruchtbarkeit, Beschützer des Lebens.

Pragâtha – Versmaß aus Versen in *Brihatî* und *Satobrihatî*.

Prajāpati siehe **Pradschâpati**

Prâna – Atem, Lebensatem, Lebenskraft.

Prshni – »gesprenkelt«, die Mutter der *Maruts*.

Pura-Uschnik – Versmaß aus 10, 9 und 9 Silben (28 Silben).

Purohita – 1) vorgesetzt, an die Spitze gestellt, beauftragt, 2) Beauftragter, 3) beauftragter Priester, Hauspriester eines Fürsten.

Puruscha – 1) Mann, Mensch, 2) der Urmensch, die Weltseele, das höchste, transzendente Wesen, das passiv bleibt und die aktive Natur, die *Prakriti*, als unbeteiligter Zeuge beaufsichtigt.

Pûschan – (von *pusch* – blühen), »der das Wachsen und Blühen Bewirkende«, Name eines mit der Sonne verschwisterten Gottes, der das Sonnenlicht zum Gedeihen spendet.

Radschas, Rajas – 1) Wolkensphäre, Nebel, Unreinheit, Staub, 2) Leidenschaft, Drang, Betriebsamkeit.

Rakschas Pl. **Rakschasas** – 1) Beschädigung, 2) Beschädiger, nächtlicher Unhold, Dämon.

Riedgras – siehe **Barhis**

Rca siehe **Ritscha**

Rik-Veda, Rigveda, Rgveda – die Gesamtheit der *Ritschas*.

Rischi – Seher, Dichter, Heiliger, Pl. die sieben Seher der Vorzeit,

Ritscha – (von *rc, arc* - strahlen, lobsingen), Vers (des Rik-Veda).

Rudra – 1) heulend, mit Gebrüll laufend, schrecklich, 2) Übel vertreibend, 3) der Sturmgott, Herrscher der *Marut*, 4) Pl. die Söhne Rudras, eine bestimmte Schar von Winden, die *Marut*.

Śambara siehe **Shambara**

Saramâ – »die Flinke«, eine Hündin, Mutter der vieräugigen, gefleckten Hunde *Yamas*.

Sarasvatî – »die Seenreiche«, 1) Göttin der Weisheit, des Lernens und der Redegewandtheit, 2) Göttin der Flüsse, 3) Name eines Flusses.

Satobrhatî – Versmaß aus 12, 8, 12 und 8 Silben (40 Silben).

sattvisch – »zu *Sattva*, dem höchsten der drei Grundeigenschaften

(Gunas) gehörend«, rein, wahr, lebensfördernd, kohärent, ausgeglichen, mit ruhevoller Wachheit verbunden.

Sâvarni – 1) Name eines *Rischi*, 2) der *Manu* des kommenden, achten *Manvantaras.*

Sâvarnya – Abkömmling des *Sâvarni*

Savitri, Savitr– 1) Antreiber, Beleber, Erreger, 2) Personifikation der Leben erzeugenden, segnenden Kraft der Sonne.

Shambara – Name eines Dämons, Feind des Liebesgottes.

Shloka – 1) Ruf, Schall, Geräusch, 2) Ruf, Nachrede, 3) Strophe, insbesondere die *Anuschtubh*-Strophe von 4 mal 8 Silben.

Shruti – »das Gehörte« 1) das Hören, Klang, 2) der seit Anbeginn mündlich überlieferte *Veda*.

Shri Lakschmī – Göttin des Glücks, des Reichtums und der Schönheit.

Shukra – 1) klar, hell, weiss, rein, fleckenlos, 2) der Planet Venus, 3) der reine *Soma*, 4) Helle, Klarheit, Licht, 5) klare Flüssigkeit, Wasser, Soma, 6) Saft, Seim, 7) der männliche Same.

Sindhu – 1) Fluss, Strom, 2) Flut, Meeresflut, Meer.

Śloka siehe **Shloka**

Soma – vgl. »Same«, 1) ausgepresster Somasaft, 2) die Soma-Pflanze, König der Heilkräuter, 3) der Mond, der Mondgott, 4) das höchst verfeinerte Endprodukt der Verdauung im Körper, 5) der männliche Same, 6) die Kraft, die schöpferische, dichterische Gedanken belebt, 7) die Energie, die sich als Kohärenz im Kollektivbewusstsein äußert, 8) die kosmische Kraft, die den Schöpfungsvorgang bewirkt, die Bindesubstanz des Universums, die das Unmanifete mit dem Manifesten und den Körper mit dem Geist verbindet.

Soma-Yagya – Ritual zur Belebung von *Soma* in der Atmosphäre.

Śruti siehe **Shruti**

Śri siehe **Shri**

Śukra, Śukrâ siehe **Shukra**

Sûkta – »schön gesprochen«, 1) schöne Rezitation, guter Spruch, gutes Wort, 2) eine Hymne des *Veda*.

Sûrya – 1) die Sonne, 2) der Sonnengott.

Svâhâ – »glücklich, günstig«, als Zuruf »Heil! Segen!«, beendet eine

Anrufung ähnlich wie das jüdisch-christliche »Amen«.

Tamas – 1) Finsternis, Dunkel, 2) geistige Finsternis, Irrtum, Verblendung, Wahn, Umnachtung, 3) Unwissenheit.

Tapas – 1) Wärme, Hitze, Glut, 2) Weh, Plage, 3) freiwillige Selbstpeinigung, Askese und die damit verbundene Verinnerlichung, Versenkung, Beschaulichkeit, 4) das Zurückziehen der Sinne nach innen.

Trischtubh – Versmaß aus 4 mal 11 Silben (44 Silben).

Trita – »der Dritte«, 1) Name einer Gottheit, 2) der *Soma* bereitende Priester.

Tschandas – 1) Metrum, Versmaß, die Lehre vom Metrum, Metrik, 2) vedischer Text, vedisches Lied.

Tschiklita – »Schlamm«, ein Sohn von *Shri Lakschmi*

Turva, Turvasha, Turvaśa – 1) Name eines arischen Stammeshelden, 2) Pl. sein Geschlecht.

Tvaschtri – 1) Werkmeister, Zimmermann, Wagner, 2) der Schöpfer lebender Wesen, Bildner der Körper von Mensch und Tier.

Urdhvabrihatî – Versmaß aus 3 mal 12 Silben (36 Silben).

Uschnik – Versmaß aus 8, 8 und 12 Silben (28 Silben).

Ushanas, Uśanâ – »Begierde«, Name eines Sehers.

Varuna – 1) der Umfasser des Alls, Name des Obersten der Götter, Gott der Gewässer, der Nacht und des Westens, 2) der Ozean.

Vasu – 1) gut, trefflich, 2) eine Klasse von Göttern, 3) Licht, Glanz, 4) Gut, Habe, Reichtum.

Vâta, Vāta – (von *vā* - wehen), Wind, Gott des Windes.

Vâyu – 1) Wind, Luft, 2) Gott des Windes, der Luft, 3) Pl. die *Marut*.

Veda – 1) Wissen, Verständnis, Kenntnis, 2) das in den vier Veden überlieferte Wissen, 3) das Finden, Entdecken, Erlangen.

Vedànta – »Ende des Veda« oder »Vollendung des Wissens«. Eines der sechs Systeme der indischen Philosophie, das von der Wesensidentität von Atman (der individuellen Seele) und Brahman (der Weltseele) ausgeht.

Vidhâtri, Vidhâtr, Vidhâtar – 1) Verteiler, Verleiher, 2) Ausführer, 3) Festsetzer, Ordner, Urheber, 4) der Schöpfer, der Bestimmer der

Geschicke des Menschen, 5) das personifizierte Schicksal.

Vimada – 1) frei von Hochmut, nüchtern, 2) Name eines Schützlings der Götter.

Vinamgrscha – Bedeutung fraglich, angeblich Arm.

Virâdsch, Virâj – Versmaß aus 3 mal 10-11 Silben (30-33 Silben).

Vischnu – »wirksam«, Name der Gottheit, die das Universum aufrechterhält, der Erhalter der Welt.

Vishvadeva, Viśvadeva – alle Götter, die Impulse kreativer Intelligenz, die das Universum verwalten.

Vishvakarmâ, Viśvakarmâ – »der alles Tuende«, der Schöpfer, Erschaffer der Welt.

Vishvâmitra, Viśvâmitra – »Freund aller«, 1) Name eines berühmten Rischis, 2) Pl. sein Geschlecht.

Vivasvat – 1) leuchtend, morgendlich, 2) Name eines Gottes, der das Strahlende in Himmel und Erde verkörpert, Stammvater der Götter.

Vrischâ, Vrschan – (von *vrsch-* regnen), 1) männlich, kräftig, gewaltig, gross, 2) Mann, 3) Hengst, 4) Stier, Bulle.

Vritra, Vrtra – 1) Bedränger, Feind, Widersacher, 2) Name eines Dämons, 3) Gewitterwolke.

Vyashva, Vyaśva – »pferdelos«, Name eines *Rishi* und eines Fürsten.

Yadu – 1) Name eines Stammes, 2) Name eines Stammeshelden.

Yagya – Ritual mit Rezitation und Darreichungen, um die Wirkung vergangener Handlungen – das Karma – eines Menschen, einer Familie oder eines Landes zu verbessern.

Yama – 1) Zügel, 2) Zügelhalter, 3) Zügelung, 4) Zwilling, 5) Name des Gottes, der über die Väter und die Geister der Verstorbenen herrscht.

Yamî – *Yamas* Zwillingsschwester.

Yoni – 1) Schoß, Mutterleib, Vulva, 2) Geburtsort, Heimat, Lager, 3) Stätte des Entstehens oder Bleibens, Ursprung, Quelle.

Zur Aussprache der Sanskritwörter

ā â – lang wie in Vater.

c tsch – palatales tsch am vorderen Gaumen wie in Chili oder Kitsch.

ī î – lang wie in Liebe.

j – stimmhaftes dsch wie in Dschungel.

ñ – palatales nj am vorderen Gaumen wie gn in Champagner.

r ri – vokalisch wie in Baur oder Meyr.

sch – retroflex mit zurückgebogener Zungenspitze wie in Schuh.

ś sh – palatal am vorderen Gaumen etwa wie in Ski oder China.

ū û – lang wie in Uhu.

PATAÑJALIS YOGA-SUTRA

Yogakraft durch Samadhi & Sidhis

Jan Müller

Alfa-Veda

Vom Sinn des menschlichen Daseins

Im Yoga-Sutra, dem klassischen Werk über Yoga, fasst Patañjali den Sinn menschlichen Daseins in 195 prägnanten Sutras zusammen: eine Gedächtnisstütze für den Wissenden, die sich in einer knappen halben Stunde rezitieren lässt. Patañjalis Sutrastil und die Vieldeutigkeit der Sanskrit-Begriffe führen zu immer neuen Übersetzungen und Deutungen.

In der Übersetzung dieser Ausgabe wird der Stichwortcharakter der Sutras beibehalten und der erklärende Kommentar durch Beispiele eigener Erfahrungen aus über 50 Jahren praktischer Anwendung der Yoga-Techniken veranschaulicht.

325 Seiten vom Autor illustriert mit vielen Erfahrungsberichten und Zitaten von Maharishi,

Taschenbuch ISBN 9783945004272
Hardcover ISBN 9783945004289

Leseprobe, Pressestimmen und Bestellung:
Alfa-Veda Verlag – www.alfa-veda.com

Der Kreis der Augenblicke – Gedichte und Kurzprosa

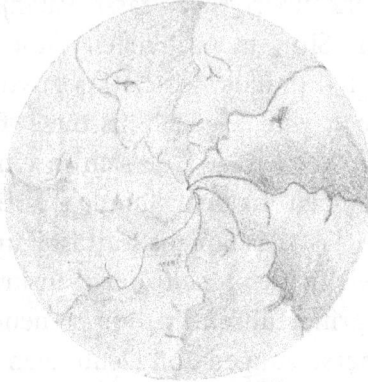

Jan Müller:
Der Kreis der Augenblicke
Gedichte und Kurzprosa

Alfa-Veda-Verlag

**Das Wandern
des Augenmerks
vom Alltag
zur Transzendenz**

Der Kreis der Augenblicke
spiegelt den ewigen Kreislauf
zwischen Individuum und
Verschmelzen mit der Allseele
wider, den jedes Geschöpf,
jedes Teilchen, jede Galaxie
als Lebensspanne durchläuft,
wenn der Schöpfer beim Aus-
atmen durch seinen Odem
die ganze Schöpfung erschafft
und beim Einatmen wieder in
sich aufnimmt.

Wenn ich langsam wieder werde,
was ich stets gewesen bin,
dämmert mir das Umgekehrte
und verkehrt der Wesen Sinn.
Alle Wesen sind im Grunde/Teile aus dem Gegenteil,
mit dem Gegenteil im Bunde/werden alle Wesen heil.
Und ich stehe neu gewonnen,/wie seit ehe ungeteilt,
alle Risse sind zerronnen,/alle Schmisse sind verheilt.

304 Seiten, Taschenbuch
ISBN 978-3945004142

Als Maharishi kam – Los Angeles 1959

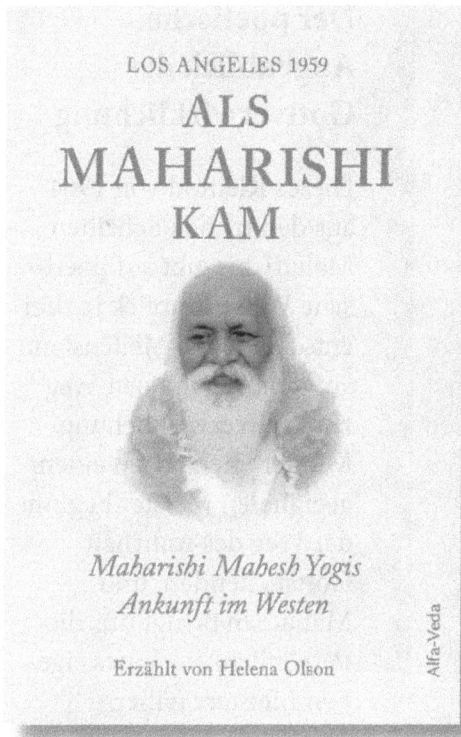

Wie der Veda in den Westen kam

Als Maharishi 1959 in Los Angeles ankam, waren Themen wie Ayurveda, Gandharva-Veda, Meditation, Jyotisch, Vastu, Yoga, Yagya, … im Westen kaum bekannt. Sein Lebenswerk war es, das versprengte vedische Wissen in ein ganzheitliches System der Vedischen Wissenschaft zu bringen und für den modernen Menschen nutzbar zu machen. Im Mai 1959 brachte er das Thema Meditation in Hollywoods Masquers Club.

Im Publikum sitzen damals auch Helena und Roland Olson. Sie sind begeistert! Sie laden ihn für eine Woche in ihr Haus ein, doch aus einer Woche wird ein ganzer Sommer. Denn bald laufen in ihrem Haus alle Fäden zusammen: Von hier aus verbreitet sich die Transzendentale Meditation schnell über die westliche Welt. Die amüsanten und manchmal recht heiklen tagtäglichen Begebenheiten, der Blick auf eine bezaubernde Persönlichkeit und der Wunsch, Maharishis Worte der Weisheit mit anderen zu teilen, veranlassten Helena Olson, die Geschichte von Maharishis Anfangszeit im Westen zu erzählen.

289 Seiten, , mit vielen Dokumentaraufnahmen
Taschenbuch ISBN: 978-3945004227

Liebe und Gott – H.H. Maharishi Mahesh Yogi

Liebe und Gott

His Holiness
Maharishi Mahesh Yogi

Alfa-Veda

Der poetische Augenblick der Gottverwirklichung

Dieses Kleinod von 1964 aus den frühen Schriften Maharishis gibt auf poetische Weise Einblick in drei entscheidende Meilensteine auf dem spirituellen Weg zur Gottverwirklichung. Mit der Suche nach einem geeigneten Meister beginnt der Weg des wahrhaft Gottsuchenden, und Maharishi bringt uns die Persönlichkeit seines eigenen Meisters näher.

Der zweite Teil gibt dem fließenden Gefühl Ausdruck, das uns ergreift, wenn sich die Blütenblätter des Herzens entfalten und uns mit allem verbinden, was uns umgibt. Und im dritten Teil erleben wir das innere Selbstgespräch, das sich abspielt, wenn die individuelle Seele wieder mit ihrem eigenen Ursprung verschmilzt und eine Einheit bildet. Wir werden Zeuge, wie Maharishis Bewusstsein das Einswerden mit Gott erlebt und in poetische Form bringt. Eine Innenschau, die uns besonders ergreift, wenn wir einen dieser Schritte gerade selbst erleben.

67 Seiten, Taschenbuch
ISBN: 978-3945004234

www.ingramcontent.com/pod-product-compliance
Lightning Source LLC
Chambersburg PA
CBHW060234050426
42448CB00009B/1429